Heine und die Weltliteratur

THE EUROPEAN HUMANITIES RESEARCH CENTRE

UNIVERSITY OF OXFORD

The European Humanities Research Centre of the University of Oxford organizes a range of academic activities, including conferences and workshops, and publishes scholarly works under its own imprint, LEGENDA. Within Oxford, the EHRC bridges, at the research level, the main humanities faculties: Modern Languages, English, Modern History, Literae Humaniores, Music and Theology. The Centre stimulates interdisciplinary research collaboration throughout these subject areas and provides an Oxford base for advanced researchers in the humanities.

The Centre's publications programme focuses on making available the results of advanced research in medieval and modern languages and related interdisciplinary areas. An Editorial Board, whose members are drawn from across the British university system, covers the principal European languages. Titles include works on French, German, Italian, Portuguese, Russian and Spanish literature. In addition, the EHRC co-publishes with the Society for French Studies, the British Comparative Literature Association and the Modern Humanities Research Association. The Centre also publishes *Oxford German Studies* and *Film Studies*, and has launched a Special Lecture Series under the LEGENDA imprint.

Enquiries about the Centre's publishing activities should be addressed to:
Professor Malcolm Bowie, Director

Further information:
Kareni Bannister, Senior Publications Officer
European Humanities Research Centre
University of Oxford
47 Wellington Square, Oxford OX1 2JF
enquiries@ehrc.ox.ac.uk
www.ehrc.ox.ac.uk

LEGENDA

Eᴜʀᴏᴘᴇᴀɴ Hᴜᴍᴀɴɪᴛɪᴇꜱ Rᴇꜱᴇᴀʀᴄʜ Cᴇɴᴛʀᴇ

University of Oxford

Heine und die Weltliteratur

❖

Edited by

T. J. Reed and Alexander Stillmark

LEGENDA

European Humanities Research Centre of the University of Oxford
Institute of Germanic Studies, University of London
2000

Published by the
European Humanities Research Centre
of the University of Oxford
47 Wellington Square
Oxford OX1 2JF

LEGENDA is the publications imprint of the
European Humanities Research Centre

ISBN 1 900755 16 5

First published 2000

British Library Cataloguing in Publication Data
A CIP catalogue record for this book is available from the British Library

LEGENDA series designed by Cox Design Partnership, Witney, Oxon
Printed in Great Britain by
Information Press
Eynsham
Oxford OX8 1JJ

Copy-editor: Dr Leofranc Holford-Strevens

The publishers wish to thank David Rischmiller, the Oxford University Computing
Service and Agfa Monotype UK in connection with the Cyrillic fonts in Chapter 9

CONTENTS

PART IV: Heine's Modernity

PREFACE

The 1997 London Heine Conference brought together leading scholars and critics from Austria, Britain and Germany. As one of the earliest events in the calendar of the bicentenary year, it was able to draw from them new and substantial statements on major topics. The essays collected in this volume offer a broad canvas of Heine's themes and techniques, his debts and his influence, the ancient and modern connections of his work, its epic and lyrical forms, materials and comparisons drawn from English, German, Russian, Jewish and Islamic sources, and the musical settings of his poems.

But besides thus illustrating the conference's broad theme, we found contributors returning in an otherwise wholly unplanned way to the creative centre of Heine's work. Recent scholarship has been preoccupied with his theoretical and other prose writings, and this was again the keynote of much that was spoken and published during the rest of the bicentenary year. As a complement but also as a contrast to that trend, several participants in the London Conference looked again from different angles at Heine's poetry. Their essays demonstrate what an inexhaustible topic it too remains.

As co-chairman of the Conference I am deeply indebted to Alec Stillmark, who carried the main burden of the organising, and to the Honorary Director and Staff of the Institute of Germanic Studies of the University of London for the smooth day-to-day running of the Conference. Cordial thanks are also due, for financial support and hospitality at the time of the Conference and for funding that has made this volume possible, to the Austrian Cultural Institute; the German Academic Exchange Service; University College London; and the Queen's College and Taylorian Institution, Oxford.

T.J.R.

Oxford
July 2000

PART I

Heine's Intertextual Muse

1

❖

"In der Literatur wie im Leben hat jeder Sohn einen Vater": Heinrich Heine zwischen Bibel und Homer, Cervantes und Shakespeare*

Joseph A. Kruse (Düsseldorf)

I

Der noch verhältnismäßig junge, aber bereits berühmte Heinrich Heine wird nach seinen zwiespältigen heimatlichen Erfahrungen, die er freilich auf Reisen mit solchen aus halb Europa hatte vergleichen können, im Mai 1831 endlich in Paris, der damaligen Hauptstadt einer ganzen Epoche und Welt, als journalistischer Vermittler zwischen deutschen und französischen Gepflogenheiten wie Ereignissen tätig. Dabei gerät er als Flaneur und Beobachter der *Französischen Zustände*, wie er seine Ende 1832 mit dem Erscheinungsdatum 1833 als Buch zusammengefaßten Skizzen für Cottas Augsburger *Allgemeine Zeitung* nennt, im Laufe der Zeit zwangsläufig auch zum 1806 erbauten Leichenschauhaus, zur Morgue, damals gelegen auf der Île de la Cité am Ende des Pont Saint-Michel, nach heutiger Bezeichnung am Quai du Marché Neuf unmittelbar an der Brücke. Heine bezeichnet die Morgue als "jenes trübsinnige Haus, das vielmehr einem großen Steinklumpen gleicht", und beschreibt die Funktion in drastischem Realismus mit Einschlüssen aus der schwarzen Romantik als eine, "wo man die Leichen, die man auf der Straße oder in der Seine findet, hinbringt und ausstellt, und wo man also die Angehörigen, die man vermißt, aufzusuchen pflegt". Auch Charles Dickens spricht 1852 noch von dieser 'gräßlichen Morgue', die dann zwölf Jahre später abgerissen und durch ein größeres und moderneres Gebäude nahe Notre-Dame ersetzt wurde. Die alte Morgue war ein Platz der Sensation und des Schmerzes. Dorthin eilten nach den blutigen Straßenunruhen Anfang Juni 1832, wie Heine beobachtet, viele Menschen, wobei einige voller Angst "die ausgestellten Todten betrachteten, immer fürchtend, denjenigen zu finden, den sie suchten". Heine illustriert seinen makabren Bericht durch "zwey entsetzliche Erkennungsscenen" von äußerster Gegensätzlichkeit: "Ein kleiner Junge erblickte seinen todten Bruder, und blieb schweigend, wie angewurzelt stehen. Ein junges Mädchen fand dort ihren todten Geliebten und fiel schreyend in Ohnmacht" (DHA XII/1, 186f.).[1] Heine mußte übrigens, wie sein Bericht in lebendiger Unmittelbarkeit ausführt, die Unglückliche, da es sich zufällig um eine Nachbarin handelte, nach Hause führen.

Seither hatte es ihm die Morgue als Begegnungort mit dem Tode mitten im Pariser Leben angetan, so daß er sie kurze Zeit darauf gar als Metapher, als ergreifendes und gleichzeitig erschreckendes Bild für die "Literaturgeschichte" benutzte. Diese sei, so heißt es im 1. Buch der *Romantischen Schule*, womit Heine gewissermaßen seine Beschreibung aus dem Korrespondenzartikel wieder aufnimmt, "die große Morgue wo jeder seine Todten aufsucht, die er liebt oder womit er verwandt ist" (DHA VIII/1, 135). Bei der *Romantischen Schule* von 1836 oder besser bei ihrer Vorform *Zur Geschichte der neueren schönen Literatur in Deutschland* von 1833 handelt es sich bekanntlich, was der ursprüngliche, zur Religions- und Philosophieschrift Heines passende Titel ja auch deutlich ausspricht, um eine Geschichte der *deutschen* Literatur, ursprünglich mit Blick auf französische Leser geschrieben. Darum auch sind Heines Favoriten oder Angehörige, denen er in der Morgue der Literaturhistorie seine Reverenz erweist, zwei deutsche Autoren, die allerdings dem höchsten Menschheitsanspruch Stand halten. Heine fährt nämlich in seiner Darstellung folgendermaßen fort: "Wenn ich da unter so vielen unbedeutenden Leichen den Lessing oder den Herder sehe mit ihren erhabenen Menschengesichtern, dann pocht mir das Herz. Wie dürfte ich vorübergehen, ohne Euch flüchtig die blassen Lippen zu küssen!" (DHA VIII/1, 135f.). Einer verehrten literarischen Tradition und ihren führenden Gestalten nicht in einer harmlos angenehmen Anthologie am Studiertisch, sondern wie in einem Leichenschauhaus voller Erstarrung und Kälte zu begegnen, das bedeutet hier durchaus keinen Abstieg in ein Totenreich aus Moder und Staub, aus Abneigung und Überwindung,

sondern beinhaltet einen aus Pietät erwachsenen Totenkult des
Respekts und der Anerkennung jener Ideen und Leistungen, denen
sich der gegenwärtige Autor verpflichtet fühlt.

II

Heines phantasmagorischer Besuch in der poetischen Morgue geht
darum mit Recht seiner Betrachtung über den Patriotismus voraus,
der seiner Meinung nach dem Franzosen das Herz erwärmt und
erweitert, während der "Patriotismus des Deutschen" darin bestehe,
"daß sein Herz enger wird, daß es sich zusammenzieht, wie Leder in
der Kälte, daß er das Fremdländische haßt, daß er nicht mehr
Weltbürger, nicht mehr Europäer, sondern nur ein enger Teutscher
seyn will". Heine beklagt dann "die schäbige, plumpe, ungewaschene
Opposizion gegen eine Gesinnung, die eben das Herrlichste und
Heiligste ist, was Deutschland hervorgebracht hat, nemlich gegen jene
Humanität, gegen jene allgemeine Menschen-Verbrüderung, gegen
jenen Cosmopolitismus, dem unsere großen Geister, Lessing, Herder,
Schiller, Goethe, Jean Paul, dem alle Gebildeten in Deutschland
immer gehuldigt haben" (DHA VIII/1, 141). Das ist die Heinesche
programmatische Linie. Sie zollt der ganzen Welt und Menschheit
ihren Tribut und nicht nur einer engen, ja beengenden
Deutschtümelei. Darum auch sind seine Lektüren und Lese-
erfahrungen, bei aller manchmal rührenden Rücksicht auf die
deutsche wie jüdische Herkunft, die ihrerseits in seinem Fall
unzweifelhaft einen höheren Grad der Ungebundenheit, des
Interesses und der Offenheit mit sich brachte, von weltliterarischem
Zuschnitt. "Weltpoesie" hatte Goethe als Wort für die von ihm
initiierte Homer-Lektüre mit seiner Schwester Cornelia im 12. Buch
des 3. Teils von *Dichtung und Wahrheit* verwendet.[2] "Weltliteratur" war
Goethes Bezeichnung für das Phänomen einer sich verständigenden
allgemeinen Kultur auf literarischem Felde, die über alle Grenzen und
Unterschiede hinweg Vorzüge und Nachteile mit sich brachte. Sie
bildete die Folge "von dem Vorschreiten des Menschengeschlechtes,
von den weiteren Aussichten der Welt- und Menschenverhältnisse";
"uns Deutschen" sei übrigens "eine ehrenvolle Rolle vorbehalten" in
dieser sich formierenden allgemeinen Weltliteratur, wie es im 1. Heft
des 6. Bandes seiner Zeitschrift *Über Kunst und Altertum* aus dem Jahre
1827 formuliert wird. Im berühmten Gespräch mit Eckermann heißt
es am 31. Januar desselben Jahres in den oft zitierten Worten:

"Nationalliteratur will jetzt nicht viel sagen; die Epoche der Weltliteratur ist an der Zeit, und jeder muß jetzt dazu wirken, diese Epoche zu beschleunigen." Dennoch blieb Goethe davon überzeugt, daß fruchtbare Unterschiede bestehen bleiben würden. Es könne nicht die Rede davon sein, daß die Nationen überein denken sollten, "sondern sie sollen nur einander gewahr werden, sich begreifen und, wenn sie sich wechselseitig nicht lieben mögen, sich einander wenigstens dulden lernen", so ebenfalls im 6. Band von *Über Kunst und Altertum*, allerdings im 2. Heft von 1828.[3]

Heine selbst verknüpft dieses die Nationen verbindende und die Grenzen überwindende Element der Kunst vor allem mit der Musik. In einer im Zusammenhang des XXXIII. Artikels der *Lutezia* entstandenen, schließlich aber gestrichenen Passage über Giacomo Meyerbeer, die ihrerseits Eingriffe von Gustav Kolb, dem Redakteur der Augsburger *Allgemeinen Zeitung*, aufweist, heißt es über die sich steigernden "Offenbarungen" der Meyerbeerschen Opern von *Robert le diable* über die *Hugenotten* bis zum gerade mit "Herzklopfen" erwarteten *Propheten*, "wodurch die Einzelnen erquickt und die Nazionen vermittelt werden":

In der That, durch ihre Universalsprache ist die Musik mehr als jede andre Kunst geeignet zu solcher Vermittlung, und Meyerbeer konnte sich daher ein Weltpublikum bilden, das, trotz aller nazionellen Verschiedenheiten und Absonderungen, sich versteht und begreift. Wir bemerken hier eine der wunderbarsten Iniziazionen, die der großen Völkerverbrüderung, der eigentlichen Aufgabe unseres Zeitalters, vorangehen muß. Dergleichen Iniziazionen waren von jeher der geheime Zweck aller Erdenthaten des Genius, namentlich des deutschen Genius, dessen kosmopolitische Richtung sich immer vorherrschend zeigte.

In dieser Beziehung zeige sich auch eine Wahlverwandtschaft zwischen Meyerbeer und Goethe, mit dem jener auch in seiner künstlerischen Wirkung größte Ähnlichkeit besitze. Ein Franzose, so schreibt Heine weiter, habe ihm jüngst erklärt, durch die Meyerbeerschen Opern in die Goethesche Poesie eingeweiht worden zu sein, "jene hätten ihm die Pforten der Goetheschen Dichtung erschlossen", und Heine folgert, daß der deutschen Musik in Frankreich "die Sendung beschieden seyn mag, als eine präludirende Ouvertüre das Verständniß unserer deutschen Literatur zu befördern" (DHA XIII/1, 338). Hier taucht denn auch endlich die Literatur auf. Für Kolb war Heines gerade zitierte Aussage offensichtlich zu politisch. Er kürzte die Stelle und entschärfte sie zugunsten der Rolle der Literatur, wodurch er Heines Sätze gewiß abschwächte, jedoch, was die Funktion von Musik und Literatur betraf, nicht mißverstand. Seine Fassung der Heineschen Zeilen für die *Allgemeine Zeitung* vom 20. April 1841, die uns allerdings trotz des Fremdeingriffs in diesem Zusammenhang durchaus sehr entgegenkommt, lautet nämlich: "Man lächle nicht, wenn ich behaupte, auch in der Musik — nicht bloß in der Litteratur — liege etwas, was die Nationen vermittelt. Durch ihre Universalsprache ist die Musik mehr als jede andere Kunst geeignet, sich ein Weltpublicum zu bilden" (DHA XIII/2, 1583). Durch diese, obgleich teilweise redaktionell überarbeitete, Betrachtungsweise, will mir scheinen, erhält der Goethesche Begriff der Weltliteratur seine auf Heine bezogene Variation und Vertiefung. Die *Allgemeine Zeitung* übrigens wurde von Heine als ein Organ begriffen, das "alle Fakta der Zeit nicht bloß zur schnellsten Kenntniß des Publikums zu bringen" hatte, sondern sie "auch vollständig gleichsam wie in einem Weltarchiv" registrieren sollte (Zur "Préface" der *Lutèce*, DHA XIII/1, 293). Damit ist bereits ein universales Dokumentationszentrum angesprochen, in dem die Weltliteratur selbst nur noch eine respektable Abteilung darstellt.

III

Wenn auch die Weltliteratur bei Goethe und Heine als eine sich bereits bildende und zukünftige Annäherung der literarischen Ausdrucksformen aller Länder und Nationen mit universalmoralischen Konsequenzen begriffen wird, also durchaus synchron zu sehen ist, hat sie, wie Goethes Begriff der Weltpoesie im Blick auf Homer schon andeutete, auch und gerade eine historische Dimension, ist als Qualitätsmerkmal einer gültigen überlieferten Literatur im diachronen Sinn zu verstehen, einer Literatur, die den humanen Anspruch von den Anfängen bis in die Gegenwart aus allen Sprachen und Völkern überliefert, diesem Anspruch allerdings eine Form verleiht, die der Literatur einzig und allein kraft des Wortes und seines Sinnes eigen ist. Auch Heine vertritt den Anspruch der Kunst und Qualität in der Literatur. Er legt jedoch stets ebenfalls Wert auf ihre wagemutige Besonderheit. Da ist wiederum Lessing das Beispiel und zwar im 2. Buch von Heines Schrift *Zur Geschichte der Religion und Philosophie in Deutschland*, wo es heißt: "Verblüfft wurden die meisten ob seiner literarischen Kühnheit. Aber eben diese kam ihm hülfreich zu statten; denn *Oser!* ist das Geheimniß des Gelingens in der Literatur, eben so wie in der Revoluzion — und in der Liebe" (DHA VIII/1, 73). Mit dieser rhetorischen Wendung wird gleichzeitig die ihrem Charakter nach zum Geschichtsprozeß wie zum privaten Glück passende Literatur hervorgehoben, ja wird, was wegen jener bei Heine immer wieder zu beobachtenden Eigenart naheliegt, die zwischen Welthistorie und Privatleben vermittelnde Klammer- und Deutungsfunktion der Literatur charakterisiert, die nur gewinnt und überlebt, wenn sie auch, wie Heine durch sein französisches Einsprengsel eigens unterstreicht, etwas gewagt hat.

Beide Dimensionen der Weltliteratur — ihre historische wie zeitgenössische Komponente — sind natürlich auch auf Heine zu beziehen. Dabei kann ein Blick auf Heines Einschätzung der Generationenfolge seinen weltliterarischen Totenkult als Akzeptanz einer fruchtbaren Überlieferung deutlich machen. Heines "Einleitende Bemerkung" zu seinem Tanzpoem *Der Doktor Faust* enthält in kurzen Zügen "die Genesis der Faustfabel, von dem Theophilus-Gedichte bis auf Goethe, der sie zu ihrer jetzigen Popularität erhoben hat". Dann folgt jene für Heine typische Verquickung von Lesefrüchten, diesmal nach dem sprichwörtlich gewordenen Muster des 1. Buchs der Chronik im Alten Testament, mit eigenem Witz und Aussagewillen: "Abraham zeugte den Isaak, Isaak zeugte den Jakob, Jakob aber zeugte den Juda, in dessen Händen das Zepter ewig bleiben wird. In der Literatur wie im Leben hat jeder Sohn einen Vater, den er aber freylich nicht immer kennt, oder den er gar verläugnen möchte" (DHA IX, 81). Heine datiert seine Einleitung auf den 1. Oktober 1851. Ein Vierteljahrhundert war inzwischen vergangen seit seiner ersten autobiographischen Schrift in den *Reisebildern*, seinen *Ideen. Das Buch Le Grand.* Dort hatte er bei der Schilderung seiner Geburtsstadt Düsseldorf die relativ geringe Einwohnerzahl ("es leben da 16,000 Menschen") kontrastiert durch die vielen "hunderttausend Menschen", die "noch außerdem da begraben" lägen (DHA VI, 181), und somit damals schon eine Totenstadt oder ein Totenreich beschworen, das der Welt der Lebenden zugrunde liegt und ohne das die Gegenwart nicht gedacht werden kann.[4] Heine geht es eben nicht darum, zu verleugnen oder vergessen zu machen, sondern darum, die Erinnerung wach zu halten und die historischen Fakten und Abhängigkeiten zu benennen. Freilich ist ihm bewußt, daß Väter und Söhne ihre Probleme miteinander haben und daß sie sich auch innerhalb der Literatur im

Weg stehen können. Deshalb erwähnt er bei der Darstellung seines früheren Bonner Universitätslehrers August Wilhelm Schlegel am Anfang des 2. Buches der *Romantischen Schule* eine ihm über Hegel vermittelte ethnologische Besonderheit aus Nordamerika, die freilich in der völkerkundlichen Literatur des frühen 19. Jahrhunderts nur für Lateinamerika überliefert wird, daß nämlich die "altersschwachen Eltern" getötet wurden, damit der Mensch, so Hegel, "nicht durch die Natur umkommen soll; sondern durch einen Menschen soll ihm die Ehre werden" (DHA VIII/2, 1336). Heines eigene Schonungslosigkeit, was seinen akademischen Lehrer Schlegel angeht, begründet er mit dessen zuvor ebenfalls geübter Undankbarkeit gegenüber seinem Vorgänger in der Poesie: "Aber hat Herr A. W. Schlegel den alten Bürger geschont, seinen literärischen Vater? Nein, und er handelte nach Brauch und Herkommen. Denn in der Literatur, wie in den Wäldern der nordamerikanischen Wilden, werden die Väter von den Söhnen todtgeschlagen, sobald sie alt und schwach geworden" (DHA VIII/1, 165). Wir sehen also, die Literaturgeschichte stellt sogar ein spezielles Leichenschauhaus dar, in das Dichter hineingeraten, die zwangsläufig durch die Hand ihrer Nachfolger gewissermaßen auf offener Straße der Literaturkritik oder im Dickicht der Eifersucht und der Undankbarkeit eines unnatürlichen Todes gestorben sind, ohne daß sich die Täter weiter darum gekümmert hätten. Aber dennoch besuchen diese Nachfolger später den schrecklichen Ort, um dann ihre Väter zu finden und letztendlich dadurch anzuerkennen und mit aller gebotenen Distanz auf sie aufmerksam zu machen, indem sie sie wenigstens in bestimmten, wenn auch gelegentlich bitteren oder satirischen Zusammenhängen der Vergessenheit entreißen.

IV

Was Heines Umgang mit der Weltliteratur angeht, handelt es sich um ein fruchtbares Nehmen, und wie sich durch die bereits zu Lebzeiten einsetzende internationale Heine-Rezeption herausgestellt hat, die der Dichter selber schon durch eine Zufallskunde bis hin zu seinem "japanischen" und "finnländischen" "Ruhm" verfolgen konnte (vgl. *Geständnisse*, DHA XV, 56), unbestreitbar auch um ein reiches Geben. Uns soll hier nicht die weltweite Heine-Wirkung interessieren, obwohl sie unter dem Gesichtspunkt von Heines Verhältnis zur Weltliteratur einen ganz eigenen komparatistischen Bereich eröffnet und nicht nur der immer wieder neu entstehenden interessanten Einzeldarstellungen bedürfte, sondern auch der allgemeinen, wenn auch noch so kursorischen Würdigung. Dabei wäre nicht nur der Unzahl von Übersetzungen in die mannigfaltigsten Sprachen zu gedenken — da ist bereits die Lektüre der Heine-Bibliographien die abenteuerlichste Weltreise —, sondern auch den Einflüssen nachzuspüren, die sich erfahrungsgemäß vor allem auf den Natur- und Liebeslyriker und dann genauso auf den zeit- und sozialkritischen Dichter und Prosaautor richten. Unser Thema einer oben angedeuteten Betrachtung von Heines Verhältnis zu Phänomenen der Weltliteratur im diachronen und synchronen Sinn ist weiß Gott wagemutig genug. Als mehrdeutige Formel der weltliterarischen Verflechtungen bietet sich in der Tat an, Heinrich Heine zwischen Bibel und Homer, Cervantes und Skakespeare zu plazieren, weil damit auf die Variabilität und Vielfalt einerseits, andererseits auf die unsern Dichter eindrucksvoll berührenden und ihn herausfordernden Hauptwerke oder poetischen Persönlichkeiten verwiesen wird. Dabei bleibt in der Formulierung die zeitgenössische Weltliteratur außer Betracht beziehungsweise wird nur durch Heine selbst besetzt. Heine bewegt sich in der Tat mit genialer Aufnahmefähigkeit zwischen den Zeugnissen der Weltliteratur und wird schließlich selbst zu einer in der Morgue aufgebahrten Leiche, der in abwechslungsreicher Weise vom Skandal bis zur subtilsten Ehrung Aufmerksamkeit entgegengebracht wurde und wird. Wegen der unermeßlichen Zeitspanne und der absolut nicht zu bewältigenden Stofffülle, was die Weltliteratur in Bezug auf das Heinesche Werk angeht, sei erlaubt, auch weiterhin im Rahmen unserer Betrachtungen Heines Prinzip der "Assoziazion der Ideen" vorwalten zu lassen, das er selbst in seinen ersten journalistischen Berichten, den *Briefen aus Berlin*, schon verwendet hat (DHA VI, 9) und das sich auch für den Heine-Interpreten als günstig erweisen kann.

Um den Rahmen der Heineschen Kenntnisse der Weltliteratur abzustecken, sei kurz das Schema der ungedruckten bibliographischen Magisterarbeit von Claude Owen referiert, die 1961 in Edmonton für die Universität von Alberta angefertigt wurde.[5] Sie trägt den Titel: *Heinrich Heines Kenntnisse der Weltliteratur ohne Berücksichtigung der deutschen Literatur*, verzeichnet vor allem die belegbare Lektüre und beginnt bei den klassischen Literaturen der griechisch-römischen Welt, führt dann die Bibel auf, geht über zur jüdischen Literatur unter Einschluß der Schriften zum Judentum, widmet sich in fünf

Unterabschnitten den orientalischen Literaturen von der arabischen, persischen, ägyptischen und indischen Literatur bis zu den Literaturen des Fernen Ostens, nämlich Japans und Chinas, behandelt die iberische und ibero-amerikanische Literatur und reicht hier von Spanien und Portugal bis Mexiko, Peru und Uruguay, dann ist die italienische, französische und angelsächsische Literatur erfaßt, wobei für letztere in die englische, schottische, irische, nordamerikanische und die englische Literatur über Afrika unterschieden wird, weiterhin werden die holländische Literatur, die Literaturen des germanischen Nordens (so die dänische, schwedische, norwegische und isländische Literatur), die slawischen Literaturen mit russischen und polnischen Belegen und schließlich die ungarische Literatur aufgeführt. Ergänzt unter anderm um die Ergebnisse von Eberhard Galley über Heines Benutzung der Düsseldorfer Bibliothek und Walter Kanowsky über die Bibliotheken in Bonn und Göttingen[6] sowie meiner eigenen Untersuchung über "Heines Leihpraxis und Lektürebeschaffung",[7] wonach bei Heine in den Werken, Briefen und Gesprächen über 2000 Titel auftauchen, die er erwähnt, auf die er anspielt, die er kritisiert beziehungsweise gelesen hat, ergibt sich in der Tat das Bild eines durch und durch belesenen und literaturkundigen Dichters, der zwar nicht die speziellen fremdsprachlichen Interessen und Kenntnisse seines Kontrahenten, des Grafen August von Platen, und dessen notorische "Lesewut" vertrat,[8] aber durchaus ebenfalls als Muster einer von ihm selbst ironisierten und deshalb unerwarteten Gelehrsamkeit anzusehen ist.

V

Der Angelpunkt der Literatur ist bis in unsere Tage trotz der rasant sich verändernden Medien das Buch. Dem Buch insgesamt, zumal auch der Erfindung des Buchdrucks als Mittel der Emanzipation widmet Heine große Aufmerksamkeit. Die Behandlung des Buches in Staat und Gesellschaft ist für ihn ein Seismograph für die Menschenrechte und Menschenwürde. Wie bei Betrachtung der Literaturgeschichte verknüpft Heine auch bei Anspielungen auf das Buch seine Aussagen häufig mit Vorstellungen von Tod und Vergänglichkeit. Schon das IX. und letzte Gedicht aus dem Zyklus "Junge Leiden" des *Buchs der Lieder* assoziiert das imaginiert vorliegende Buch seiner frühen Liebeslyrik mit dem "Todtenschrein". Seine Gedichte waren einst "wild / Wie ein Lavastrom, der dem

Aetna entquillt" aus dem "tiefsten Gemüth" hervorgestürzt: "Nun liegen sie stumm und Todten gleich, / Nun starren sie kalt und nebelbleich." Schließlich wird der Geliebten das Buch "im fernen Land" in die Hand kommen:

> Dann löst sich des Liedes Zauberbann,
> Die blassen Buchstaben schaun dich an,
> Sie schauen dir flehend in's schöne Aug'
> Und flüstern mit Wehmuth und Liebeshauch.
>
> (DHA I/1, 64–7)

In ähnlicher Metaphorik erklärt das letzte der kleinen Gedichte, nämlich Nr. LXXXVIII, des "Heimkehr"-Zyklus den ganzen Gedichtband als "die Urne / Mit der Asche meiner Liebe" (DHA I/1, 300f.). Die unglückliche Liebe und ihre Verse sind mit dem Buch untrennbar verknüpft, in ihm für immer beigesetzt. Bücher bilden gewissermaßen die passenden Grabbeigaben in der Morgue der Literaturgeschichte, durch die den Leserinnen und Lesern im Sinne einer Archäologie der Empfindungen Rückschlüsse auf die Dichter möglich sind.

Aber auch Menschenschicksal und Buchgeschichte als Geschichte von Ideenkämpfen und Religionen sind eng verwandt. Heines frühe Tragödie *Almansor*, die im muslimisch-spanischen Gewand die eigenen Probleme in einer christlichen Umwelt thematisierte, hat keinen großen Berühmtheitsgrad erlangt, wohl aber jener Satz, durch den der alte Diener Hassan, nach der Wiedererkennungsszene, Almansors Klage über die Bücherverbrennung in Granada, wo der Koran mitten auf dem Markte in den Scheiterhaufen geworfen worden war, auf unvergleichliche Weise kommentiert: "Das war ein Vorspiel nur, dort wo man Bücher / Verbrennt, verbrennt man auch am Ende Menschen" (DHA V, 16). Alle Gedenkkultur, die an die Bücherverbrennungen des Nationalsozialismus erinnert und gleich-zeitig den Opfern des Holocaust gilt, hat auf diese Dramenverse zurückgegriffen, wie überhaupt erstaunlich ist, daß Heine als "bester der Humoristen", wie er sich in einem späten Streitgebet nennt ("Die Söhne des Glückes beneide ich nicht", Lyrischer Nachlaß, DHA III/1, 349), im Gedächtnis der Nachwelt vor allem mit seinen melancholisch-tragischen Worten präsent ist: "Ich weiß nicht, was soll es bedeuten, / Daß ich so traurig bin" (DHA I/1, 206f.) und "Denk ich an Deutschland in der Nacht, / Dann bin ich um den Schlaf gebracht" (DHA II, 129f.) gehören schließlich ebenfalls zu diesen anrührenden Dichterworten. In seinem Versepos *Deutschland. Ein Wintermärchen* hat Heine übrigens in der Köln-Sequenz seinen Satz aus dem *Almansor* als historische Reminiszenz an das Mittelalter in verknappter Form geradezu zitiert: "Die Flamme des Scheiterhaufens hat hier", heißt es im IV. Caput, "Bücher und Menschen verschlungen; / Die Glocken wurden geläutet dabey / Und Kyrie Eleison gesungen" (DHA IV, 98).

Es können hier nicht alle Bedeutungen des Buches — immerhin das Medium der Weltliteratur und ihrer Begleiterin, der Philosophie — erörtert werden, zumal es laut dem ersten der "Zeitgedichte" aus Heines *Neuen Gedichten* mit dem Titel "Doktrin" seinerseits zum praktischen Handeln anregen, zum Überstieg aus der theoretischen Lektüre zur Tat dienen muß: "Schlage die Trommel und fürchte dich nicht, / Und küsse die Marketenderin! / Das ist die ganze Wissenschaft, / Das ist der Bücher tiefster Sinn" (DHA II, 109). Die praktische Seite der Literatur, ihre nützlichen, gleichzeitig auch (im mehrfachen Sinn) unterhaltenden Früchte, haben Heine stets besonders interessiert, ihre lebensgestaltende und gesellschafts-relevante Funktion, bis hin zur akzeptierten Selbstaufgabe durch den sinnentleerten, jedoch soziale Gerechtigkeit bezeichnenden Dienst der Seiten des *Buchs der Lieder* als "kommunistische" Tüten für den Kaffee oder Schnupftabak der "alten Weiber der Zukunft" (Zur "Préface" der *Lutèce*, DHA XIII/1, 294). Seine Reflexionen über das Judentum und die eigene Herkunft sind hier natürlicherweise von besonderem Belang, weil sie der Stellung des Buches und der Literatur einen einzigartigen Rang einräumen. Denn immerhin könnte er, "wenn nicht jeder Geburtsstolz bey dem Kämpen der Revoluzion und ihrer demokratischen Prinzipien ein närrischer Widerspruch wäre", nach mancherlei Distanzierungen, so müssen wir dieses Bekenntnis aus den *Geständnissen* von 1854 ergänzen, doch "stolz darauf seyn", daß er "ein Abkömmling jener Märtyrer" ist, "die der Welt einen Gott und eine Moral gegeben, und auf allen Schlachtfeldern des Gedankens gekämpft und gelitten haben" (DHA XV, 41f.). Die "Briefe aus Helgoland", die das zweite Buch in seiner Denkschrift über *Ludwig Börne* bilden, bieten das schönste Exempel für den Respekt vor der eigenen Abstammung und ihrer auf das Buch bezogenen Signatur. Unter dem Datum des 8. Juli 1830 beschreibt Heine seine Langeweile, die ihn zur Bibellektüre verführt. Heines hymnischer Lobpreis sei hier des längeren zitiert, weil damit gleichzeitig eine Säule seiner literarischen wie existentiellen Bildung beschrieben wird. Persönliche Bedingungen und Erfahrungen aus der jüdischen Außenseiterschaft fallen trotz oder möglicherweise auch wegen des Religionswechsels zum Christentum mit dem Lektüreereignis des heiligen Buches beider Religionen — und nicht von ungefähr zitiert Heine auch den Gründer der dritten auf der Bibel fußenden Weltreligion, nämlich Mohammed — zusammen. Nicht unwichtig ist auch die Anspielung auf den von ihm selbst mehrfach sehr anschaulich herausgearbeiteten Dualismus zwischen Sensualismus und Spiritualismus, Hellenentum und Nazarenertum, womit er den Widerspruch zwischen der klassischen Heiterkeit in Leben und Kunst und der leibfeindlichen christlich-jüdischen Tradition eingefangen hat:

... und ich gestehe es dir, trotz dem daß ich ein heimlicher Hellene bin, hat mich das Buch nicht bloß gut unterhalten, sondern auch weidlich erbaut. Welch ein Buch! groß und weit wie die Welt, wurzelnd in die Abgründe der Schöpfung und hinaufragend in die blauen Geheimnisse des Himmels... Sonnenaufgang und Sonnenuntergang, Verheißung und Erfüllung, Geburt und Tod, das ganze Drama der Menschheit, Alles ist in diesem Buch... Es ist das Buch der Bücher, Biblia. Die Juden sollten sich leicht trösten, daß sie Jerusalem und den Tempel und die Bundeslade und die goldnen Geräthe und Kleinodien Salomonis eingebüßt haben... solcher Verlust ist doch nur geringfügig in Vergleichung mit der Bibel, dem unzerstörbaren Schatze, den sie gerettet. Wenn ich nicht irre, war es Mahomet, welcher die Juden "das Volk des Buches" nannte, ein Name der ihnen bis heutigen Tag im Oriente verblieben und tiefsinnig bezeichnend ist. Ein Buch ist ihr Vaterland, ihr Besitz, ihr Herrscher, ihr Glück und ihr Unglück. Sie leben in den umfriedeten Marken dieses Buches, hier üben sie ihr unveräußerliches Bürgerrecht, hier kann man sie nicht verjagen, nicht verachten, hier sind sie stark und bewundrungswürdig, Versenkt in die Lektüre dieses Buches, merkten sie wenig von den Verändrungen, die um sie her in der wirklichen Welt vorfielen; Völker erhuben sich und schwanden, Staaten blühten empor und erloschen, Revoluzionen stürmten über den Erdboden... sie aber, die Juden, lagen gebeugt über ihrem Buche und merkten nichts von der wilden Jagd der Zeit, die über ihre Häupter dahinzog! (DHA XI, 38f.)

Darum ist schließlich die Bibel, dieses Elixier der Existenz seiner Vorfahren und Exempel jedes Eindringens in die "unwirkliche" Welt der Literatur, was in der "wirklichen" Welt dann zur Versenkung und Versunkenheit führt, also zur Teilhabe am Sinn hinter dem Geschriebenen *und* dem Realen, — darum ist offenbar die Bibel auch der Grund für seine literarisch zu nennende sogenannte Bekehrung in der

Spätzeit. Er kann zur Heimat, die ihm, dem Dichter, im Buch der
Bücher vor allem gewährleistet ist, zurückkehren wie ein verlorener
Sohn. Die Vorrede zur 2. Auflage seiner 1833 erschienenen Schrift
Zur Geschichte der Religion und Philosophie in Deutschland aus dem Mai
1852 beschreibt seine Sinnesänderung als eine pragmatische
"Erleuchtung" ohne Wunderspuk, die er "ganz einfach der Lektüre
eines Buches" verdankte:

> es ist ein altes, schlichtes Buch, bescheiden wie die Natur, auch natürlich wie
> diese; ein Buch, das werkeltägig und anspruchslos aussieht, wie die Sonne,
> die uns wärmt, wie das Brod, das uns nährt; ein Buch, das so traulich, so
> segnend gütig uns anblickt, wie eine alte Großmutter, die auch täglich in
> dem Buche liest, mit den lieben, bebenden Lippen, und mit der Brille auf
> der Nase — und dieses Buch heißt auch ganz kurz weg das Buch, die Bibel.
> (DHA VIII/1, 499)

Die Bibel aus und mit der Welt und ihren treuen Lesern zu erklären
und umgekehrt die zu erlangende Symbiose, ja Identität von Lektüre
und Bibel festzustellen, belegt Heines Vorliebe für die literarische
Tradition als einen lebensermöglichenden Raster und Muster, das
ganz und gar dem dialogischen Prinzip der An- und Aussprache
gehorcht. Daher auch die eigenen Figurationen als Lazarus und Hiob
in der Zeit der "Matratzengruft", als verlorener Sohn, wie er sich im
"Nachwort zum Romanzero" bezeichnet (DHA III/1, 179), oder als
jüdischer Dichter "Jehuda ben Halevy" in den "Hebräischen
Melodien" des *Romanzero*, aber auch eine Identifikation in
mancherlei Brechung mit Jesus von Nazareth. Freilich darf nicht
unterschlagen werden, daß Heine bei aller säkularisierenden Tendenz,
allem fortschrittlichen Anthropomorphismus in der Bibelerklärung
und der unweigerlichen und stets befreienden, distanzierenden Ironie
dennoch mit dem Gestus ernster Familiarität am Numinosen und
zuletzt an einem persönlichen Gott als einem Gesprächspartner
festhält und deshalb in seiner 1852 verfaßten Vorrede zur 2. Auflage
seiner Philosophie-Schrift bei der Bibeldarstellung fortfährt: "Mit Fug
nennt man diese auch die heilige Schrift; wer seinen Gott verloren
hat, der kann ihn in diesem Buche wiederfinden, und wer ihn nie
gekannt, dem weht hier entgegen der Odem des göttlichen Wortes"
(DHA VIII/1, 499). Und die *Geständnisse* von 1854 legen eigens Wert
darauf zu betonen, daß die Bibel für ihn "eben so sehr eine Quelle
des Heils, als ein Gegenstand der frömmigsten Bewunderung"
darstelle. Als Parallele seines neugewonnenen Bibelstandpunkts nennt

er in diesem Zusammenhang übrigens Onkel Tom, damit einen gerade Aufsehen erregenden amerikanischen Roman der Weltliteratur seiner Zeit rezipierend. Tom hat allerdings das Neue Testament mit seinen "unaufhörlichen" Peitschenhieben sehr viel besser verstanden als der Dichter, da so "ein armer Negersclave" zugleich "mit dem Rücken" gelesen habe, während Heine die Prügel "manchmal bey der Lektüre der Evangelien und der Apostelgeschichte sehr unästhetisch" angewidert hätten (DHA XV, 40f.). Das scheint ein versteckter Hinweis auf die eigenen "Prügel", die er in der Volksschule im ehemaligen Franziskanerkloster zu Düsseldorf von einem katholischen Geistlichen empfing, weil sich die christlichen Mitschüler über Harry Heines unbefangene Erzählung, den kleinen jüdischen Großvater mit dem "großen Bart" betreffend, lautstark nicht mehr beruhigen wollten. Und der Erzähler wurde zum Sündenbock erklärt, wie er in seinen sogenannten *Memoiren* erzählt, und vergaß nicht die Schläge, nicht "das Rohr von gelber Farbe" und nicht die dunkelblauen Streifen auf seinem Rücken (DHA XV, 75). So hatte er frühzeitig mit dem Rücken gelernt, daß sein Vorfahr aus dem Alten Testament gegen die Mehrzahl mit ihrem Neuen Testament keine Chance hatte, und hielt die Prügel fortan für eine der unmenschlichsten Arten im Umgang der Menschen miteinander.

VI

Identifikationsmuster und sich ständig erneuernde Anregungen fand Heine im Laufe seines ideen- wie metapherngeschichtlich äußerst abwechslungsreichen Lebens und Schreibens freilich nicht nur in der Bibel. Sie grundiert allerdings seine Schriften und verleiht ihnen gelegentlich sogar einen prophetischen Ton. Die Zuneigung zur Bibel engt jedoch seine Freiheit und übrigen Vorlieben nicht ein. Heines Unbefangenheit ist in der Tat bemerkenswert. Keine zerquälte religiöse Einkehr ficht ihn an wie die Altersgenossin Annette von Droste-Hülshoff. Seine selbstverantwortliche Individualität und Unabhängigkeit obsiegt. Die historische wie zeitgenössische Weltliteratur ist ihm ein Strom, auf dem er die abwechslungsreichsten Reisen unternimmt und stets wieder zu den Weltmeeren gelangt. Und das sind neben der Bibel zweifellos die Epen Homers, das bekannteste Romanwerk von Cervantes, der *Don Quijote*, die Dramen Shakespeares, aber auch das unausschöpfliche Schaffen Goethes. Ob Odysseus, Don Quijote, Romeo oder Faust, auch diese poetischen Figuren sind ihm zur Selbsterklärung und Selbstaussage wichtig. Die Bibel und Homer, von dem aus er sich erst nach und nach zu ihr "bekehrt" (vgl. DHA XV, 42), indem er freilich, wie es im "Nachwort zum Romanzero" heißt, "in Liebe und Freundschaft" von den "holden Idolen" aus den Zeiten seines Glücks scheidet (DHA III/1, 181), bilden für ihn ohne Zweifel die größten Dokumente der Weltliteratur. Seine "Helgoländer Briefe" im Börne-Buch kontrastieren die Bibel in ihrer natürlichen Erhabenheit und Naivität als Wort Gottes mit den Epen Homers als "Produkt der Kunst", bewundern beide, die Bibel wie Homer, aber als die großen Bücher (DHA XI, 44). In seinen "Erläuterungen" zum Ballett-szenario *Der Doktor Faust* heißt es ebenfalls lapidar: "Sonderbar! die beiden großen Bücher der Menschheit, die sich vor einem Jahrtausend so feindlich befehdet und wie kampfmüde während dem ganzen Mittelalter vom Schauplatz zurückgezogen hatten, der Homer und die Bibel, treten zu Anfang des sechzehnten Jahrhunderts wieder öffentlich in die Schranken" (DHA IX, 110). Schließlich sei noch auf die Verse seines "Bimini"-Epos hingewiesen, wo das "Buch der Schönheit" und das "Buch der Wahrheit" mit Homer und der Bibel gleichzusetzen sind (DHA III, 364, vgl. 1623).

Die Hilfsmittel innerhalb der Heine-Philologie haben seit der Arbeit von Claude Owen an ungemeiner Differenziertheit gewonnen. Wenn auch zu bedauern ist, daß die von 1973 bis 1997 erschienene Düsseldorfer Heine-Ausgabe verständlicherweise keine weitere Registererschließung bietet als ein Personenregister von immerhin 430 Seiten (wogegen in der Hanser-Ausgabe von Klaus Briegleb[9] eine so wohltuende Fülle von Gesichtspunkten berück-sichtigt wird), ist beim Düsseldorfer Register von Bernd und Karin Füllner die "Form eines aufgefächerten Sach- und Werkregisters" (DHA XVI, 333) für die insgesamt 117 'großen' Namen, darunter natürlich ausgesprochen üppig belegt unsere weltliterarischen Beispiele, denn doch außerordentlich hilfreich und anregend. Für unser Thema ergeben sich in der Tat mannigfach erleichternde Querverbindungen und Aufschlüsse. Hier kann jetzt beispielsweise rasch auf drei Seiten mit fast fünf Spalten eruiert werden, wie sich Heines Beziehung zu Homer darstellt (DHA XVI, 506–8). Da durch die Registerstellen der Primärtext ebenso erschlossen ist wie der Kommentar, ergibt sich ein ziemlich abgerundetes Bild, auch wenn selbstverständlich die gut 700 Stellenangaben nur als Gerüst dienen. Aber dennoch! Hier bereits lesen wir von Heines Auseinandersetzung mit Homer beziehungsweise dessen Werken und Figuren, wir erfahren von seiner Homer-Lektüre und vom Einfluß Homers auf Heines Werke inklusive der Kritik an Heines Interpretation von Homer und homerischen Gestalten, wir erhalten den Hinweis auf Homer-Zitate und Anlehnungen an die homerische Poetik, an seinen Stil oder von Stilparodie. Wir erfahren, daß Heine sich zur Biographie Homers geäußert hat und für ihn Homer als "absoluter Dichter" der "herrliche" und "ambrosische" Autor war, der Erfinder der "Geschichten" der griechischen Götter, die Quelle sensualistischer Ideen, der mit der Bibel, der Faust-Gestalt und dem *Nibelungenlied* verglichen wird. Genauso auch erleben wir Homer und seine Figuren als Mittel der Zeitkritik und werden auf die Homer-Nachfolge und -Rezeption sowie auf die Homer-Übersetzungen eingestimmt. Daß Homer bei Heine mit William Shakespeare Berührungspunkte hat, wird offenbar, und daß innerhalb der zahllosen Verweise auf das Werk die *Ilias* nur unwesentlich häufiger genannt wird als die *Odyssee*, ja daß sogar die Homer zugeschriebenen Hymnen Erwähnung finden. An Figuren aus Homers Werken haben es Heine Achilles, Ajax und Odysseus angetan.

Aber freilich ist die Beziehung noch subtiler. So ähnlich wie im Heineschen "Volkslied" von der Loreley das Wort Liebe nicht vorkommt und darum dieses Paradebeispiel eines Liebesgedichts, in dem der gefährliche Rheinfelsen zwischen St. Goar und Oberwesel mitsamt der Abendstimmung, dem Echo und dem Sonnenuntergang zur goldenen "Sirene" verwandelt wird, wie Heines Zeitgenossen sie noch verstanden haben (DHA I/2, 878), im Sach- wie im Chiffrenregister der Brieglieb-Ausgabe unter dem Schlagwort Liebe nicht auftaucht,[10] so ergeht es leider auch der hier verborgenen Homer-Anspielung. Trotz der in der Düsseldorfer Ausgabe im Kommentar genannten Sirenen, findet sich das Loreley-Gedicht nicht unter den Homer-Verweisen. Die Lyrik behält also teilweise ihren geheimnisvollen Schleier. Ich will gern auch auf ein anderes Beispiel hinweisen, um die nur schwer aufzulösende Verquickung von literarischem Erbe und seiner Verwendung in nachgeborenen Dichtertexten anzudeuten. Es handelt sich um Heines Pariser 'Grabspruch' "Wo wird einst des Wandermüden / Letzte Ruhestätte seyn", der zweifellos in seinen grandiosen Bildentwürfen von Palmen und Linden, Wüste und Meer und dem "Gotteshimmel", der schließlich das Mausoleum bildet, auch auf die Fahrten des Odysseus anspielt und auf eine Art vorläufiger Heimkehr, als sich der Held beispielsweise am Strand von der jungen Nausikaa aufspüren lassen konnte (DHA II, 197).[11] Insofern erdichten neue Gedichte aus alten Mustern immer wieder Exempel der Menschheitstradition und vergegenwärtigen das Paradox der Zeitlosigkeit im vergänglichen Leben. Heines Gedicht "Poseidon" aus den freien "Nordsee"-Rhythmen nennt die *Odyssee* deshalb

> Das alte, das ewig junge Lied,
> Aus dessen meerdurchrauschten Blättern
> Mir freudig entgegenstieg
> Der Athem der Götter,
> Und der leuchtende Menschenfrühling,
> Und der blühende Himmel von Hellas.
>   (DHA I/1, 369)

Die Weltliteratur beschert ihre unverwechselbaren Lektüreerlebnisse, diese ergänzen einander und schließen sich nicht aus. Auch Aristophanes oder Dante, Molière, Lord Byron, Sir Walter Scott oder Victor Hugo bilden den Horizont von Heines Erfahrung und Selbstverständnis, gelegentlich auch der Abgrenzung. Homer aber und die Bibel, Cervantes und Shakespeare sind die eindeutigen Favoriten. Hinzu gesellt sich Goethe. Da sind wir dann wieder bei der engen Abhängigkeit von Vätern und Söhnen. Es sei nichts aus ihm geworden, "nichts als ein Dichter", bekennt Heine in seinen *Geständnissen*, fügt aber gleich hinzu, daß das "viel" sei, besonders im Hinblick auf die Leistung der Deutschen auf dem Felde der Lyrik und in der Philosophie (DHA XV, 55). Mit dieser Aussage stellt er sich selbstbewußt neben Goethe. Und die Nachwelt hat das zum großen, überwältigenden Teil akzeptiert.

VII

Cervantes und Shakespeare spielen in Heines Werk in der Tat ihre ganz besondere Rolle. Ihnen hat er im Februar 1837 und im Juni/Juli 1838 eigene Texte gewidmet, die nicht einfach mit dem Verdikt gut bezahlter Gelegenheitsarbeiten abgetan und aus einem solch oberflächlichen Grund weiterhin "stiefmütterlich"[12] behandelt werden dürfen. Diese Versäumnisse scheinen unter anderm auch Ausdruck eines in Forschung und Rezeption immer noch vorhandenen Unbehagens angesichts von dichterischen Verlautbarungen zu sein, die den Rahmen der üblichen Gattungen sprengen, und solche

Desiderate wiegen um so schwerer, weil sie trotz aller sichtbaren Heine-Renaissance der letzten Jahrzehnte die durch die Zeit des Nationalsozialismus wesentlich gestörte Rezeption gewissermaßen immer noch potenzieren. Nach dem Verbot der Literatur des Jungen Deutschland im Dezember 1835 war Heine gezwungen, auf indirekte, harmlos wirkende Weise literarisch tätig zu sein und dabei dennoch programmatisch zu bleiben. Beide von außen an ihn herangetragenen Verlagsunternehmen, die "Einleitung" zum Cervantes-Roman und seine die Serie von 45 englischen Kupferstichen mit Porträts weiblicher Shakespeare-Figuren begleitenden Ausführungen über *Shakspeares Mädchen und Frauen*, boten dazu Gelegenheit, zumal Heine durch die Beschäftigung mit beiden Dichtern kein Neuland betrat. Im Gegenteil! Die Lektüre des *Don Quijote* hat sein ganzes Leben begleitet, und auch Shakespeare gehörte schon vor dem Bonner Studium bei August Wilhelm Schlegel zu den Düsseldorfer Entleihungen aus der Bibliothek. Die beiden Arbeiten bilden zwar die Hauptzeugen seiner Bewunderung, aber gleichzeitig durchweben Bezüge auf die beiden Dichter das gesamte Werk Heines.

Wiederum kann ein Blick in das Register der Düsseldorfer Heine-Ausgabe die Fülle und Differenzierungen belegen. Die fast vier Spalten zu Cervantes (DHA XVI, 397–9), also eine Kleinigkeit weniger als bei Homer, nehmen sich freilich zu den fast 14 Spalten beim 17 Jahre jüngeren, aber ebenfalls 1616 gestorbenen Zeitgenossen Shakespeare (DHA XVI, 700–6) gering aus, spiegeln aber dennoch eine ganze Welt aus Donquichotterie und Verehrung der Romankunst. Übrigens ist der englische Dramatiker selbst Goethe (DHA XVI, 457–63) noch um eine ganze Spalte überlegen (was allerdings den statistisch höher liegenden Goethe-Referenzen, was sämtliche Quellen betrifft, nicht entspricht, vgl. DHA X, 352) und wird nur von der aus der Französischen Revolution erwachsenen Herrschergestalt Napoleons I. und der politischen Persönlichkeit Louis Philippes überrundet. Das mag den englischen Heine-Lesern ein Trost sein, weil nämlich ihr Land und ihre Landsleute gerade im Zusammenhang mit Shakespeare von Heine überaus schlecht behandelt werden: "Welch ein widerwärtiges Volk, welch ein unerquickliches Land! Wie steifleinen, wie hausbacken, wie selbstsüchtig, wie eng, wie englisch!" (DHA X, 9), heißt es am Anfang von *Shakspeares Mädchen und Frauen*. Allerdings darf man wie beim Beispiel der Prügel in *Onkel Toms Hütte*, die ihre, wenn auch anders gearteten, Vorläufer im Düsseldorfer Franziskanerkloster besaßen, den Kontext nicht aus dem Auge lassen. Die Heinesche Invektive gegen die Engländer entspricht genau dem Vorurteil des von Heine im ersten Satz seiner Shakespeare-Schrift zitierten "guten Hamburger Christen" gegen die Juden: Zur "Sippschaft jener ungeschnäutzten Langnasen" gehörte nämlich zu dessen größtem "Unmuth" immerhin "unser Herr und Heiland". Der antisemitische Hamburger Kaufmann und der anti-englische deutsche Dichter Heinrich Heine müssen sich damit abfinden, ihren jeweiligen Messias aus einem ihnen gegenwärtig höchst unsympathischen Volk zu empfangen. Nur ist Heines Herkunft selbst, wie allgemein bekannt war und was ihm gerade in der Kritik seiner Shakespeare-Schrift aufgrund seiner Shylock-Darstellung deutlich genug gesagt wurde,[13] mit dem vom Hamburger Christen verabscheuten Stamme aufs engste verknüpft. Er leistet sich also eine Ironie auch auf eigene Kosten, wenn er Shakespeare aus "dem nordischen Bethlehem" Stratford upon Avon als neuen Heiland charakterisiert, "dem wir das weltliche Evangelium [...] verdanken" und ihm ein vom zeitgenössischen England völlig verschiedenes blühend-heiteres und leidenschaftliches "*merry England*" zuordnet. Und was den Messias betrifft: läßt nicht Heine bei der Darstellung der messianischen deutschen Geistesgeschichte von Luther über Lessing bis in seine Zeit, was den dritten "Befreyer" angeht (*Zur Geschichte der Religion und Philosophie in Deutschland*, DHA VIII/1, 73), bewußt eine Leerstelle, die wir füglich mit ihm selbst als "Künstler, Tribun und Apostel" besetzen sollen? (Vgl. *Die romantische Schule*, DHA VIII/1, 218.)

"Cervantes, Shakespear und Goethe", sagt Heine in seiner "Einleitung" zum *Don Quijote*, "bilden das Dichtertriumvirat, das in den drey Gattungen poetischer Darstellung, im Epischen, Dramatischen und Lyrischen, das Höchste hervorgebracht" (DHA X, 260). Darum muß noch ein kurzer Blick alle drei großen Dichter und ihre Gemeinsamkeiten trotz aller Unterschiede streifen. Cervantes, obwohl ein durch und durch katholischer Dichter, was der Toleranz Heines keinerlei Irritationen liefert, schafft durch sich selbst oder seine Romanfigur im *Don Quijote* Möglichkeiten zum Selbstvergleich und ist für Heine der "Stifter des modernen Romans" wie Shakespeare der "Gründer des modernen Theaters". Der *Don Quijote* als "Satyre gegen die Begeisterung" und "Weltironie" auf der einen und als Exempel für die "ideale Begeisterung" auf der anderen Seite mit dem Motiv der Doppelfigur als "ironischer Parallelismus" findet manche Anknüpfungspunkte beim Dramatiker Shakespeare, dessen "neue Aesthetik" der Kontraste in ihrer tragikomischen Konzeption ebenfalls den Narren einschließt und der eine "Meisterschaft der Charakteristik" erreicht. Shakespeare ist als "Originalgenie" "Geschichtsschreiber" im "Prozeß der Weltergänzung". Beide, Cervantes wie Shakespeare, sind als parodistische Folien für die Zeitkritik mit Aristophanes zu vergleichen, beiden entspricht bei allen Unterschieden, vor allem zur Shakespeareschen Naturauffassung und -darstellung, die "humoristische Ironie" Goethes,[14] der seinerseits in religiöser Parallele zu Shakespeare in seinem Faust-Drama "die weltliche Bibel der Deutschen" verfaßt hat (*Die romantische Schule*, DHA VIII/1, 159).

Alle drei sind in der Tat Ironiker und "Verstellungs-Künstler": Cervantes tarnt sich vor der Inquisition, Shakespeares Hamlet wird vom dänischen Hof zur Verstellung gezwungen und Goethes Ironie ist "die eines Staatsministers, der sich sonst nicht frei auszusprechen wagte".[15] Damit entsprechen die großen Dichter, um Heines folgenden Vergleich mit sich selber auf diese auszudehnen, übrigens Gott selbst, der "ein noch größerer Ironiker ist als ich", wie er 1832 seinem Hamburger Freund Friedrich Merckel schreibt.[16] Bei Cervantes hat Heine den "Skeptizismus" betont[17] und eine solche Einstellung als tiefe Lebenseinsicht vor allem in der späten Lyrik selber zu vollendeten Beispielen geformt. Shakespeares Worte, kombiniert mit einer Aristophanes-Parallele, dienen ihm dann in den *Geständnissen* zur letzten skeptisch-melancholischen Selbstcharakteristik und zwar im Anschluß an seine Bemerkung über den japanischen und finnländischen "Ruhm"; es seien daraus zum Schluß einige Sätze zitiert:

Ach! der Ruhm überhaupt, dieser sonst so süße Tand, süß wie Ananas und Schmeicheley, er ward mir seit geraumer Zeit sehr verleidet; er dünkt mich jezt bitter wie Wermuth. Ich kann wie Romeo sagen: ich bin der Narr des Glücks. Ich stehe jetzt vor dem großen Breynapf, aber es fehlt mir der Löffel. [...] Ach! der Spott Gottes lastet schwer auf mir. Der große Autor des Weltalls, der Aristophanes des Himmels, wollte dem kleinen irdischen, sogenannten deutschen Aristophanes recht grell darthun, wie die witzigsten Sarcasmen desselben nur armselige Spöttereyen gewesen im Vergleich mit den seinigen, und wie kläglich ich ihm nachstehen muß im Humor, in der colossalen Spaßmacherey. (DHA XV, 56)

Damit, als es ans eigene Sterben geht, ist für Heine jene bodenlos-unverfügbare und dennoch spürbar-präsente Mitte der Weltliteratur erreicht: kein finsterer Steinhaufen mehr wie die Pariser Morgue, sondern der für ihn unsichtbar-reale Olymp des Genius, der entfernte Hort einer 'Urpoesie' (vgl. *Ideen. Das Buch Le Grand*, DHA VI, 200) und der heilig-strenge Tempel des göttlichen Wortes und der Idee, in deren Dienst und "Sprechamt", wie es in der Vorrede zum ersten *Salon*-Band von 1833 heißt (DHA V, 369), sich auch unser Dichter — wie seine großen Vorbilder — schon früh als bescheidener Nachschöpfer hat zwingen lassen. Schließlich ist doch die Welt, wie Heine gefolgert hatte, "die Signatur des Wortes" (*Zur Geschichte der Religion und Philosophie in Deutschland*, DHA VIII/1, 80). Das allerdings kann, neben allen Freuden, auch manche Tränen kosten.

Anmerkungen

* Meine Überlegungen, die Heines subtiles und gleichzeitig spürbares Verhältnis zur Weltliteratur betreffen, wurden für die Londoner Heine-Tagung im April 1997 niedergelegt und auch im September 1997 auf dem Heine-Symposium in Peking vorgetragen. Sie erschienen darum ebenfalls in den chinesischsprachig geplanten, allerdings dann doch auf deutsch herausgegebenen Kongreßakten: Zhang Yushu (Hrsg.), *Heine gehört auch uns: Tagungsband des Internationalen Heine-Symposiums 1997 Beijing*, vermittelt von der Peking-Universität und der Heinrich-Heine-Universität Düsseldorf, Peking 1998, S. 17–37.

1. Zitiert werden die Werke nach: Heinrich Heine, *Sämtliche Werke*. Düsseldorfer Ausgabe, hrsg. von Manfred Windfuhr, 16 Bde., Hamburg 1973–1997 (= DHA). — Der Bericht findet sich im Artikel IX der *Französischen Zustände* vom 16. Juni 1832. — Vgl. aber auch Gerhard Weiß. "Die Pariser Morgue — ein untergegangenes Baudenkmal aus Heines Zeit und seine künstlerische Behandlung". In: *Heine-Jahrbuch*, 25 (1986), S. 168–73.

2. *Goethes Werke*, Hamburger Ausgabe in 14 Bdn., Bd. IX, 5. Aufl., 1964, S. 552.

3. Goethe [Anm. 2], Bd. XII, 5. Aufl., 1963, S. 361–3 (aus der Zusammenstellung von Goethes wichtigsten Äußerungen über "Weltliteratur").

4. Vgl. Bernd Witte: "Düsseldorf — London — Paris: Heinrich Heines allegorische Lektüre der großen Stadt". In: *"Ich Narr des Glücks". Heinrich Heine 1797–1856. Bilder einer Ausstellung*, hrsg. von Joseph A. Kruse unter Mitwirkung von Ulrike Reuter u. Martin Hollender. Stuttgart und Weimar 1997, S. 120–31, bes. S. 120.

5. Bibliothek des Heinrich-Heine-Instituts, Düsseldorf: Sign. Heine-S. 1961/28. — Dort werden auch die Materialien zu dieser Arbeit aufbewahrt.

6. In *Heine-Jahrbuch*, 10 (1971) und *Heine-Jahrbuch*, 12 (1973).

7. 1980 in den *Wolfenbütteler Schriften zur Geschichte des Buchwesens*, Bd. 3. — Jetzt auch in Verf., *Heine-Zeit*, Stuttgart und Weimar 1997.

8. Ursula Münchhoff, "Platen und die Erlanger Universitätsbibliothek". In: Gunnar Och (Hrsg.): *"Was er wünscht, das ist ihm nie geworden." August Graf von Platen 1796–1835*, Eine Ausstellung im 200. Geburtsjahr des Dichters. Erlangen 1996, S. 45–66, hier S. 47 (= Schriften der Universitätsbibliothek Erlangen-Nürnberg, Bd. 29).

9. Heinrich Heine, *Sämtliche Schriften*, hrsg. von Klaus Briegleb. 6 Bde., München 1968–1976 (= B); das äußerst differenzierte Register am Ende des 2. Teilbandes des 6. und Schlußbandes.

10. S. B. VI/2, 805 u. 835. Vgl. Verf., "Heine und die Liebe". In: *Festschrift des Städtischen Görres-Gymnasiums Düsseldorf 1545–1995*, Düsseldorf 1995, S. 124–35, hier S. 131. Dort war übrigens nur auf das Chiffrenregister Bezug genommen worden (vgl. S. 126), das Sachregister enthält unter "Liebe" das Loreley-Gedicht ebenfalls nicht.

11. Vgl. Verf., "Frage und Antwort. Heines Grabschrift *Wo?* auf dem Pariser Montmartre-Friedhof". In: *Interpretationen. Gedichte von Heinrich Heine*, hrsg. von Bernd Kortländer. Stuttgart 1995, S. 167–79, hier S. 175.

12. Vgl. Gerhard Höhn, *Heine-Handbuch. Zeit, Person, Werk*, Stuttgart 1987, S. 315f.

13. Vgl. Höhn [Anm. 12], S. 326.

14. Vgl. zum Vorhergehenden die entsprechenden Registereinträge in DHA XVI.

15. Höhn [Anm. 12], S. 319.

16. Heine an Friedrich Merckel, 24. August 1832. In: H.H., *Werke, Briefwechsel, Lebenszeugnisse*, Säkularausgabe, hrsg. von den Nationalen Forschungs- und Gedenkstätten der klassischen deutschen Literatur in Weimar (seit 1991: Stiftung Weimarer Klassik) und dem Centre National de la Recherche Scientifique in Paris. Berlin und Paris 1970ff. (=HSA), Bd. XXI, S. 38.

17. Vgl. Manfred Windfuhr, *Heinrich Heine. Revolution und Reflexion*, Zweite überarbeitete und ergänzte Auflage. Stuttgart 1976, S. 171.

❖

2

From Battlefield to Paradise: A Reassessment of Heinrich Heine's Tragedy *Almansor*, its Sources and their Significance for his Later Poetry and Thought

Nigel Reeves (Aston)

Introduction

From July to August 1820 Heinrich Heine made an intensive study of the Spanish *Reconquista* of Moorish Granada in the late fifteenth century. Records from Bonn University Library list the many histories written in German and French that he borrowed at this time.[1] Nor was this research disrupted by his move to Göttingen University in the early autumn. On 13 November 1820 he borrowed from the library of that university A. M. Sané's 1809 translation of Ginés Pérez de Hita's history of the Moors in Granada, originally published in Zaragoza in 1595.[2]

Although only one major work resulted from this period of research into the Moorish kingdom, the tragedy *Almansor*, I shall argue in this paper that Pérez de Hita's history, and in particular the introduction by Sané, were of seminal influence on Heine's thinking. While the number of subsequent Moorish and Islamic images and motifs (at least at any deeper thematic level) remained modest, Heine's encounter with tales of the Spanish Moors and their defeat at the hands of the Spaniards was to make an indelible intellectual and emotional impression. And indeed a preoccupation with deepening his knowledge of Islam was to continue even after the April 1823 publication of *Almansor*, the manuscript of which he had finished by mid-1821. A year later, letters to his friend Moses Moser[3] show that he was reading the Koran in Friedrich Eberhard Boysen's translation of 1773 (or second edition 1775)[4] and suggest that he was reading Goethe's *West-östlicher Divan* (of 1819) and an anthology by one of Goethe's own key source authors, Joseph von Hammer's *Geschichte der schönen Redekünste Persiens mit einer Blüthenlese aus zweihundert persischen Dichtern*, which had appeared in 1818.[5]

Almansor—an allegory for the fate of Jews in Prussia after the Restoration?

In *Almansor* the hero of the same name returns from Arabian exile to the former kingdom of Granada, to seek out the woman to whom he had been betrothed, Zuleima, but who, like her father, converted to Christianity when the Aragonian and Castilian monarchies, united by the marriage between Ferdinand and Isabella, succeeded in crushing the Moorish kingdom by military force. Almansor reaches Aly's (alias Don Gonsalvo's) palace at the moment when Zuleima, now bearing the Christian name Clara, is to be married to a fop and swindler Don Enrique. We learn of Granada's past cultural splendours and the rule of chivalry there, that there is still armed Moorish resistance led by Almansor's old servant, Hassan, and also that Aly's intense hatred of Almansor's late adoptive father Abdullah was born not only of Abdullah's refusal to tolerate Aly's conversion, or apostasy as he saw it, but of a reversal of a previously close relationship into enmity. When Almansor's mother had died in childbirth, the infant Almansor was looked after by Abdullah's wife. Later, when the boy was returned to him, Aly was so affected by his likeness to his beloved dead wife that Aly and Abdullah agreed to swap children so that Aly brought up Zuleima and Abdullah, Almansor, while at the same time they were betrothed to one another.

This characteristic eighteenth-century sub-plot adds to the irony of the tragic ending. Hassan and his guerrilla band attack Aly's palace before the wedding between Zuleima and Don Enrique is concluded. Hassan is killed in the fighting. Almansor and Zuleima escape to a lonely crag. Zuleima believes she is already dead and in heaven in the arms of her beloved. Almansor, seeing the man who, unbeknown to him, is his natural father, pursuing them with his soldiers declares them to be the forces of Satan, and the two plunge to their real death from the pinnacle.

In order literally to sing the praises of Granada, Heine introduces a chorus. They tell us how the cruder elements of North African and Arabian Islam were tempered in Spanish Islam to create a kingdom where the arts and sciences flourished and where artistic and female beauty together reigned supreme:

> Als Abderam nach Spanien sich gerettet,
> Und wackre Mauren treu sich angeschlossen
> Dem letzten Zweig des alten Herrscherstamms, —
> Da trennte feindlich sich der span'sche Moslem
> Vom Glaubensbruder in dem Morgenlande;
> Zerrissen ward der Faden, der von Spanien,
> Weit über's Meer, bis nach Damaskus reichte,
> Und dort geknüpft war am Kaliphenthron';
> Und in den Prachtgebäuden Cordovas
> Da wehte jetzt ein rein'rer Lebensgeist,
> Als in des Orients dumpfigen Haremen.
> Wo sonst nur grobe Schrift die Wand bedeckte,
> Erhub sich jetzt, in freundlicher Veschlingung,
> Der Thier- und Blumenbilder bunte Fülle;
> Wo sonst nur lärmte Tamburin und Zimbel,
> Erhob sich jetzt, beim Klingen der Chitarre,
> Der Wehmutsang, die schmelzende Romanze;
> Wo sonst der finstre Herr, mit strengem Blick,
> Die bange Sklavinn trieb zum Liebesfrohn,
> Erhub das Weib jetzund sein Haupt als Herrinn,
> Und milderte, mit zarter Hand, die Rohheit
> Der alten Maurensitten und Gebräuche,
> Und Schönes blühte, wo die Schönheit herrschte.
> Kunst, Wissenschaft, Ruhmsucht und Frauendienst,
> Das waren jene Blumen, die da pflegten
> Der Abderamen königliche Hand.[6]

Catholic Christianity destroyed this civilization. But Almansor's hatred of Christianity operates at several levels. At the first level is, of course, his outrage at what had been done to Granada and its people. When the Catholics had defeated Granada, they had killed Moors in their thousands, so that exile or conversion was the only escape. The notorious Cardinal Ximenes had publicly burnt the Koran and the libraries. At a second, personal level the *Reconquista* had also separated Almansor from his betrothed, whom he has come to reclaim only to find she is now a real believer in Christianity. But there is a third, religious aspect to his hatred. For Almansor earthly life, and love as the quintessential form of life, constitute the innermost spirit of religion. 'Nur eine Kirch' der Liebe ist die Erde' he proclaims, to which Zuleima replies:

> Die Erde ist ein großes Golgatha,
> Wo zwar die Liebe siegt, doch auch verblutet.[7]

True love, then, is for her only to be found in Christ who died for mankind, whereas in Almansor's view human love is the entry to heaven on earth, and Christianity is a fearful religion as gloomy and dark as its organ music, a religion that focuses on suffering and bloodshed and even has its members drink blood. Entering a church that had been a mosque he recalls being greeted by a terrifying sight:

> Aus jeder Nische nickte mir entgegen
> Dasselbe Bild, das ich hier wiedersehe.
> Doch überall sah, schmerzenbleich und traurig,
> Des Mannes Antlitz, den dies Bildniß darstellt.
> Hier schlug man ihn mit harten Geißelhieben,
> Dort sank er nieder unter Kreuzeslast,
> Hier spie man ihm verachtungsvoll in's Antlitz,
> Dort krönte man mit Dornen seine Schläfe,
> Hier schlug man ihn an's Kreuz, mit scharfem Speer
> Durchstieß man seine Seite, — Blut, Blut, Blut
> Entquoll jedwedem Bild. Ich schaute gar
> Ein traurig Weib, die hielt auf ihrem Schooß,
> Des Martermannes abgezehrten Leichnam,
> Ganz gelb, und nackt, von schwarzem Blut umronnen —
> Da hört' ich eine gellend scharfe Stimme:
> 'Dies ist sein Blut,' und wie ich hinsah, schaut' ich
> (Schaudernd)
> Den Mann, der eben einen Becher austrank.[8]

This paradoxical fusion of fascination and yet revulsion at Christianity remained with Heine, in whose works of popular philosophy in the 1830s the theme of the life-destructive influence and power of Christianity reaches its climax. But is this profound antipathy sufficient to explain his interest in the Moors and their religion? What triggered that interest and the subsequent research into Granada?

A prevalent explanation is that Heine's true concerns did not lie with the Islamic world at all. Deeply affected by the wave of anti-

Semitic riots across Germany (the so-called hep-hep riots of 1819), the repeal of the Jewish Emancipation Edict of 1812, which meant that public offices, including university posts, were again closed to Jews, and the blatant anti-Semitic writings of men like Rühs and Fries, it is argued that Heine was looking for historical material that could reflect allegorically this recent twist in the Jewish fate and in particular the effectively forced conversion to Christianity that it would mean for many. Kircher,[9] Rosenthal,[10] and Prawer[11] are among those who therefore argue that the Moors are stage representations of contemporaneous Jews, and further point to the historical parallels between the fate of the Moors and the Jews who were also persecuted in Spain in the sixteenth century.

This view is not accepted by Fendri[12] or Windfuhr,[13] for both of whom Heine's interest in Islam and the Moors was direct and genuine. Assessing the evidence it seems likely that Heine's hatred of Catholicism in part derives from his sense of alienation as a Jew from the Rhineland culture of his birthplace. But his letters do not point to anti-Semitism as the *immediate* inspiration for a study of the Spanish Moors. True, a vehement attack on Christianity as verminous, linked to an expression of despair at the repeal of the Emancipation Edict, is found in a letter of 1 April 1823 sent to Immanuel Wohlwill.[14] But by then *Almansor* had been written and was with the press, while the Edict itself was still in force during the research period for the drama. A fear that if there were a revolution in Germany, the Jews would be the first to be executed is expressed in a letter to Moritz Embden, his brother-in-law, on 2 February 1823.[15] A reference to the anti-Semitic writings of Rühs and Fries does not occur until a letter to Moses Moser of 21 January 1824.[16] Admittedly, when he submitted the *Almansor* manuscript to Dümmler for publication in January 1823 he stated that 'dessen Stoff religiös-polemisch ist, die Zeitinteressen betrifft',[17] but he had also told his brother-in-law in May 1823 that 'Was sie über Juden sagen, ist meine Absicht ebenfals. Ich bin ebenfals Indifferentist und meine Anhänglichkeit an das Judenwesen hat seine Wurzel bloß in einer tiefen Antipathie gegen das Christenthum.'[18]

Moreover, Heine had not joined until August 1822 the Verein für Kultur und Wissenschaft der Juden run by Moses Moser and Leopold Zunz, the purpose of which was to disseminate knowledge of Judaism and the history of the Jews in Europe in the spirit of the Enlightenment and specifically of Moses Mendelssohn's works.

It is true that by 1823 or 1824 at the latest Heine was working on the novel that was to depict the fate of medieval Jews in Germany, *Der Rabbi von Bacherach*. But his research into this topic did not begin until some months after he had joined the Verein and was undoubtedly inspired by his contact with its members, and probably also by the discussions in which he participated in Rahel Varnhagen's salon, when he moved to Berlin in 1824. The non-completion of that work, even after its resumption in 1840, cannot necessarily be taken for a loss of interest in the Jewish question, of course, and could equally be blamed on his lack of talent in extended narration.

Nevertheless, while it is plausible that the broad parallels between the fates of the Jews and Moors after the *Reconquista* contributed to Heine's interest, the chronology does not fully support the argument that his central motivation for a study of the Moors in Spain in 1820 was a commitment to his own religion of birth and that the Moors in the drama *Almansor* are allegorical Jews. The drama was virtually complete when the most potent external factors came into play.

Alternative sources of inspiration for *Almansor*

Windfuhr is of the view[19] that Heine's university tutor, August Wilhelm Schlegel, may have drawn Heine's attention to the lost Moorish kingdom. In a letter from July 1820[20] Heine states that Schlegel has helped revise his poems, indicating that his relationship with his professor was a close one. And Schlegel *had* used Pérez de Hita's history of the Moors when writing his Moorish tale *Morayzela, Sultanin von Granada* in 1796 (Sané's translation with its introduction was not, however, published until thirteen years later). Fingerhut[21] implies that Heine's interest was a reaction to his reading of Herder's translation of the *Poema de Mio Cid*, an epic that celebrates the bloody deeds of a man who was effectively a professional soldier without allegiance, and whose defeat of the Moors in Valencia was accompanied by large-scale torture, arson, and rape. Yet Herder, in his introduction, had represented a positive view of these events as a just struggle. But of Granada there is no mention.

Windfuhr reminds us of Heine's admitted debt to the Don Gayferos tale in Fouqué's *Der Zauberring*.[22] In this tale a Donna Klara discovers that her lover is a Moorish king, who, caught by her brothers when he tries to abduct her, is murdered by them. Donna Klara spends the rest of her life mourning her loss in a private chapel. This material will have drawn Heine's attention to the Moors in Spain, but as in the case of his supposed reaction to Herder, his sympathies would have reversed those expressed in *Der Zauberring*, where the Moors embody treachery. It is true that Heine expressed enthusiasm for the Don Gayferos tale in a letter to Fouqué of 10 June 1823, declaring that the tale had been vividly in his mind as he wrote *Almansor*.[23] But even in this letter Heine anticipates Fouqué's probable displeasure at his predilection for the Moors by adding 'Mein Almansor wird Sie nicht ganz angesprochen haben.' The more evidently indebted work in this context is 'Donna Clara', one of the most drastic *Tendenzgedichte* Heine ever wrote, and in its original *Heimkehr* version subtitled 'Aus einem spanischen Romane'. This poem depicts the seduction of a Catholic Spanish nobleman's daughter by a knight who indulges her rabid hatred of the Jews and the Moors, only to reveal, when their lovemaking is complete, that he is none other than the son of 'Rabbi Israel von Saragossa'. While Jews and Moors are closely associated in this text, the final revenge and deception are carried out by a Jewish figure, not a Moor as in Fouqué's 'Don Gayferos'.[24] The companion ballad, also published in the first edition of *Reisebilder* of 1826, is entitled 'Almansor' and was also subtitled 'Aus einem spanischen Romane'. Here Almansor also returns to Cordova, bows his head over the font in the cathedral, and later declares himself, 'so wahr ich Christ bin', to love each of the thirty ladies with whom he subsequently dances at a ball. But after the ball he attends an intimate rendezvous with Donna Clara, whose father is away fighting. As she caresses him, he dreams of his obeisance to the baptismal font, which had ironically followed his lament that the mighty pillars of Cordova's mosque now supported a church belonging to 'dem verhaßten Christenthume'. At this moment in the dream there is an earthquake, the mighty pillars collapse, in falls the dome, 'Und die Christengötter wimmern.'[25]

This apocalyptic view of the clash between Christianity and Islam prefigures, with its theme of the 'reconquest' of the Christian 'gods' by the religions they themselves defeated, a central topic of Heine's mature and late work. At this point, however, let us only consider the relative role of Judaism and Islam in their conflict with Christianity. While baptism or conversion is a motif common both to the ballad and to the drama entitled *Almansor*, it is only in the ballad that the protagonist himself has been baptized a Christian. The hero of the tragedy is faithful to Islam and is presented in stark contrast to the Moors who have converted and betrayed their religion. Moreover, the

Almansor of the ballad suffers a crisis of conscience which finds its expression in the earthquake nightmare. The Jewish protagonist of 'Donna Clara', on the other hand, is a thorough-going deceiver and relishes the deception of a young woman as revenge on Christianity. We have then to note that Islam receives highly sympathetic treatment, whereas the black and white revenge motif of 'Donna Clara' arouses a note of distasteful ambivalence, a note very different from that of *Der Rabbi von Bacherach* which he began in 1823/4 while a member of the Verein für Kultur und Wissenschaft der Juden.

The significance of Byron's work

If we argue that Herder's *El Cid* or Fouqué's *Der Zauberring* stimulated Heine's interest in the Moors this interest has to be be considered as a reaction against those writers' portrayal of the Moors. But there may have been another source of inspiration not noticed by the critics I have mentioned nor recorded in the Düsseldorf critical edition.

In a note dated 20 November 1821 that accompanied Heine's translation of parts of Byron's *Manfred* and of his poems 'Good Night', 'To Inez', and 'Fare Thee Well', contained in his volume *Gedichte*, the poet stated that he translated those passages of *Manfred* and 'Good Night' in 1820. However, he also added that 'An Inez' (= 'To Inez') and 'Lebewohl!' (= 'Fare Thee Well') had been translated far earlier. Both 'Good Night' and 'To Inez' were in the first canto of *Childe Harold's Pilgrimage* which had appeared in England in 1812 and had frequently been reprinted. 'Fare Thee Well' belongs to *Domestic Pieces* of 1816. A five-volume edition of Byron's works, which Heine is believed to have used, was published in Zwickau in 1818.[26]

But it seems unlikely that Heine's reading of Byron had been confined to *Childe Harold*, *Manfred*, and *Domestic Pieces*, the more particularly since he had a five-volume edition of Byron's works available. In *The Giaour. A fragment of a Turkish Tale* of 1813 we encounter as protagonist, a lone Christian warrior and marauder who steals Pasha Hassan's wife, Leila. Hassan is killed in mortal combat with the Giaour, but then like Almansor's Hassan

> Es kommen schon die Mädchen,
> Mit schwarzen Augen, schöne Houris kommen —
> (Selig lächelnd.)
> Die jungen Mädchen und der alte Hassan!
> (Er stirbt.)[27]

this Hassan is received in heaven by the Houris, 'the maids of Paradise', as a fallen hero.[28] Hassan's palace is left deserted:

> The steed is vanish'd from the stall;
> No serf is seen in Hassan's hall;
> The lonely spider's thin grey pall
> Waves slowly widening o'er the wall;
> The Bat builds in his Haram bower
> And in the fortress of his power
> The owl usurps the beacon-tower;[29]

So too has Abdullah's palace been abandoned to nature:

> Es ist der alte, liebe Boden noch
> Der wohlbekannte, buntgestickte Teppich,
> Worauf der Väter heil'ger Fuß gewandelt!
> Jetzt nagen Würmer an den seidnen Blumen,
> Als wären sie des Spaniers Bundgenossen. . . .
> Es sind die alten, guten Mauern noch,
> Die glattgetäfelten, die hübsch bemalten,
> Die stets dem Wandrer Obdach gaben!
> Gastlich geblieben sind die guten Mauern,
> Doch ihre Gäste sind nur Eul' und Uhu.[30]

But the most striking resemblance to *Almansor* is to be found in the *Bride of Abydos*, also of 1813. The sombre and warlike pasha Giaffir has a son and daughter. He loves his beautiful daughter Zuleika dearly. He rejects his son Selim as effeminate. The two young people find solace in one another's company, much to Giaffir's annoyance, for Selim is able to come and go freely to meet his sister, who lives in the harem. One day Giaffir declares that Zuleika is to be married off forthwith. The apparently effeminate Selim turns out to be a quite different person, for, having arranged Zuleika's escape, he declares 'I've arms, and friends and vengeance near!'[31] He takes her to a grotto by the sea where arms are stored, and he himself strips off to reveal gleaming armour. He has an ally in his servant Haroun, who had regularly released him from the confines of the palace while Giaffir was away at war. It was then that Selim had met the band of outlawed Moorish pirates who were now coming to take the two of them away to safety across the sea. In the grotto Selim reveals 'the darker secret of his own', namely that he is not her brother but her cousin (which of course makes their love permissible, Giaffir having poisoned his brother, Selim's father Abdallah, out of jealousy for his military prowess).[32] Alas, after the revelation of the secret and the couple's declaration of mutual love, Selim is killed. He puts up a desperate fight as the pirates' boat approaches, beheading the foe as it falls upon him. But Giaffir himself shoots Selim as he takes one last fatal glance back at Zuleika in the grotto. She then dies of a broken heart.

Not only do we find here parallels to the plot of *Almansor*: we find a second, common source. When Selim is explaining why Zuleika was found missing from the harem he tells his uncle-cum-father one morning:

> In sooth I love not solitude;
> I on Zuleika's slumber broke
> And, as thou knowest that for me
> Soon turns the Haram's key,
> Before the guardian slaves awoke
> We to the cypress groves had flown
> And made earth, main and heaven our own!
> There linger'd we beguiled too long
> With Mejnoun's tale, or Sadi's song.[33]

The motif of love as heaven on earth is presented in connection with the Persian lyrical epic *Majnun and Leyla*, which exists in two variants, one by Jami and the other by Nizami. Majnun and Leyla are young lovers who are forbidden by their fathers to meet, their tribes being locked in an unforgiving feud. Majnun is devoured by his love for the fabulous beauty of the young Leyla. He wanders in exile and there meets Nawfil, head of a troupe of huntsmen, who says he will declare war on Leyla's father's tribe if he does not relent. But when threatened by Nawfil, Leyla's father says he would rather stab his daughter to death than let Majnun have her.

One day Majnun rescues a gazelle from the huntsmen, cradling her in his arms. The lovely gazelle becomes a symbol for his love and for Leyla. (In Jami's version it is a gazelle; in Nizami's version—as retold in Hammer's anthology—it is a roe-deer.) Leyla is married off but eventually her frigidity towards her husband results in his pining away and dying. But it is too late, for Majnun has now gone mad and is finally found dead clutching the corpse of a gazelle (or roe-deer). Leyla asks that when she dies her ashes may be mingled with his in a common grave. Soon afterwards she dies of a broken heart.

In the final scene of *Almansor*, the hero, having escaped to the rocky crag with Zuleima, who has fallen into a swoon, imagines he is 'der arme Mödschnun' cradling Zuleima who has been transformed into a deer. Suddenly he fears she is dead and imagines her funeral in a lovely flower-garden. But she awakes and Almansor describes to her this garden, where he has found his heaven. At this moment their bliss is interrupted by Aly's soldiers, who are pursuing them. For Almansor, they are the huntsmen seeking their quarry, the roe-deer Zuleima.[34] The extended use of the roe-deer image indicates, then, that Heine was already familiar with the Nizami version in the Hammer anthology.[35] However, it seems highly likely that the text Heine used most closely was Chézy's French translation of the Jami version (which is not mentioned in the Düsseldorf critical edition). This is suggested by parallel passages such as Almansor's description of his childhood garden, where jasmine and honeysuckle grew as they do in Chézy's lovely valley and home to Leyla: 'Le jasmin uni au chèvrefeuille, formaient dans leurs enlacements parfumés, les plus riches guirlandes', while gazelles frolic there,[36] as they do in the secret place alongside the camels and embroidered tents to which Hassan begs Zuleima to escape with Almansor.[37] Further, their plunge to death in one another's arms echoes Leyla's wish that they will together emerge from the grave 'en nous tenant étroitement embrassés, vers le lieu que nous assignera la justice éternelle, pour y partager à jamais la même destinée'.[38] In a key letter to Christian Sethe of 14 April 1822 when he is writing the play, Heine declares that 'Alles Deutsche wirkt auf mich wie ein Brechpulver . . .' and then breaks inexplicably into French: 'Aussitôt que ma santé sera rétablie je quitterai l'Allemagne, je passerai en Arabie, j'y menerai [sic] une vie pastorale, je serai homme dans toute l'étendue du têrme [sic], je vivrai parmi des chameaux qui ne sont pas étudiants, je ferai des vers arrabes [sic], beau comme le Moalaccat, enfin je serai assi [sic] sur le rocher sacré où Mödschnun a soupiré après Leila.'[39] In his introduction to the translation, Chézy had said he had been 'seduced' by Jami's style and then proceeded to depict how 'la vie pastorale des Arabes, si propre à alimenter l'amour' had enabled these young people to meet despite the feud and to long for one another, but had only finally forced Majnun to die alone in his despair.[40]

It may well have been Byron's *Bride of Abydos*, then, which first prompted Heine to explore this Oriental world of contrasts where tragedy and idyll coexist, where paradise is found in lovely landscapes, in the hearts of star-crossed lovers, and in heroic death. This is a very different world from the one-dimensional depiction of the Moors as the 'enemy' in *El Cid* or *Der Zauberring*. It could have inspired Heine's putative reaction against those portrayals. It might just have led him to ask his professor, Schlegel, to explain the contradictions between the two depictions; the latter might then have drawn Heine's attention to the special case of the Spanish Moors, as presented in Pérez de Hita's chronicle. For now we come to another striking reversal of sympathies between Heine and contemporaneous writers. In Canto II of *Childe Harold* Byron records with surprise the festive joy displayed in Istanbul despite the tyranny of 'Othman's race' that has enslaved its people in a long history of conflict between Giaour (or Greek) and Turk. This joy he likens to 'the mimic train of merry Carnival':

> And whose more rife with merriment than thine,
> Oh Stamboul! once the empress of their reign?
> Though turbans now pollute Sophia's shrine,
> And Greece her very altars eyes in vain:
> (Alas! her woes will still pervade my strain!)
> Gay were her minstrels once, for free her throng,
> All felt the common joy they now must feign
> Not oft I've seen such sight, nor heard such song,
> As woo'd the eye, and thrill'd the Bosphorus along![41]

In Sané's introduction to his translation of Pérez de Hita, entitled *Histoire chevaleresque des Maures de Grenade traduite de l'espagnol, précédée de quelques réflexions sur les musulmans d'Espagne* (Paris, 1809), it is precisely the Muslims who had united art, music, and political freedom and the Christians who had destroyed it. Heine embraces Sané's enthusiasm without reservation.

A crucial encounter: Sané's translation of Pérez de Hita's history of the Moors in Spain

We can therefore surmise that Heine's initial interest in the Islamic world had been aroused by Byron's Turkish-inspired epics, on which he then drew when composing *Almansor*. Certainly, the immediate impulse for Heine's academic researches into the Spanish Moors in the summer of 1820 may well have come from Schlegel. But a key factor is that Heine was able to use Sané's translation of Pérez de Hita, which had appeared over a decade after Schlegel's encounter with the chronicle. And it is Sané's introduction that was definitive in shaping Heine's view of Granada. For Sané, Moorish Granada had been a paradise on earth, a paradise which, in parallel to the houri-ruled heaven awaiting the fallen Islamic warrior, was ruled by the fair sex. Early in his introduction he states:

Oserons-nous ajouter que nous voudrions placer cet ouvrage sous la protection des Dames? Elles s'intéresseront peut-être à ce peuple galan [sic], voluptueux et guerrier, qui éleva le beau sexe sur le trône, lui soumit ses mœurs, ses lois mêmes et ses destins: il l'aima d'un amour enthousiaste et sans bornes; cet amour fut un culte, et le Paradis de Grenade était véritablement le paradis des femmes.[42]

Sané praises the magic architecture of the Spanish Moors' mosques, their pictures, their marble baths, their gardens and bridges, their alabaster fountains, their poetry and their learning, and condemns Cardinal Ximenes who burnt the Koran and their books, Ferdinand who ordered their genocide, and the inquisition under Philip II which took away their children and butchered their fathers. Yet, argues Sané, the Moors themselves had been tolerant and had happily coexisted with the Spaniards for centuries. Here then, he says, is a clash between two cultures—the one

mobile, emportée, galante, ardente aux voluptés . . . les passions brûlantes, l'activité, la politesse, la tolérance, l'industrie, l'extrême civilisation avec ses souples mœurs, ses lumières, ses arts, ses agrémens et ses vices

and on the other hand the Europeans,

un faste de gravité, la hauteur dédaigneuse, la jalousie sombre, la rudesse, une littérature à peine ébauchée, les ténèbres des siècles gothiques, un fanatisme inexorable et des auto-da-fé.[43]

Heine's portrayal of the Christian Spaniards in Almansor reflects the gloom of their religion and their bigotry as presented by Sané but the satirist in him transforms them into caricatures, laughable in their arrogance and narrow-mindedness.

In the very year of 1492 when Columbus discovered America, Sané continues, the Moors were already suffering the fate that awaited the wretched South and Central American Indians 'sous la double tyrannie des soldats et des moines'.[44] Moreover Sané himself had declared that the tale of the downfall of the Moors was a veritable goldmine for a poet, awaiting exploitation by a genius who could depict the 'magnificent' contrasts between Castilian and Moor, while the Koran was 'une source intarissable de poésie' to be likened to the Bible, the Edda, or the great Indian epics.[45]

Here we already have in place the basis of the opposition between

Christianity as a life-destroying force that places a mournful pall across the arts and banishes the religions it fell upon, and religions that affirm the positive vitality of life embodied in artistic and erotic beauty, an opposition that was to become a conceptual constant in Heine's thinking. It is glimpsed in the fate of the Greek gods in the *Nordsee* poems of 1826–7 (written 1824–6), illustrated in the counterpoint of Bacchic and deathly images in *Die Bäder von Lucca* (1830, written 1828–9) and *Die Stadt Lucca* (1831, written 1829–30), developed into a Hegelian-inspired intellectual history of Germany in *Zur Geschichte der Religion und Philosophie in Deutschland* (French version 1834 and 1835; German version 1835, written 1834), and transposed into a psychological, indeed anthropological, division of mankind into Nazarenes and Hellenes in *Über Ludwig Börne. Eine Denkschrift* (written 1839, published 1840).

In February 1821, just three months after he borrowed Sané's translation of Pérez de Hita's history of the Moors, and while he was still working on *Almansor*, Heine was forced to move on to Berlin after being involved in an illegal duel. But even before he had gone there in March 1821, heard Hegel, and met his Jewish disciples Moser and Gans, Sané will have prepared him for the Hegelian approach to history. For Sané had presented the fall of the Moors in what amounts to a quasi-Hegelian manner:

C'est la chute d'un empire célèbre, l'irrévocable fin d'une nation généreuse et vaillante; c'est le dernier soupir de la chevalerie Européenne, dans ce même siècle de prodiges, où d'autres Musulmans renversaient le trône des Constantins, où Colomb découvrait le nouveau Monde, Game les Indes, et Guttemberg l'imprimerie.[46]

In the summer term of 1821 Heine probably attended Hegel's lectures on the philosophy of religion and in winter term 1822/3 those on the philosophy of world history. He will now have found Sané's portrayal of the tragic downfall of a civilization placed in (and explained by) a world-historical framework, confirming the importance of the topic he had chosen for his drama. And indeed at the time of the *Almansor* publication, when he was leaving Berlin again, Heine wrote of the drama to his brother-in-law Moritz Embden:

Sie lesen in diesem Buche, wie Menschen untergehen und Geschlechter, und wie dennoch dieser Untergang in einer höheren Notwendigkeit bedingt und von der Vorsehung zu großen Zwecken beabsichtigt wird.[47]

It is, then, hardly surprising that Moses Moser's review of the drama *Almansor* of July 1823 sees in it 'der tragische Moment einer weltgeschichtlichen Begebenheit' and discerns in Aly's last speech the reflection of the 'Weltgeist in seiner ruhigen Herrschaft über das bewegte Leben des Menschen, dem eine bestimmte Grenze seiner Geltung als Allgemeines in der Einzelnheit angewiesen ist, welche überschreitend es nur um so mehr der letzteren dienen und ihrem Schicksal, dem Untergang, anheim fallen muß'.[48]

I would claim, therefore, that Heine's research into the Moorish Islamic civilization of fifteenth-century Spain predisposed him to the Hegelian dialectical explanation of historical change that formed, as I argued in my monograph and subsequently more forcefully in a polemic with Dolf Sternberger,[49] a central plank in his Utopian thinking.

For Heine's early exploration of the Moorish kingdom of Granada and his acquaintance with the tale of Majnun and Leyla provided a second companion constant in his thinking which was to be embedded in the Hegelian historical framework. That was his Utopian dream of an ultimate paradise on earth in which the separation of body and soul would end, in which sexuality would be restored as a positive, if not the most positive, human experience and art would be an inherent part of civilized society, lifting, through its depiction of beauty, the erotic into the realm of the immortal. This was the Utopia of which he truly dreamed in *Deutschland. Ein Wintermärchen*, in the time when he was closest to Marx. Conventionally, this major element in his thought has been attributed to the encounter after 1830 with the works of Enfantin of the Saint-Simonian movement, whereas I claimed some years ago in my debate with Dolf Sternberger[50] that Heine's Utopian philosophy was already in place long before Enfantin's views confirmed and lent impetus to a belief that was awaiting further articulation. Indeed Heine's dream of a 'neues Geschlecht, das erzeugt worden in freier Wahlumarmung, nicht im Zwangsbette und unter der Kontrolle geistlicher Zöllner' had already featured in *Reise von München nach Genua* in 1829, two years before Enfantin had committed his ideas to paper. I would argue now, as further evidence, that the French translator of Pérez de Hita's history of the Spanish Moors, A. M. Sané, had already provided Heine with the essential nucleus of his vision of life beyond sin (or of paradise!) by 1820.

When Zuleima lies in Almansor's arms shortly before their suicide, and can confess that she loves Almansor, not Don Enrique to whom she had just been married, she imagines she is in the Christian heaven, truly a paradise beyond sin that she believes will last for millennia of ecstatic enjoyment:

> Und laß Jahrtausende mich Wonnentrunk'ne
> In diesem Himmel in dem Himmel liegen.

But for Almansor, who is still in the real world, paradise is a last moment in Zuleima's arms, a paradise that is literally embodied in her, he believes, for God abides in the dimples of her cheeks:

> Wir sind im Himmel, und die Engel singen
> Und rauschen drein mit ihren seidnen Flügeln, —
> Hier wohnet Gott im Grübchen dieser Wangen.[51]

It is an earthly paradise conceived in the context of tragedy, not yet the Utopia that could be realized on earth, which Heine was eventually to proclaim in *Deutschland. Ein Wintermärchen*. But its tragic aspect links it to an Islamic topos that was to recur in Heine's work for another twenty years, namely the passage of the dead Muslim hero-warrior into a paradise where he will be eternally tended and cosetted by lovely females, the dark-eyed Houris. It is a topos that we have already encountered in Hassan's fate in *Almansor*, foreshadowed by the similar experience of Byron's Hassan in *The Giaour*.[52] Goethe, too, had portrayed this feature of the Islamic faith in his *West-östlicher Divan* and Heine alludes to it both in his presentation of the *Divan* in *Die romantische Schule* and in his 1839 poem 'Ali Bey'. The topos reveals the crux of Heine's paradoxical or tragic conception of a paradise on earth that can fuse the experience of beauty and physical love as the ultimately fulfilling human achievement.

Zuleima, the converted Christian, feels she has reached heaven after death, though death still awaits her. Hassan believes he is reaching an erotic paradise as he dies. Almansor believes he is momentarily in heaven before death. From each perspective paradise and death are intimately linked. And in the imagery of the Islamic world paradise is intimately linked with death in battle.

This early, inherently tragic, view of paradise on earth, which Heine derives from his readings of Byron and of the history of the Spanish Moors, almost immediately becomes associated with a Hegelian understanding of history as the tale of the rise and inexorable fall of peoples and civilizations. For a period in the late

1820s and very early 1830s, Heine's optimism that this paradise could be realized in the here and now returned. This perhaps is the true significance of Enfantin and the Saint-Simonians for his thinking. We catch glimpses of that optimism (though coloured with irony) when he meets Karl Marx and writes *Deutschland. Ein Wintermärchen* in 1843–4.[53] But that ironic quality was never far away, and nor was his presentation of the permanent dialectic struggle between the forces that affirm life ('Sensualismus') and those that oppose that affirmation ('Spiritualismus') as in *Die romantische Schule* and *Zur Geschichte der Religion und Philosophie* or between Hellenes and Nazarenes in *Über Ludwig Börne. Eine Denkschrift*.

But pessimism is never far away. The downfall of beauty and of the divinity inherent in beauty is nowhere depicted more poignantly and succinctly than in the persistent topic of the exile of the Greek and then the pagan gods, those wretched survivors of former glorious civilizations driven into a ghostly existence by Christianity (*Zur Geschichte der Religion und Philosophie in Deutschland*; *Atta Troll*; *Elementargeister*).

It was Byron who had already lamented the sad fate of the Ancient Greek civilization and its gods. The passage in *Childe Harold* quoted before on the lost glory of Constantinople is testimony to that, but there are of course in the work of this fervent supporter of the Hellenic cause numerous examples.

For Byron's wrath and sorrow were not only directed against the Turks, towards whom he displays a fascinated mix of curiosity, awe, and fear. Lord Elgin is one who invites particular displeasure for his plundering of Greek art treasures. The narrator, having brought the reader to Athens, greets the morning sun in the Parthenon in tones that surely impressed themselves upon Heine:

> Sun of the morning, rise! approach you here!
> Come—but molest not yon defenceless urn:
> Look on this spot—a nation's sepulchre!
> Abode of gods, whose shrines no longer burn.
> Even gods must yield—religions take their turn:
> 'Twas Jove's—'tis Mahomet's—and other creeds
> Will rise with other years, till man shall learn
> Vainly his incense soars, his victim bleeds;
> Poor child of Doubt and Death, whose hope is built on reeds.[54]

'Ce peuple galan [sic], voluptueux et guerrier': Heine's interpretation of Goethe's and Decamps's portrayal of the Islamic world

In Heine's work too, then, other religions came to occupy his attention in this sad dialectic of the rise and fall of noble civilizations. But the Islamic world as such was not wholly to disappear from Heine's work. Another constant remains, also to be found in Sané and in Byron, which was probably developed from the topos of the Islamic warrior's eternal life in paradise upon death in just battle. It became a commonplace in Europe of the nineteenth century (and certainly not in Heine alone!) to attribute to the Islamic character an inextricable mixture of belligerence and passion or of voluptuousness and cruelty. Indeed in Heine's own drama, quite apart from the fighting, which is triggered by external circumstances, we find that Hassan, Almansor's helper, takes a sadistic delight in shedding blood:

> Und wenn sie sterbend röchelten, die Buben,
> Wenn ferne wimmerten die Trauerglocken,
> Und Angstgesänge dumpf dazwischen schollen,
> Dann klang's in unsre Ohren süß wie Wollust.[55]

Pasha Ali, in Canto II of *Childe Harold*, enjoys a 'soft voluptuous couch' beside a marble spring, yet his 'venerable face' conceals 'the deeds that lurk beneath, and stain him with disgrace'.[56] The association of sensual love and bloodshed recurs in *The Giaour* and, of course, in *The Bride of Abydos*, where, as the 'effeminate' hero fights for his life, he decapitates 'The foremost of the [Giaffir's] prying band,/ A gasping head, a quivering trunk'.[57] Sané himself had recorded the courage and the warrior qualities of the Moors displayed by (none other than) Almansor the Victorious, qualities, he claims, that the Spaniards then inherited from them.

In Goethe's notes to the *West-östlicher Divan* we find a similar characterization of the Arabs: 'festeste Anhänglichkeit an Stammgenossen, Ehrbegierde, Tapferkeit, unversöhnbare Rachelust, gemildert durch Liebestrauer, Wohltätigkeit, Aufopferung, sämtlich grenzenlos.'[58] But it seems unlikely that Heine had read the *Divan* when he wrote *Almansor*. The association of Muslims with sensuality and bellicosity frequently recurs in the Bryonic epics I have already quoted. The first real evidence of Heine's encounter with Goethe's *Divan* is in the letter to Moser of 24 January 1824,[59] where he again declares himself not to be a German but on this occasion a Persian, a compatriot of the land where they speak a 'süße, rosige, leuchtende Bulbul-Sprache'. Longing to be in Isfahan he sings the praises of Ferdowsi, Jami, and Sa'di, and in an ironic list of 'great' German poets which includes notables like Gubitz and Auffenberg he ends with those we know he respected, Rückert (already a convert to Orientalism), Müller, Immermann, Uhland, and—last but not least— Goethe.

Heine does not seem to have revisited the *Divan* until preparing *Die romantische Schule* (1836), which was first published in 1833 as *Etat actuel de la littérature en Allemagne, de l'Allemagne depuis Madame de Staël* (in *L'Europe littéraire*) and in its German version as *Zur Geschichte der neuen schönen Literatur in Deutschland*. In this fresh encounter Heine emphasizes the sensuality of the work. It is as if, for Heine, Goethe were recreating in his poetry an erotic paradise on earth, a paradise to be found in the Orient. In this heightened atmosphere all the senses are engaged, smell, sight, and taste, enjoying not only the pleasure of wine but even that of smoking (a Turkish pipe).

Es enthält die Denk- und Gefühlsweise des Orients in blühenden Liedern und kernigen Sprüchen; und das duftet und glüht darin wie ein Harem voll verliebter Odalisken mit schwarzen geschminkten Gasellenaugen und sehnsüchtig weißen Armen![60]

The gazelle-like eyes of Jami's Leyla are evoked in this passage but the tragic context is absent. In these early Paris years, while Heine was in contact with the Saint-Simonians, a fascination with the possibilities of an earthly paradise is temporarily in the ascendant. True, the threat from occidental Christianity and from the reactionary forces of anarchistic Feudalism in Germany may still have seemed very real to Heine, and his fears are anxiously recorded in *Die romantische Schule*.[61] But Goethe had been a powerful counter-example, and indeed Heine celebrates him as one of the gods.[62] But in Paris the situation is very different, and in Heine's eulogy of the *Divan* there appear anticipatory glimpses of an imaginary world in which painters of the West (and especially France), the so-called Orientalists, conjured up their erotic fantasies for much of the rest of the century,[63] creating sensuous portrayals of languorous concubines and shapely odalisques in the baths and secret chambers of the harem, areas to which no European male in fact could gain access! Heine's evocation of the *Divan* could be Ingres in words but fitted into his dialectical philosophy of the historical—and now cultural—conflict between 'Spiritualismus' and 'Sensualismus', forming the conceptual backbone of *Zur Geschichte der Religion und Philosophie* (1834). Describing the *Divan* as a greeting—a 'Selam' from the Orient—Heine writes:

Dieser Selam aber bedeutet, daß der Occident seines frierend mageren Spiritualismus überdrüssig geworden und an der gesunden Körperwelt des Orients sich wieder erlaben möchte. Goethe, nachdem er in "Faust" sein Mißbehagen an dem abstrakt Geistigen und sein Verlangen nach reellen Genüssen ausgesprochen, warf sich gleichsam mit dem Geist selbst in die Arme des Sensualismus, indem er den Westöstlichen Divan schrieb.[64]

My reference to the Orientalist painters is not simply associative. In 1831 Heine had visited the annual exhibition of new paintings at the Louvre and had written a review which was later republished as *Französiche Maler.*[65] Among the paintings that caught his attention was Decamps's painting *La patrouille de Smyrne.*[66]

Decamps had been the first European painter to visit the Near East, reaching Smyrna (today Izmir) on 18 February 1828.[67] In this painting we see the head of the city police mounted and holding a scourge, accompanied by a patrol of animalistic Turkish militia running beside him down a street. Heine notes the sketch-like quality of the running figures, whom he likens wittily to myrmidons (indeed Decamps did begin his career as a cartoonist), and immediately we are made aware of his instinctive dislike for police authorities. The imminent violence to be unleashed by the patrol rushing to an incident is contrasted to the 'Ruhe und Schönheit' of 'unverschleierte Griechinnen' sitting at their balconies above the noisy street. But at the same time the exoticism of the painting and in particular this sketch-like quality prompt the famous passage on the symbolical, yet unconscious nature of art. The painting is 'märchentreu und ganz nach innerer Traumanschauung'. Indeed, art, he argues, is like a bouquet of flowers proferred by the artist as a 'Selam', a greeting. They are beautiful in themselves yet also have a secret meaning: they are symbolical— stimulated in the artist's mind (*Gemüth*) by the 'heilige Weltgeist'. Once again we are made aware of how Heine is able to associate an Hegelian notion with an Oriental theme, for he now tells the little tale of the somnambulist princess in Baghdad who walks in her garden at night and picks a bouquet. The next morning she awakes to find the bouquet in her harem and sends it to her beloved, the caliph, 'der Beherrscher der Gläubigen, der Nachfolger des Propheten'.[68] The intimate link between the Orient—and Islam in particular—and art, specifically here as a supernatural phenomenon which defies logical understanding, is a development in aesthetic theory of the interconnection featured in *Almansor* between Moorish chivalry and the fostering of the arts. The introduction of the Oriental fairy-tale dimension echoes the link Heine had made already in *Die Harzreise* (written in 1824, published in 1826 after the completion of his Islamic studies) between the German fairy- and folk-tale and the uncontaminated naïveté of pre-Christian German folk culture.[69]

But the critique of Decamps's painting helps us trace the evolution of Heine's ideas in further ways. In the version of the painting reproduced in the Düsseldorf critical edition the editor failed to notice the absence of the Greek women, to whom Heine refers! Klaus Kiefer[70] has discovered that the painting reproduced there is a late version dating from 1854 (but kept in the Louvre), whereas in the 1831 version that Heine saw, now in the Wallace Collection, London, we can see the unveiled Greek women on the balconies. A veiled Turkish woman who is out of sight from the patrol around the corner and coming from beneath an arch (which might conceivably mark the divide between the Greek and Turkish quarters that existed in Smyrna of the time) is not mentioned by Heine—but she could also have prompted Heine's tale of the Oriental princess. However, what we chiefly have evidence of here is Heine's revival of Byron's view of the Turkish world as a place of endemic violence contrasting with the tranquil beauty of Greek civilization. It is entirely in the spirit of Byron's work where the bellicose nature of the Turk is graphically depicted in *Childe Harold*, *The Giaour*, and *The Corsair*. We return to that constant in Heine's depiction of the Islamic world, which was already inherent in the plot of *Almansor*, in Hassan's character, and above all in the topos of the fallen Muslim hero who passes from battlefield to paradise: the putative coexistence in the Islamic character and the Islamic world of violence and sensuality. In the discussion of *La patrouille de Smyrne*, then, there is a retrospective hint of Byron's preoccupation with the liberation of Greece from Ottoman rule but also an adumbration of Heine's choice in his mature works of the Ancient Greek culture as the major, tragic victim of history—which was also anticipated in Byron's work.

From paradise to battlefield: Ali Bey

After *Französische Maler*, and the passage on Goethe's *West-östlicher Divan* in *Die romantische Schule*, figures and topics from Heine's early study of the Islamic world become less frequent in his work, but they do not vanish. In 1839 Heine published the poem 'Ali Bey' which was then included in *Neue Gedichte* of 1844.[71]

Ali Bey is languoring in his harem with his concubines,

> Odalisken, schön wie Houris,
> Und geschmeidig wie Gasellen —

echoes of Heine's reading of Jami in Chézy's translation—when he is roused from dalliance and the 'Vorgeschmack des Paradieses' granted him on earth by Allah, as the gentle plucking of the lute is suddenly replaced by the beat of drums and blast of trumpet. He rides to battle against the Franks, still in a trance of erotic satisfaction, smiling gently as he slices off the Frankish warriors' heads by the dozen. The motif of beheading that had featured in the last scene of *The Bride of Abydos*, and the juxtaposition of sensuality and cruelty, the erotic and the violent, recurs in drastic, pithy form. (Nor was it a motif confined in Heine's work to a characterization of Islam, as we find it also featuring in Heine's review in *Französische Maler* of Horace Vernet's *Judith et Holoferne*, in which Holofernes is depicted on his couch just before his mistress beheads him, as he gently smiles in post-coital bliss).[72] Heine may have been reminded of this motif by the news in the *Allgemeine Zeitung* of 30 May 1839 that in a declaration of holy war against the French colonization of Algeria, the Emir Abd al-Kader had defiantly dispatched the decapitated head of his French secretary to the governor of Algiers.[73] Indeed Ali Bey is named a 'Held des Glaubens' in the first line of the poem and his prowess in battle while still in the thralls of love is a foretaste of the pleasures awaiting heroes in the arms of the Houris. The 'Vorgeschmack' itself is an echo of Goethe's 'Vorschmack' of the 'Buch des Paradieses' in his *Divan* and constitutes, of course, a recurrence of our central topos, the passage of the fallen Muslim hero to heaven. Here however it is presented in ironic reversal since Ali Bey enjoys heavenly pleasures on earth before engaging in battle and he does not die!

Late echoes of Granada: the Moor's last sigh

In Sané's introduction to Pérez de Hita's history of the Moors, Heine had encountered two further figures who appear in his late work.[74] One is Boabdil, the last king of the Moors, who, as he retreats into exile, looks down from a hill to see his wonderful Cordova being overrun by the Castilians. As he gazes, he weeps and is cajoled by his mother, Axa, for being effeminate. This tale had been retold more graphically by Washington Irving in his *Chronicle of the Conquest of Granada* of 1829.[75]

The Moorish cavaliers gazed with a silent agony of tenderness and grief, upon that delicious abode, the scene of their loves and pleasures. While they yet looked, a light cloud of smoke burst forth from the citadel, and presently a peal of artillery, faintly heard, told, that the city was taken possession of and that the throne of the Moslem kings was lost for ever. The heart of Boabdil, softened by misfortunes and overcharged with grief, could no longer contain itself. 'Allah akbar! God is Great!' said he, but the words of resignation died upon his lips and he burst into a flood of tears!

In Heine's version entitled 'Der letzte Mohrenkönig', we read

> Aber, Allah! Welch ein Anblick!
> Statt des vielgeliebten Halbmonds
> Prangen Spaniens Kreuz und Fahnen
> Auf den Thürmen der Alhambra.

But, in Heine, just as Boabdil starts to weep and is scolded by his mother, his concubine rushes forward, embraces him and declares:

> Auch der heldenmüth'ge Kämpfer
> Der dem ungeheuren Schicksal
> Unterlag, wird ewig leben
> In der Menschen Angedenken.

It is a stanza that brings together quintessentially the Hegelian dimension which Heine, inspired by Sané, lent the tale of the end of the Moors with that other constant in his conception of the Islamic world, the fusion of love and eroticism with the bellicose and heroic.

The hill on which Boabdil wept is called to this day, the poem reminds us, the 'Berg des letzten Mohrenseufzers', or 'el último suspiro del Moro', the Moor's Last Sigh.[76]

The pall of tragedy also lies on Ferdowsi, the poet whose work Heine will have encountered in Joseph von Hammer's anthology and in the introduction to which the poet's fate is depicted, deceived by the Persian Shah who fails to keep his promise to reward with gold tomans the years of work entailed in the poet's patriotic epic. As the king finally relents and seemingly makes good that promise, it is too late. The train bearing the costliest gifts of all kinds enters the city, as Ferdowsi's coffin leaves from the city's other side. But his great tableau, his poetic tapestry of Persia's famed past, is still not rewarded as it should have been. This second, mighty set of presents comes not only too late, but splendid as it is, still includes no gold tomans. The poet, even after his death, remains deceived and like the Moorish civilization is an example of the tragic fate of the good and the beautiful.[77]

One last figure that Heine had encountered in Sané's translation thirty years before appears in one of his most pessimistic late poems, *Bimini*, probably written in 1852. It is Juan Ponce de León, the Castilian scourge of the Moors, a member of the dreaded order of Calatrava.[78]

Again we encounter that fusion of the erotic and the violent, now embodied in the Moors' sworn enemy, and heightened or debased perhaps, to the level of bestiality. Sané had said that the Spaniards had inherited the valour of the Moors. Any sadistic dimension was absent in his presentation. In Heine we read of Juan Ponce de León:

> Alle Damen von Sevillia
> Kannten seines Pferdes Hufschlag
> Und sie flogen rasch ans Fenster
> Wenn er durch die Straßen ritt.
> Rief der Reiter seinen Hunden
> Mit der Zung am Gaumen schnalzend
> Dann durchdrang der Laut die Herzen
> Hocherröthend schöner Frauen.[79]

In younger years Ponce de León had certainly resembled Islamic warrior counterparts in Heine's work such as Ali Bey, for the account of his early exploits picks up another of the repeated motifs, in this case inherited from Byron, that of the decapitation of the foe:

> Ist das Juan Ponce de Leon
> Der ein Schreck der Mohren war
> Und als wären's Distelköpfe
> Niederhieb die Turbanhäupter?

But now the knight of the Calatrava is but a shadow of his former self. His venture into the New World after the defeat of the Moors in 1492, Columbus' year of discovery, ends in oblivion. He and his band of equally senile and demented compatriots set off to find their source of rejuvenation on the legendary isle of Bimini. It is their last voyage. Heine seems to be telling us that just as the Moors' civilization had to come to an end, doomed by the forces of a higher Hegelian necessity, so too the Spaniards' American empire would be doomed. Can it be, then, coincidence that in the decade from 1810 to the early 1820s Simón Bolívar had gradually liberated Gran Colombia, today's Colombia, Venezuela, Ecuador, and Peru, from Spain; that this liberation was in rapid progression while *Almansor* was being written; and that Gran Colombia's name prior to liberation was New Granada?

Notes

1. *Heinrich Heine: Historisch-kritische Gesamtausgabe der Werke*, herausgegeben von Manfred Windfuhr (Düsseldorfer Ausgabe = DHA), V. 381–4.
2. *Histoire chevaleresque des Maures de Grenade traduite de G. Perez de Hita, précédée de quelques réflexions sur les musulmans d'Espagne, avec des notes historiques et littéraires par A. M. Sané*, 2 vols. (Paris, 1809) (= Sané).
3. Heinrich Heine, *Briefe*. Erste Gesamtausgabe nach den Handschriften, herausgegeben, eingeleitet und erläutert von Friedrich Hirth (= H), vol. i (Mainz, 1950), to Moser 9 Jan. 1824, p. 135; to same, 21 Jan. 1824, p. 136.
4. *Der Koran oder das Gesetz für die Moslemer durch Muhammed den Sohn Abdall. Nebst einigen feyerlichen koranischen Gebeten, unmittelbar aus dem Arabischen übersetzt, mit Anmerkungen und einigen Denkwürdigkeiten aus der Geschichte des Propheten und seiner Reformation, herausgegeben von Friedrich Eberhard Boysen*, 1773; zweyte verbesserte Ausgabe (Halle, 1775).
5. Joseph von Hammer, *Geschichte der schönen Redekünste Persiens mit einer Blüthenlese aus zweihundert persischen Dichtern* (Vienna, 1818).
6. DHA V. 47–8.
7. Ibid. 44.
8. Ibid. 42.
9. Hartmut Kircher, *Heinrich Heine und das Judenthum* (Bonn, 1973), p. 186.
10. Ludwig Rosenthal, *Heinrich Heine als Jude* (Frankfurt am Main, 1973), pp. 113–14.
11. Siegbert Prawer, *Heine's Jewish Comedy* (Oxford, 1983), pp. 71 ff.
12. Mounir Fendri, *Halbmond, Kreuz und Schibboleth. Heinrich Heine und der islamische Orient* (Hamburg, 1980), esp. pp. 19 and 74 (quoted Windfuhr, DHA V. 389).
13. DHA V. 389–92.
14. To Immanuel Wohlwill, 1 Apr. 1823, H i. 62–3.
15. To Moritz Embden, 2 Feb. 1823, ibid. 60–1.
16. To Moses Moser, 21 Jan. 1824, ibid. 136.
17. To Ferdinand Dümmler, 5 Jan. 1823, ibid. 52–3.
18. To Moritz Embden, 3 May 1823, ibid. 74.
19. DHA V. 387.
20. To Friedrich von Beughem, 15 July 1820, H i. 12.
21. Karlheinz Fingerhut, 'Spanische Spiegel. Heinrich Heines Verwendung spanischer Geschichte und Literatur zur Selbstreflexion des Juden und des Dichters', *Heine Jahrbuch*, 31 (1992), 106–36.

22. DHA V. 385.

23. H i, 80–2.

24. DHA V/1. 312–18.

25. Ibid. 318–26.

26. Heine's translations: ibid. 561–2. Byron: *The Works of the Right Honourable Lord Byron*, 5 vols. (for brothers Schumann, Zwickau, 1818). See Julia Rosenthal, 'For Freedom's Battle', *Heinrich Heine and England* (Christie's, London, 1998).

27. DHA V. 62.

28. Lord Byron, *Selected Poems* (= Byron) edited with a preface by Susan J. Wolfson and Peter J. Manning (London, New York, etc., 1996), *The Giaour*, l. 739, p. 190.

29. Byron, *The Giaour*, ll. 288–94, p. 176.

30. DHA V. 9.

31. Byron, *The Bride of Abydos*, I. xiii, l. 382, p. 221.

32. Byron, ibid. II. x–xv, pp. 231–3.

33. Byron, ibid. I. iii, ll. 65–72, p. 211.

34. DHA V. 64–7.

35. Windfuhr argues that Heine will have known the poem from Anton Theodor Hartmann's version of Jami: *Medschnoun und Leila. Ein persischer Liebesroman* (Amsterdam, 1808); DHA V. 431, 446–7. However, it is in Nizami's version as retold in Hammer that the animal cradled by Majnun is a roe-deer (and not a gazelle as in Jami).

36. *Medjnoun et Leila, poème traduit du persan de Djamy. Par A. L. Chézy* (Paris, 1807) (= Chézy), part ii, pp. 10–11.

37. DHA V. 38.

38. Chézy, ii. 117.

39. To Christian Sethe, 14 Apr. 1822, H i. 38.

40. Chézy, pp. xxv–xxvii.

41. Byron, *Childe Harold's Pilgrimage*, II. lxxix, pp. 121–2.

42. Sané, p. iii.

43. Ibid., p. xl.

44. Ibid., p. xxiv.

45. Ibid., xliii f.

46. Ibid., p. iii.

47. H i. 74.

48. DHA V. 399.

49. Dolf Sternberger, *Heinrich Heine und die Abschaffung der Sünde. Mit einem Nachtrag* (1975; 2nd edn. Frankfurt am Main, 1976); Nigel Reeves, *Heinrich Heine: Poetry and Politics* (London, 1974); id., review of Sternberger, *Heinrich Heine und die Abschaffung der Sünde*, in GLL 30 (1976–7), 307–10; id., 'Heinrich Heine — Politics or Poetry? Hegel or Enfantin? A Review of Some Recent Developments in Research', *Modern Language Review*, 75 (1980), 106–13, esp. 111–12.

50. See n. 49.

51. DHA V. 66.

52. Windfuhr, DHA V. 437, is of the view that Heine found reference to this belief in Franz von Dombay's *Geschichte der Mauretanischen Könige* (Agram [= Zagreb], 1794–5), i. 239–40 and ii. 43 ff. which he borrowed from Bonn University Library in Sept. 1820. Hammer, however, also paints a highly sensuous picture

of eternal pleasure enjoyed with the lovely houris on soft cushions or beside shady streams, p. 17.

53. For a full account of the mutual influence that Heine and the young Marx exercised upon one another see Nigel Reeves, 'Heine and the Young Marx', *Oxford German Studies*, 7 (1972–3), 44–97.

54. Byron, *Childe Harold*, II. iii, pp. 95–6.

55. DHA V. 15.

56. Byron, *Childe Harold*, II. lxii, p. 114.

57. Byron, *The Bride of Abydos*, II. xxiv, ll. 541–2, p. 242.

58. *Goethes Werke*. Hamburger Ausgabe, herausgegeben von Erich Trunz, 7. Aufl. (Hamburg, 1964), ii. 129–30.

59. H i. 136.

60. *Die romantische Schule*, DHA VIII/1. 160.

61. Ibid. 239–43.

62. Ibid. 162 ff.

63. See Mary Anne Stevens (ed.), *The Orientalists: Delacroix to Matisse. European Painters in North Africa and the Near East* (Royal Academy of Arts, London, 1984), 16–17. Symptomatic of how the painters granted their fantasies full rein is the fact that Ingres, whose work must rank amongst the most voluptuous in the depiction of female Turkish subjects, never actually visited the Near East! See *Le bain turc* (1862), p. 17; *L'odalisque et l'esclave* (1842), p. 41; also Gérôme, *The Moorish Bath* (1870), p. 100; *The Dance of the Almeh* (1863), p. 101.

64. DHA VIII/1. 161.

65. DHA XII/1. 11–62.

66. Ibid. 22–7.

67. Klaus H. Kiefer, 'Decamps Türkische Patrouille. Heines Bild vom Orient', *Heine Jahrbuch*, 35 (1996), 1–22, specifically p. 7.

68. DHA XII/1. 25.

69. We can agree with the editor of *Französische Maler* in the Düsseldorf edition that by this time Heine had probably read *The Thousand and One Nights*, and that this work would have helped prompt the tale of the somnambulist princess of Baghdad (DHA XII/2. 566). Kiefer, op. cit., echoes this view.

70. Kiefer, op. cit. The 1854 painting is reproduced on DHA XII/2, opp. p. 562.

71. DHA II. 87 (*Neue Gedichte, Romanzen*).

72. DHA XII/1. 17. Painting reproduced DHA XII/2, opp. p. 562.

73. For notes on the article in the *Allgemeine Zeitung* see DHA II. 590.

74. Sané, p. xxiv.

75. DHA III/1. 370.

76. Ibid. 44–6.

77. Ibid. 49–55.

78. Sané/Pérez de Hita, pp. 138–9; poem, DHA III/1. 363–85.

79. Ibid. 370.

3

❖

Heine and Shakespeare

Roger Paulin (Cambridge)

Shakespeare is a major figure of bearing, reference and identification in Heine's *œuvre* and also the subject of a whole work, *Shakespeares Mädchen und Frauen* (1838).[1] The experts cannot agree whether it is a minor piece with major overtones, or perhaps a larger complex that remains fragmentary (a Shakespeare project) or even a kind of extension of his 'Deutschland-Schriften' which start around 1832. Certainly, it has elements of all these, but above all it is an occasional piece, eclectic, pluralistic, open-ended, like so much of Heine's own creation and his view of creation itself. It is also, as opposed to allusions, his last major statement on Shakespeare.

Under the disarming subtitle of *Erläuterungen*, and with Heine adopting the role of the guide to a kind of stately home, throwing open the various rooms, he manages to address subjects well known from the major works of the 1830s: the role of the poet as diviner or seer, standing above 'mere' history; the question of national literature and national appropriation; the monarchy of states and letters as against the *république*, and much besides. I do not wish to discuss all, or for that matter any, of these in any systematic way. Rather, I hope to enter into the spirit of improvisation that breathes through these pages.

It is a pity that *Shakespeares Mädchen und Frauen* does not have a section on *The Winter's Tale*. We know of course that Heine was aware of the connotations of 'Wintermärchen' when he chose that subtitle for his imaginary journey through Germany. As a nineteenth-century German Shakespeare edition defines it, a 'Wintermärchen' is '[e]ine schauerliche oder rührende Geschichte'.[2] It is also a world encompassing Antiquity and Renaissance, improbabilities and coincidences, oracles and bears, disguises and revelations. Above all, it is mythical and ends happily. It is not unlike his general view of Shakespeare, and, with the notable exception of that happy ending, it is not dissimilar to his view of Germany.

Our symposium has the overall theme 'Heine and World Literature'. That notion of 'world literature' is, by common agreement, if not necessarily a Goethean creation, certainly a coining of Goethe's, and is a reflection of the opening up, from the 1790s on, of perspectives across national, cultural, and linguistic borders, the 'Kosmopolitismus des Blicks'[3] of which Jean Paul had spoken, the throwing open of windows in which the Romantics had had such a part. On a more modest scale it was fostered by Heine's much-revered Wilhelm Müller. To all this, Heine is heir, but also to its controversies and polemics. One notes with what care Goethe chooses a paradigm for the process by which a foreign literary culture may transfer back to its country of origin an insight and a penetration not yet available at home. It is, of course, Carlyle's *Life of Schiller*. The example is right and proper, and well chosen. One does note, however, that Shakespeare (except in the very broadest sense) is less prominent in this Goethean construct of 'Weltliteratur'. With the English Romantics almost to a man—one of them, Coleridge, coming mightily close to plagiarism—saying that it was now the Germans who were leading the field in Shakespeare studies, would that not also constitute a prime example of those cosmopolitan border-crossings and fructifications? But Goethe had chosen the model of Carlyle and Schiller because in addition it demonstrated that, while Schiller's reputation in Germany was slumping in the 1820s, it had entered into the blood-stream of *world* literature, and that was what mattered. Who was responsible for that collapse in German esteem? The Romantics, of course. It is thus no coincidence that Goethe in 1828-9 published his correspondence with Schiller, in the lifetime (just) of both Schlegel brothers, whose critical machinations (as Goethe might perceive it) had seen to it that, as Goethe's reputation increased, so Schiller's must decrease.

Am I by giving such prominence to literary politics and controversy perhaps distorting the many coincidences and areas of agreement between these literary generations? Is this one of the bad habits one picks up as a literary biographer? It is, however, observable that Shakespeare—our subject, not Goethe or Schiller—is a divisive and unruly force in the German republic of letters. One notes that three of the most devastating annihilations of reputation and character in

German literary criticism occur in the context of Shakespeare or to figures once involved in his reception: Lessing's of Gottsched, Schiller's of Bürger, and Heine's of A. W. Schlegel. The task was done with such thoroughness that these names are all but expunged from the annals of literature, the victims referred to in hushed embarrassment, like a mad aunt or uncle in an otherwise respectable family. Take August Wilhelm Schlegel: there has been no proper critical edition of his works since 1846, no satisfactory critical edition to date of the world-famous *Vorlesungen über dramatische Kunst und Literatur* (even the Düsseldorf Heine edition has recourse to a discredited edition),[4] no biographer, no scholarly reprint of the original Shakespeare translation of 1796–1810. His reputation has been subject to the continuing 'destruction' in the nineteenth century of the older Romantics (note the speaking title of Rudolf Haym's *Die romantische Schule* [1870]) in favour of the more accessible talents of Brentano, Arnim, or Eichendorff. He is not even mentioned in Gundolf's *Romantiker* of 1929. Did Heine's famous-infamous attack on Schlegel in *Die romantische Schule* bring this about? Of course not: teleological reductionism makes for bad criticism and bad literary history. Schlegel's reputation lived on in France and England. He was, besides, in later life singularly unattractive, and himself no mean controversialist. There is another answer. Siegbert Prawer, in his inaugural lecture of 1970, draws attention to the visceral image that Heine employs in *Die romantische Schule*, of North American Indians killing their elders when they become old and decrepit.[5] Like James Frazer's potent image of the priests of Nemi it reminds us, too, that the stiletto knife in the back is Heine's ultimate sanction.

Leaving such severities, it is much more profitable to see Heine and Schlegel, and Heine and Shakespeare, in another and better perspective. As with so many internecine inter-generational relationships, there is more in common between Heine and Schlegel than there is that separates them. Surely Schlegel is an important model for the elegant style Heine so cultivates and which in *Die romantische Schule* emerges as one of the few praiseworthy qualities in the older man (*SS* v. 417). More importantly, Schlegel's critical method and historical perspective is close to Heine's. Schlegel followed only to a limited extent Herder's notion of organic development, change and decay, or revolution, in German culture. He is far happier setting up constructs, pairs of opposites (Classical and Romantic being the best-known) only loosely based on some kind of historical continuity and owing

more to inner artistic or aesthetic qualities. The Heinean notions of
'Romantische Schule', set up against its cosmopolitan, or Protestant,
or classical counter-equivalents, or even the notion of a 'Kunstperiode', are not alien to general Romantic thinking, Schlegel's or
others'. The Romantics' term 'universal' could have embracing connotations similar to Heine's 'cosmopolitan'. Heine in *Die romantische
Schule* notes that Schlegel's Shakespeare translation is hardly in keeping
with his usual Christian, Catholic, anti-cosmopolitan, mystical, and
Calderonian orientation (*SS* v. 411 and 375). Of course, August
Wilhelm's embrace of Catholicism (as opposed to Friedrich's) had
been short-lived. More importantly, his Shakespeare translation is the
work of a philologist, not an apologist, and the polarization of
Schlegel and Voss in *Die romantische Schule* is a critical device to tear
apart two figures who basically converge on the same object from
different corners, making 'classical' literature (in the fullest sense,
antiquity *and* Renaissance) available to the educated German reader.
Schlegel is also the only classical philologist of his day to face Voss on
equal terms.

On the other hand, Heine may not have known how much
Schlegel hated the English—as opposed to Shakespeare, of course. By
and large, the German Romantics are not great anglophiles. Schlegel,
the Hanoverian, cannot comprehend that 'die frostigen, stupiden
Seelen auf dieser brutalen Insel'[6] could have produced such genius.
Hence his lack of interest in the 'Life and Times' of Shakespeare. The
greatest disappointment in Tieck's life was his trip to England in 1817.
Heine hardly needed to read Hazlitt to find the insight that older
English Shakespeare critics, Dr Johnson especially, had failed to
appreciate Shakespeare's genius: it was there in Schlegel, and English
readers duly noted and deferred to it. Heine, despite his fine poetic
ear, is not a philologist or translator. We cannot take too seriously his
plan for an illustrated prose translation in 1839. He is unfair to
Schlegel the translator, but his unfairness is that of a younger
generation that regarded the rendering of Shakespeare into German as
a process in being and not concluded. Not only do the various
different sources for his quotations in *Shakespeares Mädchen und Frauen*
bear witness to that fact (DA x. 356) (as well as to his hasty
improvisation). His generation by and large did not regard the
positions reached by Schlegel or Tieck as fixed or final. Herwegh and
Freiligrath are examples, as is also the young Fontane, and it was only
the adoption by the Deutsche Shakespeare-Gesellschaft (founded

in 1864) of the so-called Schlegel–Tieck that conferred on that translation the classic status it still, rightly or wrongly, enjoys. In the final analysis, Schlegel and Heine are not so much divided over Shakespeare as over more concrete, personal factors: Schlegel had revived his noble title and had accepted preferment in the Prussian state. That was where Romanticism got you. Heine, despite being disrespectful and malicious to the old 'Hofrat' Tieck, is much more appreciative of his Shakespearean studies and his general contribution to 'Capriccio' and 'Scherz' (*SS* v. 421–31), certainly more than he deserved. He may not have known that it was Schlegel who put Tieck on to the idea of translating Cervantes while he got on with Calderón. Now, while Heine might rightly sense that he had knifed Schlegel the old priest in the sacred grove, he was aware that Schlegel's acolyte, Tieck, was still at large. One reason for his urgency in throwing together *Shakespeares Mädchen und Frauen* is the fear that Campe might turn to Tieck![7] In the event, Heine need not have feared. It is nonetheless right to see *Shakespeares Mädchen und Frauen* in the wider context of German Shakespeare reception: of all those translations, of course, but also illustrated editions, biographies, life and works, analyses of plays, a huge activity predicated on the aware-ness that Shakespeare is German property and inheritance, a classic. In the words of the much maligned Franz Horn, 'wir wollen streben, daß Shakspeare ganz der unsrige werde'.[8]

Shakespeares Mädchen und Frauen is, of course, different from Schlegel's *Vorlesungen über dramatische Kunst und Literatur* of 1808 in that its concern, by and large, and when it does not allow itself to be side-tracked, is with character, not with plot structure, especially with character as it is realized both in its textual and dramatic development. In this respect, Goethe could be of little assistance as an alternative to Schlegel. For *Shakespeare und kein Ende* (last part 1826) had postulated a Shakespeare above concerns of character and stage, a kind of 'Urphänomen' of creativity, a measure of the creative process itself. If Schlegel's lectures had held out the hope that a historical drama could now be within the Germans' grasp, were poets but to use the historical past in respectful imitation of Shakespeare, Goethe (but this time more in private) had warned that Shakespeare was a great inhibitor of talent (a warning too little heeded in the nineteenth century).[9] Grabbe's *Über die Shakespearo-Manie* of 1828 had set up danger signs for the would-be Shakespeareanizing dramatist and the pitfalls he might face. The stridency of Grabbe's tone, his presumption in drawing attention to Shakespeare's 'faults' (about which little had been heard since Herder banished them from the critical agenda), his pointing to other, safer models, are indications that, for him, Shakespeare might well cause a loss of national literary identity. Heine, too, has his word in season for Shakespearean imitators, but they, again, are not his major concern. Above all, the consistency, not to say stridency, of Grabbe's essay is not his approach. He would find much more common ground in Tieck's *Dramaturgische Blätter* (1826), a loose concatenation of drama reviews that, as it were incidentally, also turned to deeper issues of character and interpretation (often controversially), allowing digressions and anabases and asides. The seeming outrageousness of Tieck's reading of *Hamlet* and *Macbeth* was an indication that he perceived a need to break with what were by then 'standard' interpretations. So as not to show too much deference to the old Romantic for whom he had a soft spot, Heine pushes Hazlitt (one of Tieck's less favoured authors) into the foreground. It is Hazlitt in translation, of course, where he might sound like a less bland Schlegel (in the same way that Schlegel in Hazlitt's English sounds like any late eighteenth-century English critic). And Heine would find Hazlitt's attack on Johnson to his liking.[10] It might remind him of his own attentions to August Wilhelm Schlegel, without, of course, the personal, scandalous, and wounding aspects. The English Romantics' sense of literary continuity means that they may not like the Augustan age, or Johnson, the critic, but that they are aware of the 'debt of the past', and sense acutely the 'anxiety of influence'. Hazlitt (and to some extent Mrs Jameson) escape the anathema Heine suspended on the English. His account of French Shakespearean reception is, however, rather more sketchy and skewed. With few exceptions, the French have read Shakespeare through a trivialized Romantic vision, have failed to distinguish atmosphere and stage-property from substance, have elevated plurality of style to an absolute without an understanding of Shakespeare's subtleties, especially in his comedies. They are, as imitators, more like Marlowe or Heywood (*SS* vii. 283). Had Heine been reading Tieck's Novelle *Dichterleben*, where the so-called minor Elizabethans are given the lineaments of the younger generation of poets of his own day? It is only Guizot, the historian and critic, who receives Heine's favour, as one who is able to see Shakespeare in a wider span of English history, not his contemporaries, Hugo, Vigny, and Musset, with their uncreative frenzies (*SS* vii. 281–90). Heine's point is interesting, for it may be just as

much the Shakespeareanizing Hugo who influences the young Georg
Büchner as Shakespeare himself.

Guizot's remarks on the several approaches to comedy by Aristotle,
Molière, and Shakespeare raise the discussion on to the level of the
nature of the comic muse herself, in place and historical time. We are
close here to that passing insight into Molière's greatness from the first
book of *Zur Geschichte der Religion und Philosophie in Deutschland*:
'Darum ist eben Molière so groß, weil er, gleich Aristophanes und
Cervantes, nicht bloß temporelle Zufälligkeiten, sondern das Ewig-
Lächerliche, die Urschwächen der Menschheit, persifliert' (*SS* v. 535).
It is the cosmic trope of a world theatre, the comedy of human
history, in which these poets share. It is also the other distinction that
Heine draws, between 'Weltgeschichte', with its disharmonies and
clangour, and 'Geschichte der Menschheit' (*SS* v. 69), where one can
hear, in Heine's image, above the din of human affairs, the sweet
eternal melodies of mankind. Heine's canonically 'great poets' inhabit
these regions—and Shakespeare is almost always to the fore owing to
the primacy of drama (Schlegel's influence as well as Hegel's). Does it
matter if Heine's is essentially the Romantic 'core canon', itself one
formulated embryonically by the *Sturm und Drang* generation?
Certainly the Schlegel brothers in their *Athenaeum* incarnation would
not have dissented from the triumvirate (the 'Dichtertriumvirat' [*SS*
iii. 260]) later set up by Heine, of Goethe, Cervantes, and
Shakespeare. It remained essentially Tieck's trinitarian position in his
poetic doctrine. When the Schlegels spoke of 'Erzpoeten', Heine
refers to 'Urpoeten' (*SS* iii. 287) (his list is Aristophanes, Goethe, and
Shakespeare). These transcending figures would, of course, be
wreathed in myth (the 'Kunstperiode' is one such),[11] would be heroic,
supernal, 'Napoleonic', if you will. They represent universals, just as
their names were associated in Romantic discourse with the notion of
'Universalpoesie'. They stand, not for thought, not for political
engagement, not even for 'esprit', but for 'poetry' or 'art'. That, in
the final analysis, is the criterion of their canonicity. I used before the
term 'inhibitor of talent', and indeed all Heine's 'Urpoeten' are that.
The image of the poet-genius standing above quotidian human
concerns is, of course, not new (think of the opening of Herder's
Shakespeare essay). As there, it is also a metaphor of creativity.
'Shakespeare gesellt sich zum Weltgeist',[12] says Goethe in *Shakespeare
und kein Ende*, through him we gain insight into the living processes
of which we are part. Heine, too, speaks of Shakespeare and the

'Weltgeist'. In the Jessica section of *Shakespeares Mädchen und Frauen*, we read that with *The Merchant of Venice* Shakespeare may have wished to write comedy, he may have even wished to present us with 'einen gedrillten Werwolf' (*SS* vii. 251) in Shylock:

Aber der Genius des Dichters, der Weltgeist, der in ihm waltet, steht immer höher als sein Privatwille, und so geschah es, daß er in Shylock, trotz der grellen Fratzenhaftigkeit, die Justifikation einer unglücklichen Sekte aussprach, welche von der Vorsehung, aus geheimnisvollen Gründen, mit dem Haß des niedern und vornehmen Pöbels belastet worden, und diesen Haß nicht immer mit Liebe vergelten wollte.

Aber was sag' ich? Der Genius des Shakespeare erhebt sich noch über den Kleinhader zweier Glaubensparteien, und sein Drama zeigt uns eigentlich weder Juden noch Christen, sondern Unterdrücker und Unterdrückte [...]. (*SS* vii. 251)

Of course, a little care is needed here, for this is not a subject about which Heine could be objective. It may be an astute rhetorical ploy to introduce that 'Weltgeist' and then smuggle under its accommodating capaciousness a private reading of *The Merchant of Venice*. But so often, for so many different purposes, Heine is inviting us to see a problem from a universal, cosmic, mythical angle. It is essentially the device used to exculpate Jessica, the convert. Is she not, like Desdemona or Imogen, a 'Tochter Evas' (*SS* vii. 257), wilful, disobedient, unheeding—like the mother of us all? And does not *Shakespeares Mädchen und Frauen* end with the grand cosmic conceit, indeed a plurality of worlds, with the sun (Miranda), the moon (Juliet), and the comet (Cleopatra) (*SS* vii. 293), the three stages of civilization, from 'unbefleckte[r] Boden', 'schauerliche Reinheit' (*SS* vii. 292), to the 'Sinnenglut' (*SS* vii. 292) of the Renaissance, and the 'erkrankte Zivilisation' and 'Zerstörungslust' (*SS* vii. 293).

It follows that Heine is not really interested in the Shakespearean ideologies current in his time that involved the 'Life' and the 'Man', nor in what can be called 'Shakespeare-Philologie'. Thus his learned reference to Prynne's *Histrio-Mastix* is simply part of his anti-English agenda, the Puritan, Cromwellian, stolid, pragmatic streak of Albion that he so detests (*SS* vii. 175). A poet in touch with the 'Weltgeist' will be above anecdotes, even above rigid genre distinctions (Heine subdivides the plays more than most critics). Above all, the critic may look behind any historical context of the plays or any possible intention on the part of the poet (as with *The Merchant*), and see things that are new, startling, perhaps even seditious.

Which brings me finally to *Shakespeares Mädchen und Frauen* itself. Certainly it must rank as one of the most 'occasional' of Heine's major works, in the sense that it came about in such an improvised and hand-to-mouth fashion. As the only major work devoted to a single non-German author, it makes no pretensions to 'mere' objectivity, its strength is in details, not in encompassing arguments. It quite openly accommodates current ideologies inside its framework, indeed it welcomes them. Thus, in a sense, the whole work is responding to Karl Gutzkow's promptings, that there should be a Young German position in the wider debate on Shakespeare[13] (the same Gutzkow, incidentally, who in 1864 will give the official tercentenary address in Weimar!). I have indicated unexpected fraternalities between *Shakespeares Mädchen und Frauen* and other Shakespeare studies. It likes to confront, outrageously if necessary. Who, for instance, had ever begun a study of Shakespeare's characters with *Troilus and Cressida*? (Mrs Jameson does not even refer to this play.) Its loves and hates are plain for all to see, although it is a pity that Heine is so uncomplimentary about the French in their second great wave of Shakespeare reception—but that, of course, had been initiated by Schlegel's companion, Madame de Staël. Perhaps there is more than a hint of rivalry. At least there is no sign yet of those later proprietary claims by German nineteenth-century Shakespearean scholarship which deny the French houseroom altogether. Naturally, it owes much to Mrs Jameson (in translation),[14] and it defers not a little to the unfortunate Franz Horn, whose gentle soul had expired the year before. In 1831 Franz Horn wrote this:

In Shakspeare's Werken finden wir die vollständigste Galerie der Frauen, die, wenn wir die Jahre lang und mit Genauigkeit und Liebe betrachtet haben, uns endlich überzeugen muß, daß nie ein Dichter gelebt, der dem weiblichen Geschlechte so reine Huldigung dargebracht hat wie er. Es giebt in seinen Werken keinen *männlichen* Charakter, in welchem der Verein des Guten und Schönen, des Freien und Nothwendigen, der Tiefe und Klarheit, der Anmuth und Würde zu einer ganz vollendeten Einheit gebracht worden wäre [. . .].[15]

In 1838, Heine had that 'Galerie der Frauen' in the form of the series of English lithographs which accompany his text. And the less said about them the better, except that they are very much of their time.

Many of the most memorable passages in *Shakespeares Mädchen und Frauen* are only tenuously about Shakespeare himself: the assassination of the English character, the mouse dialogue, the lament for the Jewish people which goes far beyond Jessica (or even Shylock) and extends in a great parabola before ending on that 'Jessika, mein Kind' (SS vii. 266). Let me take that wonderful mouse vision as an example (SS vii. 215–17). Note that these mice are the device employed to introduce the Histories, what Schlegel calls a 'historisches Heldengedicht',[16] and gives an attention never hitherto granted them. Heine does not even subdivide the plays into Histories as such, grouping instead their heroines chronologically. That is, of course, not the same as writing about history itself. Historical drama is, however, another matter. 'Ein alter Mauserich', with long experience of human affairs, is Heine's witness. It is essentially a catalogue of 'eine nur maskierte Wiederkehr derselben Naturen und Ereignisse' (SS vii. 215); 'man amüsiert sich mit weiser Gelassenheit' (SS vii. 211). The historical drama as such (not least Raupach's 'Hohenstaufenband-würmer',[17] in Hebbel's dismissive phrase) may tell us about theories of history (hence the account of the 'Souffleur' with Hegelian overtones), not about man's 'progress' as such. And Heine is using his mice to tell us that it is not the business of historical drama to do so. By following Mrs Jameson's device of selecting *Shakespeares Mädchen und Frauen*—female characters—he is automatically downgrading the Histories; for the heroines are only there 'weil die darzustellende Historie ihre Einmischung erforderte' (SS vii. 218), not because they are part of the integral portrayal of historical events. But the opportunity afforded by historical examples or incidents is quite another matter. Shakespeare knows more than we do. *Pace* Friedrich Schlegel, he becomes 'ein in die Vergangenheit schauender Prophet' (SS vii. 230); he does not depict history itself but fills 'die Lakunen der Historie' (SS vii. 229). Our attention is seized by his historical figures because they bear out our own experience with kings and rulers in our own times. Knowing Heine as we do, we must expect some unflattering parallels. We have one in the sustained comparison of Bolingbroke in *Richard II* and Louis Philippe: 'ein schlauer Held, ein kriechender Riese, ein Titan der Verstellung, entsetzlich, ja empörend ruhig, die Tatze in einem samtnen Handschuh, und damit die öffentliche Meinung streichelnd [. . .]' (SS vii. 231). And, although this is supposed to relate to the section on Lady Gray from *Henry VI*, we leap from *Richard II* to *2 Henry IV*, to the usurper king's last words to his son, 'die Shakspeare schon längst für ihn [i.e. Louis Philippe] aufgeschrieben' (SS vii. 231). Thus, too, the Joan of Arc section (*I Henry VI*) insists on the multiform injustices of the English towards the French, from the Maid of Orleans—to Napoleon.

Heine had, of course, been reading some history, the 'geniales Buch' of Michelet (*SS* vii. 226). Heine is not interested in Michelet's basic thesis that English literary culture is anti-Christian. He does not utilize Michelet's rather cheap point that the Shakespearean legends have the Bard beginning as a butcher. But he cannot resist Michelet's sustained account of English commercialism, mercantilism, and hard-headedness, the technical superiority by which their foot-soldiery at Crécy destroyed the 'fine fleur' of French chivalry. Immediately Heine sees the opportunity for another image: the battle between prose and poetry. We almost believe that he is going to fall for the French 'Ritteromantik' that Hugo and Dumas *père* so eloquently represent. But his return to 'objectivity' is half-hearted: 'Die Triumphe der Engländer sind immer eine Schande der Menschheit, seit den Tagen von Crécy und Poitiers, bis auf Waterloo. Klio ist immer ein Weib, trotz ihrer parteilosen Kälte, ist sie empfindlich für Ritterlichkeit und Heldensinn; und ich bin überzeugt, nur mit knirschendem Herzen verzeichnet sie in ihre Denktafeln die Siege der Engländer' (*SS* vii. 229).

I believe it is also essentially from Michelet that Heine introduces into Shakespeare discussion the notion of 'Renaissance' (*SS* vii. 262). At least I am not sure of its use before him. By introducing it into his account of Portia (also at the end, in his description of Juliet [*SS* vii. 292]) he places the Christian–Jewish contrast into even sharper relief, between 'Glück' and 'Mißgeschick' (*SS* vii. 262), between the 'Nachblüte des griechischen Geistes' and the claustrophobic restrictions of Judaism. I need not tell this company that this is a conflict unresolved in Heine himself. For nineteenth-century Shakespeare studies at large, the notion of Renaissance is a means towards situating his work historically and culturally inside a framework that involves France, Italy—and England. And that in itself shows how *Shakespeares Mädchen und Frauen* succeeds—if that is the right expression—in remaining outside institutionalized German Shakespeare reception.

Notes

1. For *Shakespeares Mädchen und Frauen* see particularly the apparatus to vol. x of the Düsseldorfer Ausgabe (DHA), ed. Jan-Christoph Hausschild; *Sämtliche Schriften*

[= *SS*], ed. Klaus Briegleb, vol. vii; and Heinrich Heine, *Shakespeares Mädchen und Frauen*, ed. Volkmar Hansen (Frankfurt am Main: Insel, 1978); Walter Wadepuhl, '*Shakespeares Mädchen und Frauen*. Heine und Shakespeare', in *Heine Studien* (Weimar: Arion, 1956), pp. 114–34; Siegbert Prawer, *Heines Shakespeare. A Study in Contexts*, Inaugural Lecture delivered before the University of Oxford on 5 May 1970 (Oxford: Clarendon Press, 1970); Karl Josef Höltgen, 'Über *Shakespeares Mädchen und Frauen*. Heine, Shakespeare und England', in *Internationaler Heine-Kongreß. Düsseldorf 1972. Referate und Diskussionen* (1973), pp. 464–88; Walter Wadepuhl, *Shakespeares Mädchen und Frauen. Heinrich Heine. Sein Leben und seine Werke* (Cologne, Vienna: Böhlau, 1974), 225–39. On the general background see Werner Habicht, 'Shakespeare in Nineteenth-Century Germany. The Making of a Myth', in Modris Ecksteins and Hildegard Hammerstein (eds.), *Nineteenth Century Germany* (Tübingen: Narr, 1983), pp. 141–57; Werner Habicht, *Shakespeare and the German Imagination* (International Shakespeare-Association. Occasional Paper 5) (Hertford: International Shakespeare Association, 1994); Roger Paulin, '"Shakspeare's allmähliches Bekanntwerden in Deutschland". Aspekte der Institutionalisierung Shakespeares 1840–1875', in Martin Huber and Gerhard Lauer (eds.), *Bildung und Konfession. Politik, Religion und literarische Identitätsbildung 1850–1918*, Studien und Texte zur Sozialgeschichte der Literatur, Bd. 59 (Tübingen: Max Niemeyer, 1996), pp. 9–20.

2. *William Shakespeare's Dramatische Werke*, trans. Friedrich Bodenstedt, Nicolaus Delius, Ferdinand Freiligrath, Otto Gildemeister, Georgh Herwegh, Paul Heyse, Hermann Kurz, and Adolf Wilbrandt, 38 vols. (Leipzig: Brockhaus, 1867–71), xxx, p. iv.

3. Horst Günther, 'Klassik und Weltliteratur', in Hans-Joachim Simm (ed.), *Literarische Klassik* (suhrkamp taschenbuch 2084; Frankfurt am Main: Suhrkamp, 1988), pp. 87–100, ref. p. 92.

4. It is the edition by Giovanni Amoretti of 1923 (DHA X. 377).

5. Prawer (n. 1), p. 7.

6. Edgar Lohner (ed.), *Ludwig Tieck und die Brüder Schlegel. Auf der Grundlage der von Henry Lüdeke besorgten Edition* (Munich: Winkler, 1972), p. 23.

7. Hansen (n. 1), p. 221.

8. Franz Horn, *Shakspeare's Schauspiele*, 3 pts. (Leipzig: Brockhaus, 1823–31), i. 44.

9. Goethe to Eckermann, 25 Dec. 1825, Johann Wolfgang Goethe, *Gedenkausgabe der Werke, Briefe und Gespräche*, ed. Ernst Beutler, 27 vols. (Zurich and Munich: Artemis, 1950–71), xxiv. 167.

10. 'Characters of Shakespeare's Plays' (1817), in *The Complete Works of William Hazlitt*, ed. P. P. Howe, 21 vols. (London and Toronto: Dent, 1930–4), iv. 174–8.

11. The 'Ende der Kunstperiode' of course at once ceases to be myth when applied historically to the long and daunting shadow of the Goethean achievement in the nineteenth century, Shakespeare's similarly.

12. Goethe (n. 9), xiv. 758.

13. Hansen (n. 1), p. 221.

14. Anna Jameson, *Characteristics of Women, Moral, Political, and Historical*, 2 vols. (London: Saunders and Ottley, 1832).

15. Horn (n. 8), v. 98.

16. August Wilhelm Schlegel, *Sämmtliche Werke*, ed. Eduard Böcking, 12 vols. (Leipzig: Weidmann, 1846–7), ix. 272.

17. Friedrich Hebbel, preface to *Maria Magdalene*. *Werke*, ed. Gerhard Fricke, Werner Keller, and Karl Pörnbacher, 5 vols. (Munich: Hanser, 1963–7), i. 325.

4

'A World of Fine Fabling':
Epic Traditions in Heine's *Atta Troll*

Ritchie Robertson (Oxford)

The verse-epic *Atta Troll* is, among many other things, Heine's counterblast to the political poets who emerged around 1840. In the preface he deplores their empty bombast, their utilitarian attitude to poetry, their deadly seriousness, and their naïveté even about politics. Heine attributes these qualities also to Ludwig Börne, who tried vainly to draw Heine into his futile exile politics in Paris, and who regarded Heine, as his letters to Jeannette Wohl show, with almost obsessive irritation. To the rigidly upright Börne, Heine seemed frivolous and unprincipled; to Heine, with his gift for seeing many facets of every question, Börne seemed in exile to have lost his sense of humour and to have become narrowly single-minded and deadly serious. In *Ludwig Börne: Eine Denkschrift*, a text with many links to *Atta Troll*, Heine tells how, on their first meeting in Paris, Börne asked Heine what he had first gone to see, expecting that he would have visited the tombs of Rousseau and Voltaire and other heroes of the Enlightenment. Heine replied that instead he had gone to the Bibliothèque Royale to see the Manesse Codex, the illustrated manuscript (transferred in 1888 to the University Library at Heidelberg) which contains the texts of medieval German Minne-sänger.[1] Whether this story is true, or whether Heine invented it to tease Börne or amuse the reader, it serves to typify two contrasting outlooks. Börne represents the obsessively political character, dedicated to his principles and blind to inconvenient changes in the world around him, for whom the past is merely a series of monuments, and who is therefore doomed to repeat the mistakes of the past. Heine represents the character of wider sympathies, who responds to the changing world around him while valuing the past as an independent reality from which he parts with affectionate regret. Atta Troll, the 'Tendenzbär' or 'committed bear', with his revolutionary principles and his windy rhetoric, is another representative of the outlook ascribed to Börne. Like the ageing Börne, he is humourless. He hates human beings, not only for oppressing animals, but still more for their ability to smile:

> Menschen, schnippische Kanaillen!
> Lächelt nur! Von Eurem Lächeln
> Wie von Eurem Joch wird endlich
> Uns der große Tag erlösen! (iv. 512)

In making his revolutionary thus 'tierisch ernst', Heine was acute and prophetic. Not only is Atta Troll, like most revolutionaries, an authoritarian in the making, but revolutionaries and authoritarians are alike notoriously humourless. The philosopher of Fascism, Giovanni Gentile, said that Fascism was too serious for laughter: 'laughter is of the devil, and true believers do not smile except in bitter sarcasm.'[2]

Against this earnest revolutionary spirit, with its single-minded orientation towards the apocalyptic future, Heine's poem invokes the spirit of play, linked with an enthusiasm for the past. To distance himself firmly from the functional or instrumental use of poetry proposed by his politicized or moralizing contemporaries, he tells us that his poetic Pegasus

> Ist kein nützlich tugendhafter
> Karrengaul des Bürgertums,
> Noch ein Schlachtpferd der Parteiwut,
> Das pathetisch stampft und wiehert! (iv. 502)

Of course Atta Troll does have an ideological purpose, indeed several; but it is important to stress also that the poem validates aesthetic pleasure. It is, after all, a mock-epic, and that already implies that we need to understand it through its genre; we need to understand its relation not just to a generalized sense of epic conventions but to a number of specific poems. The pleasure it gives is in part the bookish pleasure of recognizing literary affinities. More broadly, the poem encourages us to feel the depth of the past and the continuity of culture through the millennia for which epic and mock-epic have existed. I am not mainly concerned with Heine's sources, but rather with genre. I shall try to suggest some ways in which acquaintance with the genres of epic and mock-epic helps us to appreciate how Heine has developed generic features in *Atta Troll*.

To begin appreciating the literary affinities of *Atta Troll*, we need to imagine three concentric circles.[3] In the first, we have the mock-epic of Heine's own time and the recent past, and here three names are important. The first is Heine's friend Karl Immermann, who in 1830 published his mock-epic *Tulifäntchen*. Heine praised it aptly as 'ein Epos, worin die Formen des Heldengedichtes zum Spaß angewendet werden und sich allerliebst mit den Ellementen [*sic*] des Kindermärchens vermischen, die mit naivem Ernste darin laut werden'.[4] *Tulifäntchen* is indeed a delight to read. Like *Atta Troll*, it is set in Spain and written, appropriately, in Spanish trochees, with some parodic allusions to another work in trochees, Grillparzer's play *Die Ahnfrau*. Like *Atta Troll*, though more gently, it satirizes the obsolescence of heroic ideals in the modern world. Tulifäntchen, born to the impoverished grandees Don Tulifant and Donna Tulpe, is tiny but heroic. His sword is a sharpened paperknife, his helmet a nutshell, his shield a silver coin. He rides a horse by sitting in its ear. His first heroic feat consists in killing a fly, his second in liberating Balsamine, daughter of Queen Grandiose, from her abductor, the giant Schlagadodro. The latter feat is more difficult, because when Tulifäntchen issues his challenge from beneath the walls of the giant's castle, the giant simply doesn't notice him and mistakes his challenge for the chirping of a cricket. However, Tulifäntchen's fairy godmother shows how the wall surrounding the giant's castle, built by an English mechanic (representative, as so often in Heine, of soulless modernity), can be undermined by pulling out a pin, which only tiny Tulifäntchen can do. This done, the walls collapse and the giant tumbles down with them. Tulifäntchen then marries Balsamine, but their marriage is a disappointment because of the difference in their size. Balsamine, a bluestocking who knows thirteen languages, absent-mindedly uses him as a bookmark, then puts him in a birdcage (like Giglio in Hoffmann's *Prinzessin Brambilla*). Fortunately, the fairies who have assembled on St John's Eve—the night when Heine's narrator witnesses the Wild Hunt—rescue Tulifäntchen as he is about to commit suicide and carry him off to the fairyland of Ginnistan. Immermann's fairies resemble the sylphs in a better-known mock-epic, Pope's *Rape of the Lock*, rather than the full-blooded *femmes fatales* in Heine's poem.[5] But both poets agree that heroism, whether the clumsy posturing of Atta Troll or the futile bravery of Tulifäntchen, has no place in the modern world.

Two other writers can be mentioned more briefly. One is Voltaire, who published his famous mock-epic *La Pucelle* in 1755 and often revised it. It would be surprising, given Heine's admiration for Voltaire, if he had not read this poem. Nowadays it seems to be often referred to but seldom read. Perhaps readers are put off by Schiller's indirect rebuke in 'Das Mädchen von Orleans':

> Das edle Bild der Menschheit zu verhöhnen,
> Im tiefsten Staube wälzte dich der Spott,
> Krieg führt der Witz auf ewig mit dem Schönen,
> Er glaubt nicht an den Engel und an Gott.[6]

But while *La Pucelle* is of course anticlerical, it would be offensive only to someone of Börnean sobriety. It is not only a hilarious poem, but in places a warm and generous one: the first Canto celebrates the love-affair between Charles VII and Agnès Sorel with delightful sensuality. Much of the poem's humour is literary. Thus the combat between the patron saints of France and England, Denys and George, which occupies Canto 11, is a take-off of the war in heaven in Milton's *Paradise Lost*, about which Voltaire writes scathingly in his *Essai sur la poésie épique*.[7] The third and greatest writer of mock-epic, Wieland, owed something to the inspiration of *La Pucelle* for his series of humorous narratives from *Der neue Amadis* (completed in 1771) to *Oberon* (1780). Heine's references to Wieland are sparse and grudging, and imply little first-hand acquaintance. He calls him 'der Dichter des "Agathon" und der "Musarion", der tändelnde Cavaliere-Servente der Grazien, der Anhänger und Nachahmer der Franzosen' (iv. 184), and dismisses *Oberon* as 'matter Nachklang von bretanischen Sagen' (iii. 651). But if we look at the development of the mock-epic, then we find in Wieland several important generic features. First, he follows Voltaire in celebrating a happy sensuality, especially in describing the love between Huon and Rezia in *Oberon*, while adding more kindly humour, more tenderness, and more emotional depth. Heine too celebrates the senses, for instance in the eroticized landscape description that opens Caput 11 of *Atta Troll*:

> Wie verschlafne Bajaderen
> Schaun die Berge, stehen fröstelnd
> In den weißen Nebelhemden,
> Die der Morgenwind bewegt. (iv. 520)

Second, we find in Wieland a sovereign narrative consciousness that controls and comments on the action, like the narrators in Voltaire, Immermann, and Heine. Third, we find an enthusiasm for the world of medieval romance shared by many eighteenth-century French and English scholars and critics who found in it what one of them, Bishop Richard Hurd, called 'a world of fine fabling'.[8] *Oberon* is based on the thirteenth-century romance about Huon de Bordeaux, one of Charlemagne's paladins, whose task is to pull out four teeth of the Caliph of Baghdad. In Wieland there is no conflict, *pace* Schiller, between wit and beauty, nor between Enlightenment and the Middle Ages: a highly intelligent modern consciousness enjoys medieval stories as stories while gently sending them up. The mockery in mock-epic is very different from the dismissive, rancorous mockery that we find in *Deutschland: Ein Wintermärchen*, where German myths are consigned to the dustbin of history and 'Fabelwesen' is a term of insult.

Wieland stands at the edge of my first concentric circle and directs us out to the second, the romantic epic. As Nigel Reeves reminded us in an indispensable article, Heine follows the practice of his day in using 'romantic' to refer to post-classical poetry from the Middle Ages to the early nineteenth century.[9] This is what he means when he writes to Varnhagen von Ense on 3 January 1846: 'Das tausendjährige Reich der Romantik hat ein Ende, und ich selbst war sein letzter und abgedankter Fabelkönig' (Säkularausgabe, xxii. 181). As the beginning of this tradition, Heine takes the *Chanson de Roland*, and places Atta Troll's lair in the Pyrenean valley of Roncesvalles, where Roland, despite his good sword Duranda, was defeated by the Saracens. But the most important figure in this tradition also features in the poem, at the beginning of Caput 27:

> "Wo des Himmels, Meister Ludwig,
> Habt Ihr all das tolle Zeug
> Aufgegabelt?" Diese Worte
> Rief der Kardinal von Este,
>
> Als er das Gedicht gelesen
> Von des Rolands Rasereien,
> Das Ariosto untertänig
> Seiner Eminenz gewidmet. (iv. 569)

This anecdote, first found in biographies after Ariosto's death, became a popular quotation, also used by Kant, Goethe, and Freud.[10] It reminds us that to Heine and his contemporaries the Italian epic poets, Ariosto and Tasso, were still prominent in the literary canon. He cites them as models when explaining to his impatient publisher why he wanted to revise *Atta Troll*: 'Epische Gedichte müssen überhaupt mehrfach umgearbeitet werden. Wie oft änderte Ariost, wie oft Tasso!' (letter, 19 Dec. 1844, Säkularausgabe, xxii. 146). Gibbon writes in chapter 70 of the *Decline and Fall of the Roman Empire*, referring to the overrated Petrarch: 'I may hope or presume that the Italians do not compare the tedious uniformity of sonnets and elegies with the sublime compositions of their epic muse, the original wildness of Dante, the regular beauties of Tasso, and the boundless variety of the incomparable Ariosto.'[11] Schiller contrasts a passage from *Orlando Furioso* with one from the *Iliad* to typify sentimental as opposed to naïve poetry (*Sämtliche Werke*, v. 713–14). Goethe, who visited Ariosto's grave in Ferrara, gives a famous appreciation of him in *Torquato Tasso*. Scott called Goethe the Ariosto of Germany, and Byron called Scott the Ariosto of the North.[12]

The *Orlando Furioso* defies any brief description, but I must nevertheless make a few inadequate points about it to show how it figures in the generic prehistory of *Atta Troll*. First, its structure: Ariosto takes to an extreme the principle of interlace, that of having a number of parallel stories running concurrently so that one can be broken off to take up another. Hence we move rapidly from one adventure to another: knightly combats, encounters with sea-monsters and eccentric tyrants, castles which impose extraordinary customs on guests, and, perhaps the best-known incident, a journey to the moon. There are two over-arching narratives, one about war and one about love. The war story tells how Charlemagne is besieged in Paris by the Saracen armies under Agramante. The love interest divides into two narratives. One tells how Orlando (Roland) goes mad for love of the desirable tease Angelica, daughter of the King of Tartary; the other concerns the courtship of Ruggiero, ancestor of the house of Este, Ariosto's patrons, and the virgin warrior Bradamante, and this strand ends with Ruggiero's conversion to Christianity and their marriage. Love and war are linked by the fact that only Orlando can save Paris from the Saracens, so he needs to be cured of his madness. This feat is accomplished by the paladin Astolfo, who flies on the back of the Hippogriff to the Earthly Paradise, situated on the summit of a mountain in Abyssinia. There he meets St John the Evangelist, who accompanies him to the moon in Elijah's fiery chariot. All things lost on earth are preserved on the moon, and there

Astolfo finds Orlando's lost wits, carefully kept in a bottle with a label. The Ariostan model helps to explain and excuse what has sometimes been claimed as a fault of *Atta Troll*, its division into two narratives, one about the rantings of the escaped Atta Troll, the other about the narrator's journey through the Pyrenees in order to hunt him down. Multiple narratives are permissible in romantic epic, and that in turn is because romantic epic is subjective. Instead of the objectivity claimed as a characteristic of classical epic, we have, in Ariosto, Wieland and Heine, a sovereign narrative consciousness presenting events to us, often arranging them, and offering comments.

My second point about Ariosto is that although some commentators, like Voltaire, have belittled him for his frivolity, his tendency is not to mock but to affirm the values underlying the adventures he portrays. Contemporaries admired him for giving dignity to the popular tales of medieval *cantastorie*. His underlying nobility and generosity were the subject of a fine appreciation by Hegel:

> Bei der Gleichgültigkeit aber in Rücksicht auf die Art und Weise, wie die Situationen zustande kommen, wunderbare Verzweigungen und Konflikte herbeiführen, angefangen, abgebrochen, wieder verflochten, durchschnitten und endlich überraschend gelöst werden, sowie bei der komischen Behandlung der Ritterlichkeit weiß dennoch Ariosto das Edle und Große, das in der Ritterschaft, dem Mut, der Liebe, Ehre und Tapferkeit liegt, ganz ebenso zu sichern und herauszuheben, als er andere Leidenschaften, Verschmitztheit, List, Geistesgegenwart und so vieles Sonstige noch treffend zu schildern versteht.[13]

The third concentric circle is that of classical epic. For though Ariosto uses his sources with a kind of throwaway playfulness—as Colin Burrow says, 'This playful, dislocating attitude to ancient literature is part of the delight of reading Italian epic romances'[14]—he presupposes familiarity with Virgil and Homer, and his remodellings of Virgil, in particular, have often been pointed out. As is well known, the reception of classical epic within German aesthetic humanism was enormously biased in favour of Homer.[15] Homer appealed to the fascination with originality and primitivism that went back to the German *Sturm und Drang*. Hence Hegel complains that the gods in Virgil are mere 'künstliche Maschinerie' (*Ästhetik*, p. 966), a judgement that surely cannot survive a re-reading of the encounter between Aeneas and his mother, the goddess Venus (see especially *Aeneid* i. 327–8). A popular book of the time was the travesty of the *Aeneid* by the Viennese Enlightener Aloys Blumauer, who turned the original into an anticlerical satire.[16] Virgil seems to have been admired only by Schiller, who translated parts of Books 2 and 4 of the *Aeneid* into *ottava rima* (the metre of Italian epic). Primary epic (Homer, the *Nibelungenlied*) was admired at the expense of secondary epic (Virgil, Ariosto), and the specific pleasures of secondary epic, including mock-epic, were undervalued, especially the art of literary allusion with the combination of homage and detachment. Ariosto's playful attitude to the classics finds its nearest analogue, curiously enough, in Goethe's affectionate and admiring homage to Persian poetry in the *West-östlicher Divan*. Classical aesthetics maintained that Homer had set the norms for epic and that epic poetry ought to be objective. Hegel formulates this view when he says, referring especially to the Homeric poems: 'Die gesamte Weltanschauung und Objektivität eines Volksgeistes, in ihrer sich objektivierenden Gestalt als wirkliches Begebnis vorübergeführt, macht [...] den Inhalt und die Form des eigentlich Epischen aus' (*Ästhetik*, p. 940). This criterion of objectivity was challenged as early as 1819 by Heine in his review of a play called *Tassos Tod*, where he remarks that even the *Odyssey* has an occasional 'subjektive Aufblitzen' (i. 404) and that epic need not avoid subjectivity as drama does. One could extend Heine's argument by pointing out the subjective elements in serious epics in the classical tradition. In his study of Virgil, Brooks Otis has shown in detail how Virgil expresses sympathy with his characters and comments on their behaviour.[17] Milton's *Paradise Lost*, which applies the devices of classical epic to Biblical material, introduces the author's subjectivity in the opening prayer (Book 1), in his reflections on his blindness (Book 3), his isolation (Book 7), and the purpose of his poem (Book 9), and in his crotchety animadversions on Roman Catholicism (Book 3). In adopting a thoroughgoing subjectivity for *Atta Troll*, therefore, Heine is not simply opposing subjective romantic epic to objective classical epic. Rather, he is overcoming the opposition between the two by developing the subjective impulse which he finds present even in Homer and which does indeed exist, to an increasing extent, in classical and neo-classical epic. Heine, then, draws on a range of epic and mock-epic traditions for themes (satire on heroism, celebration of the senses), interlaced structure, and subjective narration in *Atta Troll*. To show in more detail what can be gained by familiarity with epic traditions in reading *Atta Troll*, I shall mention three episodes which gain in resonance when one recognizes their epic antecedents.

(i) In the passage in Caput 3 corresponding to the classical in-vocation of the Muse, we hear how Pegasus, the winged horse, carries the poet wherever it wants, thus figuring the uncontrollable poetic imagination which cannot be harnessed to a political programme. Besides the classical Pegasus, which produced the fountain of Hippocrene, sacred to the Muses, by a stamp of its hoof, Heine's poetic horse recalls Ariosto's Hippogriff, the offspring of a griffin and a mare, bred by the magician Atlante, which serves to represent the uncontrollable passion that bears Ruggiero off to the deceitful enchantments of the witch Alcina, but also the tamed and bridled energy that enables Astolfo to fly to the Earthly Paradise. Wieland begins *Oberon* with the epic invocation:

> Noch einmal sattelt mir den Hippogryphen, ihr Musen,
> Zum Ritt ins alte romantische Land![18]

Both Pegasus and the Hippogriff are combined by Voltaire in the winged donkey that carries Joan of Arc on her mission:

> Ce beau grison deux ailes possédait
> Sur son échine, et souvent s'en servait.
> Ainsi Pégase, au haut des deux collines,
> Portait jadis neuf pucelles divines;
> Et l'hippogriffe, à la lune volant,
> Portait Astolphe au pays de saint Jean.[19]

(ii) In the cottage of the witch Uraka Heine's narrator meets a Swabian poet whom Uraka has transformed into a pug-dog. The transformation of men into animals is an ancient epic motif going back to Circe in the *Odyssey*. Ariosto adapts it for the enchantress Alcina, who transforms her discarded lovers (here Barbara Reynolds's translation not only matches but even enhances the original):

> And lest her disappointed lovers spread
> Report of this lascivious life of hers,
> She plants them in a very different bed,
> Converting them to palm-trees or to firs,
> Or olive-trees, or cedars, or instead
> The lesser status of a bush confers,
> Or turns them into animals or streams,
> Or any form that pleasing to her seems.[20]

The fate of the Swabian poet was somewhat different. Instead of staying at home with his beer and tobacco, he was possessed by a desire to see the world, but in meeting Uraka he inadvertently inflamed in her a passion which was incompatible with his own morality, for, as he told her, he was 'kein frivoler Goetheaner':

> Sittlichkeit ist unsre Muse,
> Und sie trägt vom dicksten Leder
> Unterhosen—ach! vergreifen
> Sie sich nicht an meiner Tugend! (iv. 556)

Rather than punishing him for his lust, the Swabian's transformation results from his lack of erotic ambition. His poetic steed, we may assume, is a 'nützlich tugendhafter / Karrengaul des Bürgertums'. He cannot cope with the erotic power of real poetry, in contrast to Goethe and to the narrator.

(iii) The narrator's eroticism is shown in the episode of the Wild Hunt. This takes the place of the standard epic catabasis, or descent to the dead, which is alluded to earlier in Caput 13 of *Atta Troll*: as the narrator crosses the Lac du Gobe, he wonders if he is crossing the Styx, but reassures himself by kissing one of the ferryman's nieces and concludes: 'Ja, ich küsse, also leb ich!' (iv. 527). In Homer, Odysseus only summons up the shades, but Virgil's Aeneas actually descends into the underworld. In *Atta Troll*, the narrator is only a spectator as the Wild Hunt, on St John's Eve, passes Uraka's window along the 'Geisterhohlweg'. The humorous description in Caput 18 yields, in Caput 19, to an awe at the erotic power possessed by the three *femmes fatales* riding in the midst of the procession. They represent not only the power of the past but the allure of uncontrollable erotic fascination, a theme frequent throughout Heine's work, and here coloured in the case of Herodias by necrophilia. It contrasts with the domestic idyll represented by Atta Troll and Mumma, his 'schwarze Penelope' (iv. 505), but also by the narrator and his wife Juliette, who at least embody a more cosmopolitan idyll than that of the bears.

To conclude, I want to stand further back from *Atta Troll* and point out two ways in which the poem revises the expectations of epic. One concerns heroism. It is a commonplace that the modern world has no place for the heroism that shows itself in military or chivalric prowess. The invention of firearms (lamented by Ariosto in Canto XI of *Orlando Furioso*, and attributed to a German) put paid to medieval practices of warfare and deprived the epic of its main subject.[21] The epic hero alluded to in *Atta Troll* is the crafty Odysseus, and the role of epic hero is divided between Atta Troll and the bear-hunter—naïve bombast versus critical consciousness. The bear-hunter in turn is paired with Laskaro as 'Helden von modernem Zuschnitt' (iv. 549). They bring Atta Troll down by cunning rather than courage. Modern society needs not the futile courage of Roland but the treachery of Ganelon. And our heroes are associated with the police, who in modern society have taken over from the army as guardians of law and order. Thus the narrator uses police language when warning Atta Troll:

> Deine Untersuchungsakten,
> Hochverräter an der Menschheit
> Majestät! sind jetzt geschlossen;
> Morgen wird auf dich gefahndet. (iv. 519)

Here Heine has his finger on the pulse of his time. A work contemporary with *Atta Troll*, Balzac's *Splendeurs et misères des courtisanes* (1838–47), pits the Paris police against the master criminal Vautrin and thus helps to found the modern genre of the detective story, centring not on warfare but on internal threats to civil order.

Secondly, as heroism has changed, so has the enemy. The identification of the new enemy is the ideological purpose of the poem which I mentioned at the outset. In the romantic epic, from the *Chanson de Roland* onwards, the heroes represent Europe in conflict with the non-European hordes who both threaten Europe and give Europe its identity. The definition of Europe by contrast with its other, the Orient, is supported by epics which pit European heroes against the Saracens.[22] In Ariosto, King Agramante crosses the Mediterranean with an army drawn from Africa and Tartary, and lays siege to Paris. Tasso in the *Gerusalemme liberata* describes the First Crusade led by Geoffrey of Bouillon to recover Jerusalem from the Saracens. In *Oberon*, Wieland follows this pattern by sending Huon of Bordeaux to extract the teeth of the Caliph of Baghdad. And in the greatest twentieth-century work of epic fiction, *The Lord of the Rings*, Tolkien continues this tradition by placing the enemy in the East and letting him form alliances with eastern and southern nations reminiscent of the Arab and African worlds. In Heine, however, the enemy is not external but internal. Atta Troll symbolizes the proletariat who threaten civilization from within, as Heine later depicted them in 'Die Wanderratten'. In the 1840s it was common to draw analogies between the revolutionary proletariat and the barbarians who overran the Roman Empire. In 1844 Grillparzer speculated in his diary:

Es wäre möglich, daß, was für die Kultur der alten Welt die Völker-
wanderung und der Einbruch fremder Barbaren gewesen sind, für unsere
heutige und ihre Fortbildung das Emporkommen einheimischer Barbaren
würde, eine Erscheinung, deren erste Keime schon in der Übervölkerung
und dem Kommunismus fühlbar werden.[23]

And after the event Carlyle wrote in *Latter-Day Pamphlets* (1850) about
the year of revolutions: 'Not since the irruption of the Northern
barbarians has there been the like.'[24] Thus *Atta Troll* again responds to
the specific anxieties of the 1840s. It does so in a genre with a long
and varied history that Heine playfully adapted for new purposes. To
appreciate the poem, we need to move outward into the politics of
Heine's day; but to avoid Atta Troll's fixation on the specious present
and the fantasied future, we need also to move backward through the
internal history of the epic and mock-epic genres.

Notes

1. Heinrich Heine, *Sämtliche Schriften*, ed. Klaus Briegleb, 6 vols. (Munich: Hanser,
   1968–76), iv. 99. Future references, by volume- and page-number, are given in
   the text.
2. Quoted in Denis Mack Smith, *Mussolini* (London: Weidenfeld & Nicolson,
   1981), p. 161.
3. For a thorough, but differently conceived account of *Atta Troll*'s epic affinities,
   see Winfried Woesler, *Heines Tanzbär: Historisch-literarische Untersuchungen zum
   'Atta Troll'* (Hamburg: Hoffmann und Campe, 1978).
4. Letter of 3 Feb. 1830, in Heine, *Werke, Briefwechsel, Lebenszeugnisse*,
   Säkularausgabe, 27 vols. (Berlin: Akademie-Verlag, 1970–), xx. 383.
5. On the poem's relation to Wieland, Hoffmann, and others, see Friedrich Sengle,
   Biedermeierzeit, 3 vols. (Stuttgart: Metzler, 1971–80), iii. 852.
6. Friedrich Schiller, *Sämtliche Werke*, ed. Gerhard Fricke and Herbert G. Göpfert,
   5 vols. (Munich: Hanser, 1958), i. 460.
7. Voltaire, *Œuvres complètes*, 13 vols. (Paris: Firmin Didot, 1867–8), ii. 377–8.
8. *Hurd's Letters on Chivalry and Romance*, ed. Edith J. Morley (London: Henry
   Frowde, 1911), p. 154.
9. Nigel Reeves, 'Atta Troll and his executioners: the political significance of
   Heine's tragi-comic epic', *Euphorion*, 73 (1979), 388–409.
10. 'Messer Ludovico, dove mai avete trovato tante corbellerie?': Michele Catalano,
    Vita di Ludovico Ariosto, 2 vols. (Geneva: Olschki, 1930), i. 435. Cf. Goethe, letter
    of 31 Jan. 1831, *Briefe*, Hamburger Ausgabe, 4 vols. (Hamburg: Wegner, 1962–7),
    iv. 416; Kant, *Anthropologie*, in *Werke*, ed. Wilhelm Weischedel, 6 vols.
    (Frankfurt: Insel, 1964), vi. 485; Sigmund Freud, 'Der Dichter und das
    Phantasieren', *Studienausgabe*, ed. Alexander Mitscherlich et al., 10 vols.
    (Frankfurt: Fischer, 1970), x. 171.
11. Edward Gibbon, *The Decline and Fall of the Roman Empire*, 6 vols. (London: Dent,
    1910), vi. 503.

12. For these and other testimonies, see Barbara Reynolds's 'Introduction' to her translation of *Orlando Furioso*, 2 vols. (Harmondsworth, 1973), i. 83. This translation—a magnificent achievement, especially considering that Ariosto's *ottava rima* obliges the translator to find two sets of triple rhymes in each stanza— is to be recommended above Sir John Harington's version of 1591 (edited by Robert McNulty [Oxford: Clarendon Press, 1972]): Harington has a pleasing 'period' tone, but Reynolds is far better at capturing Ariosto's wit.

13. G. W. F. Hegel, *Ästhetik*, ed. Friedrich Bassenge (Berlin: Aufbau, 1955), p. 556.

14. Colin Burrow, *Epic Romance: Homer to Milton* (Oxford: Clarendon Press, 1993), p. 52.

15. See Theodore Ziolkowski, *Virgil and the Moderns* (Princeton: Princeton University Press, 1993), pp. 76–8.

16. See Ritchie Robertson, '"Heroes in their Underclothes": Aloys Blumauer's Travesty of Virgil's Aeneid', *Austrian Studies*, 9 (1998), 24–40.

17. Brooks Otis, *Virgil: A Study in Civilized Poetry* (Oxford: Clarendon Press, 1964), ch. 3.

18. Christoph Martin Wieland, *Ausgewählte Werke*, ed. Friedrich Beissner, 3 vols. (Munich: Winkler, 1964), i. 9.

19. *Œuvres complètes*, ii. 391.

20. *Orlando Furioso*, tr. Reynolds, i. 233 (Canto 6, stanza 51).

21. See Michael Murrin, *History and Warfare in Renaissance Epic* (Chicago and London: University of Chicago Press, 1994).

22. See Edward Said, *Orientalism* (London: Routledge & Kegan Paul, 1978), and also the important critique by John M. MacKenzie, *Orientalism: History, Theory and the Arts* (Manchester: Manchester University Press, 1995).

23. Franz Grillparzer, *Sämtliche Werke*, ed. Peter Frank and Karl Pörnbacher, 4 vols. (Munich: Hanser, 1960–5), iii. 1008.

24. Thomas Carlyle, *Works*, Centenary Edition, 30 vols. (London: Chapman & Hall, 1896–9), xx. 5.

5

Nachgetragene Ironie:
Moritz Hartmann und
Heinrich Heine

Hubert Lengauer (Klagenfurt)

Ungunst der Musen

An Heinrich Laube schreibt Heine am 12. Oktober 1850: "Meißner war hier und ich sah ihn viel. Auch seinen großen Landsmann Moritz Hartmann sah ich dieser Tage; ist ein sehr hübscher Mensch, und alle Frauenzimmer sind in ihn verliebt, mit Ausnahme der Musen."[1] Die beiden jung-österreichischen Autoren Alfred Meißner und Moritz Hartmann, die ab Mitte der Vierzigerjahre vor allem mit dem Rückgriff auf regionale Traditionen des religiös-politischen Widerstands einen breit akklamierten Beitrag zur politischen Lyrik der Ära geliefert haben, spielen nicht allzu große und sehr unterschiedliche Rollen für den späten Heine. Meißner ist zu einem erklärten Jünger Heines und zu einem seiner ersten Biographen geworden; der andere, Moritz Hartmann, hatte offenbar weniger Glück in seiner Begegnung mit dem Dichter. Das spöttische Urteil Heines über ihn scheint eine Bagatelle. Man könnte es abtun als ein Epiphänomen des Matratzengruft-Tourismus der Meißner, Stahr, Lewald, Wihl, Saphir und anderer, welcher den Reisenden Publikationsmöglichkeiten zu einem öffentlich ständige interessanten Thema eröffnete, der es anderseits Heine (im Wissen um den Reiz seiner Person als publizistisches Thema) ermöglichte, die deutsche literarische Öffentlichkeit in einem gewissen Maße zu steuern und zu beeinflussen, um den Boden für seine eigenen Publikationen zu bereiten; es ist aber insgesamt eher eine Geschichte des Niedergangs

seiner öffentlichen Geltung, seiner brieflich vielfach bezeugten Geld-
und Schriftstellernöte, durch die er auch für literarische Konkurrenz
sensibilisiert war.

Wie vielfach bei Heine sind jedoch persönliche Aversionen, auch
in ihren Irrtümern und Kränkungen lehrreich, und Heine hat nicht
selten den Überraschungseffekt der Publikation des Persönlichen
(oder anders gewendet, der öffentlichen Denunziation des Privaten)
dafür genutzt, den Exempeln, die er damit statuieren wollte, polemische Schärfe zu verleihen. Das war zumindest seit dem Börne-
Buch in der literarischen Öffentlichkeit bekannt, und nicht zuletzt
Hartmanns Freund aus Frankfurter Tagen, Jakob Venedey ("Kobes I.")
sollte später noch ein Lied davon zu singen wissen, und zwar
ausgerechnet in der *Kölnischen Zeitung*, 30. November 1854, die seit
Anfang 1853 auch Moritz Hartmanns publizistische Basis geworden
war.[2]

Es ist im folgenden beabsichtigt, das ad personam Formulierte auch
in diesem Fall nicht als bloß Zufälliges und Peripheres zu behandeln,
sondern — im Sinne Heines, dem dies häufig genug der Stoff zur
Satire oder Material zur Lenkung der öffentlichen Meinung war —
den Spuren und Konnexionen, die davon ausgehen, zu folgen. Sie
führen zu unterschiedlichen politischen Positionen, aber auch unterschiedlichen literarischen Modellen im Übergang vom Vormärz zum
Nachmärz. Keineswegs ist angestrebt, von diesem flachen biographischen Einstieg aus eine verallgemeinernde Theorie ästhetischer Besonderheit einer österreichischen Literatur der Epoche zu entwickeln.

Es geht im folgenden eher darum, eine 'kleine' Literatur, die der
jüngeren oppositionellen Literaten, von einem flachen Standpunkte
aus in die Nähe Heines zu stellen. Dadurch wird die Anforderung des
Gesamtthemas "Heine und die Weltliteratur" vielleicht nicht oder
nicht ganz erfüllt, es sei denn, man sieht Österreich — wie Friedrich
Hebbel in der selben Ära — als jene "kleine Welt, in der die große
ihre Probe hält". In der Tat sind die Relationen vielfältig genug:
Kontext ist nicht nur Heines Frankreich und das Deutschland des
Frankfurter Parlaments, Kontext sind auch die Tschechen, die Juden
Prags, die Ungarn; die Literatur Hartmanns versucht, sich den aus
diesen Feldern angemeldeten unterschiedlichen, politischen An-
sprüchen zu stellen und vermag schließlich keinem so recht genügen,
seine Literatur ist nicht in den Kanon der vaterländischen, geschweige
denn der Weltliteratur eingerückt. Noch in ihrem Mißlingen aber
erhellt sie die Charakteristika der Epoche. Zu ihrer näheren

Beschreibung gehe ich im ersten Teil von der zitierten persönlich-satirischen Anspielung Heines aus, erweitere dann auf Kontexte und politische Implikationen der auftretenden Gegensätze. Dazu ist es nötig (zweitens), weiter zurück zu gehen und Entwicklungslinien im Vormärz zu skizzieren. Und schließlich versuche ich, drittens, im eigentlich literarhistorischen Teil, die Rolle der Literatur und einzelner verfügbarer Formen im Übergang vom Vormärz zum Nachmärz festzuhalten. Ablösungen und Klarstellungen, wie sie Heine schon in den Vierzigerjahren mit dem *Atta Troll*, den *Neuen Gedichten* und *Deutschland. Ein Wintermärchen* vorgenommen hatte, werden jetzt, in der Stimmung nachrevolutionärer Misere wiederholt, nachgetragen, zum Teil unter Verwendung der von Heine vorge-bildeten Formen. Die Reaktionen und Bearbeitungen des postrevo-lutionären Katzenjammers sind 'Nachträge' in dem Sinn, daß in vorhandene literarische Matrizen die Reaktion auf die aktuellen Ereignissen, in dem Fall das Frankfurter Parlament und die Vorfälle des Jahres 1848, eingetragen wird. Sie sind — gewollt oder ungewollt — Hommagen an Heine, Verbeugungen vor der Form und der antizipatorischen Intelligenz seiner Dichtung der Vierzigerjahre.

Matratzengruft-Trabanten

Der Schritt, die persönliche Kränkung Hartmanns an die Öffentlichkeit zu tragen, wurde Heine vom Empfänger des Briefes, Heinrich Laube, abgenommen. Heine selbst war nicht erfreut darüber, ja bestürzt über die Indiskretion, er war offensichtlich nicht primär daran interessiert gewesen, etwas gegen Hartmann zu lancieren. An seinen Bruder Gustav in Wien schreibt er:

Ich kann nicht umhin Dir zu sagen, daß Laube eine sehr leichtsinnige Handlung in Bezug auf mich sich zu Schulden kommen lassen, die mich ungeheuer irritiert hat und äußerst schlecht bekommen kann. Er hat nämlich aus einem Privatbriefe an ihn, ohne meine Erlaubniß, eine Stelle drucken lassen, worin ein junger Autor, der hier lebt, mit sehr harten Ausdrücken von mir gekränkt wird, eine Kränkung, wovon ich kaum weiß wie ich dazu kam sie zu dictiren, ja die gewiß durch Nachlässigkeit meines Secretairs, durch irgend eine Auslassung oder Gott weiß wie, veranlaßt worden. Da kriege ich nun ganz unschuldigerweise Feindschaften an den Hals hier am Orte, wo ich hinlänglich mit Feinden versehen bin, die froh genug sind, wenn sie jemanden gegen mich aufhetzen können. Hier am Orte habe ich die höchste Ruhe nötig, und da ich überhaupt jetzt wenig im Stande bin Krieg zu

führen, so begeht derjenige, der hier meinen Frieden stört, wie Laube es
that, eine böse Handlung. Da Du, lieber Bruder, hinfüro alle meine
Geschäfte leiten wirst, so merke Dir das, daß ich nie in den Stand gesetzt
werden darf, gegen etwas zu reclamiren oder gar zu polemisiren. Namentlich
in Bezug auf Prag, die Sache worüber ich Dir heute Vieles schreiben werde,
mußt Du dieses im Auge behalten. (HSA 23, 75–76)

Wie aus dem letzten Satz des Zitats erhellt, waren es nicht die
lauteren Motive der Courtoisie und Diskretion, weshalb er "in Bezug
auf Prag" die Kränkung Hartmanns nicht wirksam werden lassen
wollte; es ist das, was Klaus Briegleb manchmal etwas streng als
"Kapitalisierung der Kunst und der menschlichen Beziehungen" oder
das "Kapitalinteresse im Stadium seiner privaten Verwirklichung"
(B 10, 874) bezeichnet. Heine hatte unglücklich in Prager Gasbe-
leuchtung spekuliert, so daß er statt gewinnbringender Aktien "am
Ende durchaus nichts als 25 Arschwische in Händen" hatte (HSA 23,
82), und war drauf und dran, gegen seinen Agenten Friedland in Prag
zu prozessieren. Einen Anwalt dazu hatte ihm Alfred Meißner
besorgt, und Meißner hatte auch publizistisch vorgearbeitet, durch
einen Artikel, der Friedland öffentlich in die Enge treiben sollte (vgl.
HSA 26, 260–261). Es mochte Heine daran gelegen sein, in dieser
Sache nicht einen Autor wie Hartmann gegen sich zu haben, der
doch in Prag, zumindest in der jüdisch-deutschen Schicht, aus der er
kam, wegen der tschechisch nationalen Themen seiner Gedichte
vielleicht auch in anderen Kreisen, ein gewisses Renommee besaß.

Heine hat sich mit Friedland schließlich friedlich verglichen, und
gegenüber seinem in Treue erprobten Meißner mußte sich Heine
auch keine Zurückhaltung mehr auferlegen, als er im März 1852
wieder auf Hartmann zurückkam, von dem er sich nun verleumdet
fühlte:

Ich wünschte, der Herr Hartmann hätte bereits eine reiche Heirath gemacht,
wie Herwegh und brauchte nicht mehr sich herumzuquälen in allen
Conzerten und Soireen, und einen Aufwand zu machen, der mißverstanden
wird; aber er übersieht eine Sache: die reichen Judenmädchen wollen nur
christliche große Dichter heirathen und dem Genius Ihres Landmanns sind
nun einmal in dieser Beziehung die Flügel beschnitten. (HSA 23, 184–186)

Meißner mußte im selben Brief getröstet werden wegen seiner
Mißerfolge auf dem Feld des Dramas. Sein Drama *Das Weib des Urias*
hatte ausgerechnet jener Alfred Stahr "von sittlicher Seite" kritisiert,
in dessen Gesellschaft Hartmann zu Heine gekommen war: "Er

[Stahr, H.L.] verfällt sooft er davon spricht in wahrhafte Krämpfe, wie sie allenfalls eine Engländerin beim Anblick eines nakten Mannes bekommen könnte" (Meißner an Heine, HSA 26, 372). Heines Trost, mit dem er sich seines Biographen Meißner versichert, indem er ihn auf seine Höhe erhebt, rekurriert auf alte Schemata: "Jedes große Talent ... hat seine Laus ... Ich hatte aber eigentlich zwei Läuse, und die eine lebt noch ihr miserables Scheinleben. Sie, liebster Meißner, haben noch etwas schlimmeres als eine Laus, nämlich eine fette Wanze, die sehr kriechend ist überall herum kriecht [sic!], in der bekannten zudringlichen Hausirerweise" (HSA 23, 185). Heines "Läuse" waren Börne und Gutzkow, Meißners Wanze, darauf macht Heine ihn aufmerksam, ist Felix Bamberg, der Tratsch über Meißner und Elise Arnault ausstreut und der "Sozius" Hartmanns in Paris ist (vgl. HSA 26, 373).

Daß der aktuelle Stand der Intrigen und Tratschgeschichten so in die Vergangenheit zurückprojiziert und dort verankert werden mußte, hatte auch seinen spezifischen Sinn: Meißner hatte nämlich eben um die Erlaubnis angefragt, seine in einzelnen Artikeln schon publizierten Begegnungen mit Heine zu einem Buch zusammenzustellen und sich dabei nach den heiklen Punkten und Möglichkeiten ihrer Behandlung erkundigt: "sind Sie so freundlich Ihrem Sekretär ein paar Zeilen in dieser Angelegenheit zu diktiren, und mir [sic!] darin wissen zu lassen, ob ich über Ihr Verhältniss zu Börne, Ihr Duell mit "Musje" Strauß etc. sprechen darf. Daß ich nicht ohne Ihre Erlaubniß sprechen werde, brauche ich kaum hinzuzusetzen" (HSA 26, 372).

Heines erneuter Angriff auf Hartmann (in seiner Antwort an Meißner) ist auch eine Andeutung in dieser, ihn selbst betreffenden biographischen Sache und so gleichzeitig eine Bitte um Stillegung der alten Konflikte:

Daß ihm [d. i. Hartmann, H.L.] der Patriotismus und das Refugie-thum nur als Reclame für sein kleines Talent dienen sollte, habe ich ihm schon vor 8 Jahren abgemerkt als ich zuerst die Ehre hatte ihn bei mir zu sehen. Er beklagte sich damals sehr naiv über seine Mutter, die seine Rückkehr ins Vaterland ersollizitirt hatte, während es ihm doch um die Ehre des Verfolgtseins zu thun war. Lassen Sie sich nichts merken, liebster Meißner, von dem, was ich Ihnen hier sage; sein Sie discret in Bezug auf meine Ruhe, bedenken Sie, daß ich mit gebundenen Beinen zu Bette liege und mir alle Wanzen in diesem Zustande beunruhsam werden könnten. ... Beileibe schreiben Sie nichts in Ihrem neuen Buche über Händel welche Personen

betreffen, die hier noch herumkriechen, und mir die Luft wieder
verstänkern könnten. Lassen wir doch die alten Lausegeschichten vor der
Hand ruhen. (HSA 23, 184–186)

Nachgeholte Vorgeschichten

Wir aber greifen einen Teil der alten Lausegeschichten wieder auf.
Heine inszeniert Hartmann in dem aus der Erinnerung hervorge-
holten ersten Zusammentreffen als Farce, als Karikatur dessen, was
ihm Exil und Heimreise zur Mutter in den Zeiten (oder vor den
Zeiten) des *Wintermärchens*, nämlich zur Zeit seiner Reisen nach
Deutschland 1843/44 gewesen war.

Moritz Hartmann war 1845 mit Empfehlungen Ignaz Kurandas
von Leipzig nach Brüssel gegangen, um befürchteten Unannehm-
lichkeiten mit der Behörde auszuweichen. Dort hatte er mit Jakob
Venedey Umgang (vgl. Wittner 1, 144). Im Frühjahr 1846 ist er in
Paris. Sein erster Besuch gilt nicht Heine, sondern dem Grab Börnes
(Wittner 1, 158). Das ist nur konsequent im Sinne des literarischen
Selbstbewußtseins und Sendungsbewußtseins von österreichischen
Autoren der jüngeren Generation, Moritz Hartmann, Alfred
Meißner, Heinrich Landesmann, Jakob Kaufmann und anderer, die
sich den *Briefen aus dem Vormärz* miteinander verständigen.[3] Eines der
ersten Gedichte Hartmanns (verschollen) ist ein Gedicht mit dem
Titel "Börnes Freiheitslied", das Isidor Heller von ihm anfordert (*BV*
1). Heine steht hingegen für Laszivität in der Moral und Sorglosigkeit
der literarischen Form. Meißner mahnt: "Bitte Dich vernachlässige
nicht die Form ... Beck, Grün, Lenau, Freiligrath welch schöne
Form! nur Heine und die kleinen Berliner, die fast vergessen sind,
werfen Trocheen und Jamben untereinander und reimen nicht die 1.
und 3. Zeile zusammen" (*BV* 21). In der Einschätzung des Börne-
Buches liegen die Jungautoren, gerade auch Meißner, im mainstream
der Ablehnung Heines:[4] "Ich lese jetzt Heine über Börne. Mein
Urtheil darüber ist, Heine sey ein geistreicher Schurke", so Meißner
an Hartmann, 20. Oktober 1840 (*BV* 74). Hartmann erklärt im
Gegenzug aus Wien sein Vorbild: "Ich habe Lenau kennen gelernt.
— Bei Gott, das ist ein Poet, der alle Verehrung verdient, mit welcher
ihn Moritz Hartmann verfolgte, seitdem er das erste Gedicht von ihm
gelesen" (*BV* 75). Durch Ludwig August Frankl wird Hartmann
schließlich mit Lenau bekannt gemacht. Als er eine erste Parisreise
plant, schreibt ihm Meißner enthusiasmiert:

Du gehst nach Paris, Göttlicher, zur capitale de la civilisation und zwar noch im Herbste! Ja, Du bist der berufene unter uns. Geh hin Deine Mission zu erfüllen. Ich will als Heiland Dich segnen, frommer Apostel, Segnen und dann am Golgatha, Deutschland benannt am Kreuze des Grams sterben. Verbreite dort drüben klar und glühend die Frühlingslehre, die mein Herz ahnt, mögen die Pfingstflammen der Begeisterung auf Dein Haupt kräftigend niedersinken. Bei meinem Barte, die Franzosen tragen die Keime zum Größten in sich, sie sind das Volk der Revolution, und in Revolution und Reformation liegt alles. Besuche Hugo, Müsset, Barbier, Béranger, ja sogar Guttinguer ... sag ihnen daß in Prag ein Mensch wohnt, der mit ihnen fühlt. Unser Deutschland ist kalt wie eine Hundsnase, und ebenso vernünftig. Such mir auf dem Père la Chaise das Grab Börne's, doch etwas eher noch das Grab Carrel's, des großen wahrhaft römisch edlen Redakteurs des National. Auch das ehemalige St. Simonistenhaupt den 30jährigen Michel Chevalier musst Du besuchen, er wird Dich zu George Sand führen, wie er mir's versprochen hat, um mit ihr eine Pfeife zu rauchen. Rauche sie, guter Junge, und schike Asche davon Deinem Freunde in einem Briefe zu. Ich will sie auf meine Brust legen. (*BV* 140–141)

Diese erste Reise kam nicht zustande. Börne bleibt aber auch für Hartmann ein zeitgenössisches Modell literarischen Märtyrertums ("ich habe in die literarische Küche geguckt und Ekel bekommen wie ein Küchenjunge; in der politischen Apotheke finde ich auch mehr Arsenik und Bella Donna und Mercur und Kantariden als Manna und Honig. — Vielleicht aber können wir es besser machen, verzweifeln wollen wir nicht, lieber sterben an einem bitter edlen Groll, wie Börne", Hartmann an Meißner, 5. Mai 1844, *BV* 238), ein Vorbild dafür, "den Zorn ästhetisch zu machen" (Landesmann an Hartmann, 8. Juli 1844, *BV* 252). Heines *Neue Gedichte* bestätigen oder verstärken sogar diese Parteinahme. Die als Martyrium der Zeit gedeutete Geisteskrankheit Lenaus ist ein zusätzliches Moment der Abneigung gegenüber der als Frivolität empfundenen Haltung Heines:

Mehr Spaß als Freiligrath aber eben so wenig Freude machten mir Heine's neue Gedichte, die Nichtdenkenden mag es kitzeln über Dinge lästern zu hören, die ihnen unbequem sind, ohne daß sie sie selbst mit eigenen Gedanken angreifen können; für uns die wir über alle deutschen Dummheiten von der verderblichen Auffassung des Christenthums bis zum Hofrath Rousseau im Reinen sind, verliert der Spott viel von seiner Spitze und der Jugend, die nie von der Hoffnung laßen wird, muß grauen vor Heine's thränen- und schmerzloser Resignation. Wie ganz anders Lenau, der Unglückliche! dessen Herz wahrhaft groß genug ist, alle Schmerzen der Welt zu empfinden. Du weißt von der neuen Katastrophe, deren Jammer noch dazu kommen mußte, mir mein jetziges Leben zu verfinstern; wie er in Stuttgart auf die Gaße sprang und rief: In die Freiheit will ich! und wie man ihn seitdem natürlich für wahnsinnig hält. Aber mehr Herz und Edelsinn ist in den Gedanken des wahnsinnigen Lenau als in Heine's vernünftigen Witzen und eh ich Gedichte schriebe, wie diese, ich wählte lieber Lenau's Wahnsinn. Ihr draußen! warum seit [sic! H.L.] Ihr so glimpflich mit Heine dem Schuft, der Schwein genug ist, sich im stinkendsten Schlamm Deutschlands lachend und behaglich herumzuwälzen! Ihr solltet mit Knuten gegen ihn schreiben, die in Essig getaucht sind. — Schreibe einen Artikel: Heine und Lenau, setze den Kontrast grell auseinander, Du bist es Lenau schuldig. Du kannst das beßer und leichter als ich. (Landesmann an Hartmann, 31.10.1844, *BV* 272–273)

Als Hartmanns Reise dann zustande kommt, mahnt ihn Landesmann, an Börnes Grab über die deutsche Geschichte zu weinen (*BV* 400, 19.3.1846) und bittet sich ein "Blatt vom Kranz für Börnes Grab" aus (*BV* 412, 9.8.1846).

Heine wäre von solcher Idolatrie und Grab-Pilgerei wohl nicht gerührt gewesen (stellt man die Passage über Börnes Grab im Börne-Buch in Rechnung, B 7, 128), und auch die andern von Hartmann berichteten Höhepunkte seines Parisaufenthalts mögen ihn wenig beeindruckt haben: der Besuch Hartmanns bei Béranger, zusammen mit Venedey, und der Besuch bei Joseph Dessauer, mit dem er ebenfalls befreundet war, und wo er "einen zwirnenen Halbhand-schuh George Sands, in dem sie einen ihrer Romane geschrieben, mit Inbrunst an die Lippen gedrückt" hatte (Wittner 1, 157). Für Heine roch dies nach "Wanze", oder "Wanzerich", und dies erklärt sowohl das mißglückte Wiedersehen von 1850 wie die Diktion, mit der er später über Hartmann redete.

Sieht man von den biographischen Quisquilien ab, so hätte es auch Motive für Heine geben können, Hartmann positiv gegenüber-zustehen, und zwar sowohl politische als auch literarische. Sie lassen sich aus eben dem Brief Heines an Laube herleiten, in dem er (im Herbst 1850) Hartmann verspottete.

Heine hat dort nämlich auch geschrieben:

ich begreife wie Du die Helden Deiner ehemaligen Parthei — (Du hast vielleicht vergessen, daß Du zur revolutionairen Parthei gehört hast und als ein Koryphäe derselben genug erduldet hast) — wie Du hohle Liberale [sic! H.L.], strohköpfige Republikaner und den schlechten Schweif einer großen Idee, mit Deinem prickelnden, durchhechelnden Talente lächerlich machen konntest — leichtes Spiel hattest Du jedenfalls, da Du diese Personen nur getreu abzukonterfeien brauchtest, und die Natur Dir hier zuvorgekommen, indem sie Dir die Karrikaturen bereits fix und fertig vorgeführt, an die Feder geliefert — Du hast kopflose Menschen guillotiniert. Aber ich begreife nicht, wie Du mit einer stoischen Beharrlichkeit der Lobpreiser jener Schlechtern und noch Mittelmäßigeren sein konntest, jener Heroen, die kaum werth sind, ihren geschmähten Gegnern die Schuhriemen zu lösen, und die sich resumiren in dem Edlen von Gagern, diesen Achilles, dessen Homer Du geworden bist. Du hast ihn so lieblich geschildert, daß wenn ich Pederast wäre, dieser Mann mein Mann werden müßte, und ich ihm ebenfalls den Pelyten[sic!]-Steiß küssen würde. Wie schade, daß seine Mutter Thetis ihn nicht bei den Fersen, sondern bei dem Kopf faßte, als sie ihn in den Styx tauchte, so daß der Kopf, der verletzliche schwächste Theil des Edlen wurde. Doch kein Wort mehr — auch werde ich gestört in diesem Augenblicke, — genug ich habe Dir meine Meinung gesagt, unbekümmert um welchen Preis. (HSA 23, 54)

In der Einschätzung Gagerns waren sich Heine und Hartmann sehr nahe. In der *Reimchronik des Pfaffen Mauritius*, einem versifizierten, teils satirischen, teils pathetischen Bericht Moritz Hartmanns über das erste deutsche Parlament und die Revolution in Wien, der ab Jänner 1849 in Frankfurt verfaßt wurde und in einzelnen Lieferungen ausgegeben wurde (angeblich wurden bis zu 30.000 Exemplare verkauft, vgl. Wittner 1, 401), kam Heinrich von Gagern so vor:

> Der "Gagern" heißt das erste Schiff.
> Es fährt mit starker Blähung und Spannung —
> Am Hintern das Bild vom kühnen Griff,
> Doch vorne fehlt noch die Bemannung.[5]

Hartmann hat damit auf die Flottenmetapher Heines ("Unsere Marine") von 1844 zurückgegriffen, eine Satire auf Freiligraths "Flottenträume" und verwandte politische Poesie. Heine hat sich dazu nicht geäußert, doch mag die politisch inhaltliche Übereinstimmung überlagert worden sein durch eine neue Rücksichtnahme auf Freiligrath.[6] Den berühmten "kühnen Griff" Gagerns, der die Einrichtung einer provisorischen Zentralgewalt und die Ernennung Erzherzog Johanns von Österreich zum "unverantwortlichen Reichsverweser" zur Folge hatte, als eine rückwärtsgewandte Entscheidung zu verstehen, als Griff nach hinten, sozusagen, lag auch auf der Linie Heines. Laube hingegen war völlig anderer Ansicht, und seine pathetische Inszenierung der Auftritte von Gagern machen Heines Spott und grobe Unterstellung verständlich.

Jetzt stand die Schlacht auf der Höhe. Wenn jetzt noch ein nachdrücklicher Angriff ... durch einen neuen Führer erfolgte, dann konnte der Sieg errungen werden, ein Sieg für Deutschland, der Sieg der Reform über die Revolution. Der Führer erschien, und es zeigte sich sogleich, daß es der Anführer sei. Eine hohe kräftige Gestalt, eine männliche Stimme, eine mächtige Gebärde, ein großes deutsches Auge im strengen und doch wohltuenden Antlitze, ein Mann, Heinrich von Gagern.[7]

Der erste Band von Laubes Parlamentsbericht schließt pathetisch mit Gagerns entscheidender Rede vom "kühnen Griff":

Das Wort Goethes "dieser Mann ist eine Natur!" erschien mit Gagern und leuchtete um sein Haupt, als er gegen zwei Uhr mit seinen langen Schritten hinaufstieg, und den vollen Eintritt des Schweigens abwartete, welches sich über die Versammlung lagerte. Und nun begann er mit seinen tiefen Gaumentönen und mit der ihm eigentümlichen Art, welche darin besteht, daß der ganze sittliche Mensch sich auszudrücken sucht in Worten. Wobei die Worte und die sich darbietenden Wendungen immer nur als Hilfsmittel erscheinen zur Enthüllung der Seele. (Laube, *Parlament*, 36, 261)

Das Resultat dieses kühnen Griffs ist der "unverantwortliche Reichsverweser" Erzherzog Johann, als "Hans ohne Land" aus Heines *Gedichten 1853 und 1854* bekannt, und mit ihm eröffnet Laube sein Zweites Buch über das deutsche Parlament, in ganz wohlwollend verklärender, außerhalb der Steiermark sonst unerhörter Darstellung des Habsburgers.

Bei so unterschiedlicher Einschätzung der hauptsächlichen Vorgänge im ersten deutschen Parlament verwundert es auch nicht, daß die wechselseitige Einschätzung von Laube und Hartmann gegensätzlich ist.

> Das ist der Laube dort, der Deutsche!
> ...
> Bei Gott, er ist der Schlechtsten einer!
> Einst hat er oder jetzt gelogen,
> Und, die ihn sandten, hat, wie Keiner
> Der andern Boten, er betrogen.
> ...
> Er ward aus einem Volksvertreter,
> Wie viele, ach! — ein Volksverräther.

So heißt es in der *Reimchronik* Hartmanns (*GW* II, 89). Laube hat sich, so kann man vermuten, auf zweierlei Weise gerächt: zum einen, daß er Moritz Hartmann in seinem Bericht mit keiner Zeile erwähnt.

Das ist kein Zufall, noch hat es zu tun mit Hartmanns relativ unbedeutender Rolle als Parlamentarier. Es gibt aber eine Szene und eine Funktion, in der er hätte vorkommen müssen, und das ist die Entsendung der Frankfurter Delegation mit Robert Blum und Julius Fröbel nach Wien zu den Oktoberkämpfen. Selbst wenn man das Outrierte in der Darstellung der Fanny Lewald abzieht, so bleibt in ihrem Bericht doch der Eindruck bestehen, daß diese Aktion öffentliches Aufsehen erregte.

Heute [17.10.1848, H.L.] Morgens waren wir abermals in der Paulskirche, wo Moritz Hartmann uns Lebewohl sagte. Er ist so ein jugendfroher, frischer Mensch, daß man ihn in dieser blasirten Zeit doppelt lieb gewinnt, in der so wenig Menschen jung geboren werden und so viele Jünglinge ganz altbärtig sind. Hartmann geht mit Robert Blum und Julius Fröbel nach Wien. ... Es lag etwas in der Scene, das mich an die Apostelzeit erinnerte, als diese drei so fort zogen, für ihren heiligen Glauben zu kämpfen und zu leiden mit den Glaubensbrüdern.

Robert Blum ist fraglos einer der häßlichsten Menschen, die ich je gesehen habe.[8]

Laube hat auch diese Delegation insgesamt anders gesehen. Blums Motivation wird bei ihm widersprüchlich dargestellt: als Flucht nach vorn, in die Revolution, in aussichtsloser parlamentarischer Lage an einer Stelle ("Dies war in seinem Charakter ein Entschluß der Verzweiflung", Laube, *Parlament*, 37, 49); als ungewollte Delegierung an einer anderen: "Die Reise zur Revolutionsschlacht nach Wien war nicht Blums Wahl gewesen" (Laube, *Parlament*, 38, 120). Insgesamt zielt Laubes sehr aufwendig und auch nach anderen (wiewohl ihm nahegelegenen) Quellen gearbeitete Darstellung auf Entheroisierung des Kleinbürgerhelden Blum, mit einer Mischung aus Unterstellungen, kleineren Denunziationen des Charakters und Verhaltens von Blum und einer weitgehenden Exkulpation der Wiener Behörden, auch des Militärs, das Blum standrechtlich oder widerrechtlich erschossen hatte.

Die Debatten am Ende des Jahres 1848 waren denn auch bestimmt von dem Streit um eine Totenfeier für Blum, die von der Linken (besonders auch Raveaux und Venedey) gefordert wurde, insgesamt aber vom Parlament abgelehnt wurde, wohl auch, um die österreichischen Behörden nicht zu provozieren. Laube sieht aus dieser Niederlage der Linken eine Art Terror zu Beginn 1849 entstehen. Die Stimmung gegen Österreich habe sich verschlechtert, und:

Zweitens erhöhte diese Blumsche Angelegenheit die gereizte Stimmung gegen die Mehrheit des Parlamentes. ... an und für sich erbitterte sie bis zu tödlichem Grimme gegen solch ein Parlament, welches nicht einmal den gewaltsamen Tod eines populären Mitgliedes feiern ließ. Blum war so recht der pathetische Vertreter des Kleinbürgers, welcher in diesem politischen Kanzelredner seine politische Religion vertreten sah. Die spekulativen Revolutionsmänner legten schon lange keinen Wert mehr auf ihn, auf diesen Halben Vorsichtgen, Gedankenarmen, wie sie ihn nannten; aber sie fanden es natürlich sehr gelegen, die Veranlassung auszubeuten, welche er jetzt darbot als toter, auch vom Parlament gemißhandelter Mann, die Veranlassung zu Haß und Rache. Es wurde verhetzt Tag und Nacht. Das Ende des Jahres 48, der Anfang des Jahres 49 sind der Höhepunkt persönlichen Grolls, durstiger, ingrimmiger Feindschaft in Frankfurt von seiten der Demokratie gegen das Parlament. Der blinde Parteigrimm braucht auch ein feindliches Haupt, auf welches er zielen könne. Und Gagern wurde immer wieder dazu auserwählt; ... Ging doch die rohe Presse so weit, ihm gerade die Rächer Blums auf den Hals zu hetzen. (Laube, *Parlament*, 38, 136)

Der nichtgenannte Hartmann ist für alle mit der publizistischen Situation des Revolutionsjahres Vertrauten implizit anwesend, für Laube ist Hartmanns Schrift ein Teil des Terrors der Linken gegen die von ihm, Laube, favorisierte Gagern-Partei. Was Laube in seinem Buch vermieden hat: seinen ihn verspottenden Gegner Hartmann zu nennen, hat er nun, Ende 1850, hinter Heine sich versteckend, getan.

Die politische Kontroverse zwischen Laube und Heine um das Frankfurter Parlament ist hart, aber nicht wirklich gehaltvoll. Heine war wohl auch körperlich nicht in der Lage, die Debatte weiterzuführen.[9] Laube bagatellisiert Heines politischen Standpunkt, spricht ihm die Übersicht ab und bemüht die alten moralischen Schemata:

Wärst Du gesund, so hätte ich über Dein Urtheil gelacht wie über eine Deiner sonstigen kaustischen Aeusserungen, denen es um die Sache gar nicht zu thun ist sondern um den augenblicklichen Effekt einer dialektischen Wendung. Aber Du bist schwer krank und hast, wie Du standhaft sagst, den Tod stündlich vor Dir. Du sprichst ferner zu einem Freunde, von dem Du weißt: er wird Dir anhängen auch wenn Du Unrecht thust, Du sprichst zu einer Zeit, wo die revolutionaire Politik auch in dem Lande, welches ihr vollen Lauf gelassen zur Bethätigung, einen empörenden Bankerott der Intelligenz erlitten — unter solchen Umständen mußte uns solche kritische Orgie einen peinlichen Eindruck machen. Der Sinn ist albern, die Form ist gemacht, das Ganze macht den Eindruck einer unfruchtbaren Hurerei mit den Fragen des Staats und des Vaterlands. — Revolutionair und nur revolutionair zu sein um jeden Preis ist eines Studenten Loosung, und mag ein Bedürfniß sein für poetische Velleität, die eben immer nur unklar wollen mag die aber keine Fähigkeit hat zu irgend einer Composition. — Brauchst Du das zu Deiner kritischen Tröstung, weil Dir die Composition versagt ist, so begnüge Dich doch damit, daß Deine Freunde Dich deshalb nicht schelten, ja daß sie zu beweisen suchen: es müsse poetisirende Talente geben, die nirgends haften dürfen, damit der Reiz des Ferneren und des Wechsels stets anregend wirke auf die zur Trägheit geneigte Welt. Aber begnüge Dich damit, und taste nicht an concrete Lagen des Vaterlandes, welche gebieterisch den Versuch einer Composition heischen, und denen gegenüber witzige Wendungen Seifenblasen für Kinder sind. Forcire Dich nicht, Männer wie Gagern zu verspotten, während Dein Gewissen, will sagen Dein Verstand Dir zuflüstert: Diese Gagern und Consorten haben etwas von sittlicher Kraft und von Bereitwilligkeit des Opfers was Dir im leichtsinnigen Bedürfnisse des banalen Ruhms längst verloren gegangen ist. Nenne sie doch getrost bornirt: das ist Dir eine Genugthuung, und uns ein willkommener Vorwurf. Man kann nicht handeln ohne sich zu borniren, und Du magst ganz in der Stille überzeugt sein: wir haben im bornirtesten Augenblicke recht gut gewußt, "was der Geist der Beliebigkeit, will sagen der Witz dazu sagen könne und werde." Es sind nicht alle Menschen so eitel, deshalb das Nöthige zu unterlassen. (10.11.1850, HSA 26, 267–268)

Die Schematisierungen von Realpolitiker vs. Utopist und, im Hintergrund, die Opposition von Talent und Charakter bestimmen Laubes Antwort.

Gustav Heine, um die Geschäfte seines Bruders Heinrich besorgt, die auch Laube betreute (es ging in den Briefen immer auch um das Tanzpoem Der Doktor Faust, das Laube auf deutschen Bühnen unterbringen sollte), schließt die Kontroverse ab: "Auch in Berlin hat Laube nichts machen können und läßt Dir sagen, daß er noch immer Dein alter treuer Freund ist und auch bleiben wird. Daß jetzt seine Gesinnung anders ist, daran ist ganz allein seine jetzige Stellung schuld. Er meint es wirklich gut mit Dir" (25.11.1850, HSA 26, 270).

Historisch interessanter ist die nicht oder nur einseitig ausgetragene Kontroverse zwischen Hartmann und Laube. Auch hier ist, zu besserem Verständnis, noch einmal ein Stück weiter zurückzugehen, wenngleich wir damit Heine für kurze Zeit aus den Augen verlieren. Es geschieht aber um der österreichischen Geschichte, auch der österreichischen Literaturgeschichte wegen.

Nach einer anfänglichen juvenil-altklugen Skepsis von Hartmann und Meißner gegenüber den "Modernen" wie Laube (BV 5) war Laube (neben Kuranda und den Grenzboten) mit den Publikationsmöglichkeiten in der Zeitung für die elegante Welt ein Karrierehelfer ersten Ranges für die jüngere Generation österreichischer Autoren.

Am 22. Dezember 1844 schreibt Hartmann aus seinem Leipziger Exil: "In Laubes und Kühnes Haus bin ich intimer Hausfreund" (*BV* 304). Zwischen Landesmann und Laube kommt es allerdings später zu einem Bruch wegen einer Sache, in der auch Hartmann sensibel war. Landesmann berichtet darüber an Hartmann am 1. Juni 1847 aus Berlin. In einem Artikel in der Zeitschrift *Europa* mit dem Titel "Heinrich Laube als Messias der Juden" polemisiert Landesmann gegen Laubes Einleitung zur Buchausgabe des *Struensee*. Laube hatte dort im Zuge einer Polemik gegen Giacomo Meyerbeer geschrieben:

Ein fremdes Element dringt in neuerer Zeit überall in unsere Bahnen, auch in die der Literatur. Dies ist das jüdische Element. Ich nenne es mit Betonung ein fremdes; denn die Juden sind eine von uns total verschiedene orientalische Nation heute noch, wie sie es vor zweitausend Jahren waren. Ich gehöre keineswegs zu den Gegnern einer Judenemanzipation, im Gegenteil, ich dringe auf eine möglichst radikale; ich finde es fehlerhaft, der Emanzipation nicht alle ersinnlichen Wege zu öffnen. Denn als Mitmenschen haben die Juden alle Ansprüche auf menschliche, will sagen bürgerliche Rechte, und was uns an ihnen stört, ist eben das Fremde, welches nur durch gründliche Einheimsung der Juden unter uns verwandelt werden kann. Das Nichtemanzipieren beläßt sie fortwährend in einem Zustande der Belagerung, und der Belagerte bleibt Feind und verteidigt sich instinktmäßig mit allen möglichen Waffen, also auch in diesem Falle besonders mit den von ihm natürlichsten einer uns wildfremden Nationalität. So erhalten wir gerade das lebendig in den Juden, was uns gründlich zuwider ist; alle die innerlichsten Lebensmaximen, die uns hundertfach und schreiend widerstreben, werden durch unsre halbe Abwehr aufrecht erhalten im Charakter der Juden. Entweder wir müssen Barbaren sein und die Juden bis auf den letzten Mann austreiben, oder wir müssen sie uns einverleiben.[10]

Das Judentum "schiebt sich", nach Laube, "zudringlich in die deutsche literarische Welt"; jüdische Maximen sollten deshalb öffentlich nachgewiesen werden, "da der Überdrang des jüdischen Moments bedenklich wird für unsere nationalen Eigenschaften" (Laube, *Struensee* 131). Besonders in Berlin zeige sich diese Entwicklung: "Hier konnte sich also das brillante Judentum, welches der Natur der Sache nach in seinen besten Leistungen einen organisch deutschen Charakter nicht haben kann, ... am freiesten entwickeln" (ebd.). Laube verlangt dagegen Ritterlichkeit und Zartsinn in der literarischen Konkurrenz statt des Einsatzes unliterarischer Mittel.

Ein Schriftsteller habe "dies uns widerstrebende Moment bereits gänzlich in sich überwunden": Berthold Auerbach. "Er ist ein redendes Zeugnis, daß sich der hingebende Jude unter uns gründlich deutsch nationalisieren kann. Freilich wird dies nicht leicht im oberflächlichen Getriebe des großstädtischen Lebens geschehen können. Auerbach hat auch die Lösung der schweren Aufgabe nicht in der Lumperei des Kaffeehaus- und Börsentreibens, sondern in der keuschen Einsamkeit des Landlebens gefunden" (S. 132).

Landesmann bringt dazu frech, aber nicht ohne Berechtigung, in Erinnerung:

Dem fremden Element, das sich in die Bahnen der Literatur drängte, selbst wenn es ein jüdisches wäre, verdankt doch Herr Laube seine ganze literarische Existenz! Waren die Erzväter des auserwählten Volkes der Literaten von 1830 nicht Juden? War Börne nicht ein Jude? Zeugte Heine nicht den Laube? Entsprangen aus den Lenden der Reisebilder nicht die Reisenovellen? Hat doch Menzel sogar den Laube selbst für einen Juden gehalten! ... Es wäre grausam, Herrn Laube aus dem Umstande, daß er kein Poet ist, einen bittern Vorwurf zu machen. Es ist dies ein Naturfehler, der durch manche künstliche Behelfe wohl verdeckt, aber nie gänzlich aufgehoben werden kann. Allein wenn Herr Laube mit einer gewissen Anmaßung selbst über die Grenzen tritt, die seinem beschränkten Talente von Natur aus gesetzt sind, erwirbt man sich nur ein Verdienst um ihn und seine Fortbildung, wenn man ihn sachte in die ihm gebührenden Schranken zurückweiset.[11]

In den Berichten seines Parisaufenthaltes aus dem selben Jahr 1847 wiederholt Laube dennoch seine antijüdischen Vorwürfe und hebt die französische Integrationspolitik gegenüber der deutschen hervor.[12] Ständiger Begleiter und Führer durch Paris war ihm übrigens zu dieser Zeit Alfred Meißner, er hatte ihn zuvor brieflich an Heine empfohlen.

Moritz Hartmann hat sich nie direkt zu Laubes Judenfeindschaft geäußert, das Judentum war ihm aber als Identitätsproblem dauernd präsent, als Thema seiner Gedichte genauso wie als Anlaß politischer Erregung, etwa nach dem pogromartigen Maschinensturm in Prag 1844 (BV 255–256). In der Reimchronik läßt Hartmann einen "armen Juden" ins Heerlager Kossuths kommen und — wie Zigeuner, Husaren und studentische deutsche Legionäre — seinen Beitrag zur Sache der Freiheit abliefern (vgl. GW II, 119–122); in seinem fragmentarischen Versepos Donna Juana, das er bald nach Frankfurt in der Schweiz begonnen hat und das auf den nachrevolutionären Antisemitismus reagiert, heißt es:

Einst war die Welt voll Jesuitenriecher,
Heut gibt es Judenriecher allerwegen.
Servile, Demagogen, Wühler, Kriecher,
Ein jeder sucht dem Juden beizulegen,
Was ihn geniert. Und daß nun siech und siecher
Die ganze Welt — wer soll die Schuld denn hegen?
Dummheit der Völker? Schlechtigkeit der Kronen?
O nein! Der Prügelknabe der Nationen!

(Wittner 2, 46)

Er mustert auch die Reihen der Frankfurter Parlamentarier und kommt dann zu dem ironisch formulierten Schluß:

Was bleibt uns dann, wenn Deutschlands Eichen brechen?
Sehr wenig ist's! — Ich sag's mit Trauer, ach!
Christlich-Germanisch ist nur Auerbach. (ebd.)

Das mag im Hintergrund für Hartmann eine Rolle gespielt haben, es war aber nicht der Hauptpunkt der politischen Differenzen zu Laube. Diese waren in einem engeren Sinn tagespolitischer Natur und hingen mit Hartmanns Slawisierungsängsten zusammen. Was im Rückblick moralisch differenzierbar erscheint: Angst vor und Gegnerschaft zum Antisemitismus der Epoche einerseits, Teutonismus und Slawenphobie anderseits, war ein Amalgam von Erfahrungen und Gefühlen, wie es die Situation der deutschen Prager Juden in besonderem Maße ausprägte.[13]

Hartmann hatte, den hussitischen Themen seiner Gedichte folgend, 1848 die Utopie einer Aussöhnung zwischen Tschechen und Deutschen, freilich unter deutscher Führung und mit Beteiligung am Frankfurter Parlament, gepredigt. Die Revolution führte aber zu einer scharfen Trennung der Interessen, zu Frantißek Palackys Absage an Frankfurt zugunsten der austroslawischen Idee und des Zusammenhalts der Habsburgermonarchie. Dieses Konzept fügte sich gut zu der von Heinrich von Gagern später forcierten "kleindeutschen" Lösung mit preußischer Spitze, in welcher der verbündete Habsburgerstaat die Rolle eines Vermittlers ("Kultur nach Osten") übernehmen sollte. Moritz Hartmann hingegen ließ sich vom Wahlkreis Leitmeritz für Frankfurt wählen (vgl. Wittner 1, 190ff.).

Gagerns Programm war für ihn Verrat an der deutschen Kultur Böhmens und Österreichs:

Der Gagern ist ein Staatsmann, ein weiser,
Er schwärmt für einen märkischen Kaiser,

Und um seinem lieben Wilhelm von Preußen
Die Krone Karls des Großen zu kaufen,
Läßt er mit Schätzen die Donau laufen
Ins Haus dem Kaiser aller Reußen,
Verkauft er neun Millionen Deutsche
Der slavischen Peitsche. (*GW* II, 5–6)

Durch den Krieg der Österreicher gegen Kossuth, bei dem sie die Hilfe Rußlands beanspruchten, fühlte sich Hartmann in dem Verdacht bestätigt, die Habsburgermonarchie diene weniger dazu, Kultur nach Osten, als vielmehr dazu, die sprichwörtliche "russische Knute" nach Westen zu tragen: "Bist du zufrieden, edler Gagern, / Mit den Kultur-nach-Osten-Tragern?" (*GW* II, 27), heißt es spöttisch unter Hinweis auf die gegenrevolutionäre österreichisch-russische Militärallianz in Ungarn.

Im Gefolge dieses Gagern wird auch Laube identifiziert. Laube war im preußischen Wahlkreis Rothenburg-Hoyerwerde nur als Ersatzkandidat gewählt worden, hatte sich aber anläßlich eines Kuraufenthalts in Karlsbad im Juli 1848 für die Nachwahl im benachbarten Ort Elnbogen beworben und wurde wegen großdeutscher Gesinnung und kämpferischer Haltung gegen den "Tschechismus" auch gewählt (vgl. Laube, *Parlament*, 36, 11). Ab Ende Juli 1848 war Laube in Frankfurt, blieb dort bis März 1849 und legte, nachdem er zunehmend in Widerspruch zu seinen Wählern geriet, sein Mandat am 27. März 1849, dem Tag vor der Wahl Friedrich Wilhelms IV. zum deutschen Kaiser, zurück. Eben dieses Verhalten wirft ihm Hartmann vor:

Das ist der Laube dort, der Deutsche!
Einst fraß er täglich hundert Slaven,
Jetzt will er aber deutsche Sklaven
Verkaufen ihrer Knut' und Peitsche.
Ja, die vertrauend ihn gesandt,
Daß man es sag im deutschen Land,
Wie warm die deutschen Herzen schlagen
Tief in den schönen Fichtelbergen,
Er gibt sie preis dem Czechenschergen,
Um sich bei Gagern zu behagen. (*GW* II, 89)

In einem hat sich Hartmann allerdings getäuscht: in den Karrierechancen, die er aus diesem Opportunismus erwartete:

Laube, dem gerührt und weich
Das böhmisch-deutsche Wort versagte,
Als man über Deutschlands Theilung tagte,

(Vielleicht um Gagern nicht zu ergrimmen), —
Der wird in der neuen Kaiserburg
Entweder des Reiches Dramaturg,
Oder er wird des Kaisers Schneider
Und erfindet urdeutsche Kleider —
Oder er geht unter die Diplomaten —
Es geht jetzt so schlecht den Literaten,
Viel besser geht's den Apostaten,
Die im Jungen Deutschland so gut gerathen.

(*GW* II, 28–29)

Laube wurde Theaterdirektor, des Reiches Dramaturg also, aber nicht in Berlin, wo es weder für Gagern noch für seine Anhänger etwas zu holen (oder zu bringen) gab, sondern — in Wien, am Burgtheater.

Literarischer Nach-Vollzug: *Der Sohn des Atta Troll* und die *Reimchronik des Pfaffen Mauritius*

Die vorangegangene Erörterung ist zu einem großen Teil biographisch oder historisch-politisch. Das hat seinen guten Grund: um literarische Innovationen geht es in Hartmanns *Reimchronik* nicht.[14] Es findet keine Revolution der Literatur statt, die mit der politischen synchronisiert wäre, und wenn, dann nur im Negativen. Den dürftigen politischen Ergebnissen entsprechen dürftige literarische. Die Autoren, Hartmann wie Meißner, machen allerdings, was die literarische Form betrifft, den Reprisencharakter ihrer versifizierten Kommentare zur Revolution klar kenntlich, es sind bewußte Applikationen bestehender Modelle auf den politischen Anlaß. Das ist nicht an und für sich bedenklich, aber hier wird die gebrauchte Form auf einen Gegenstand gewendet, der auch substantiell nicht trägt. Die ironisch oder satirisch behandelten Frankfurter Parlamentarier sind, Gagern inkludiert, so sang- und klanglos im weiteren historischen Verlauf verschwunden, daß die Polemik gegen sie ins Leere gesprochen ist. Alfred Meißner ist mit seinem Versepos *Der Sohn des Atta Troll. Ein Wintermärchen*[15] Heine sehr eng gefolgt. Er läßt den Dichter selber auftreten, Versifikation und Textanspielungen huldigen dem Meister, der Kommentar zu einzelnen Abschnitten der Revolution bis hin zum Angebot der Kaiserwürde und der blamablen Abfuhr in Berlin (Caput XVIII und XIX) ist nicht ohne Witz. Gagern tritt auf als Bärenführer "Deutscher Größe, deutscher Würde", mit einer Stimme wie eine Trommel,

"Wo das Hohle mit dem Leeren / Sich so angenehm verbindet" (Caput VII, 33). Erzherzog Johann wird weidlich verspottet, die Wiener Oktoberkämpfer werden gepriesen, Habsburg als "der große deutsche Büttel" denunziert, "der des Volks Vertreter eben [d.i. in Kremsier, H.L.] / Auseinander jagen ließ." (Caput XV, 72). Heine selbst hat sich zu dieser Form nachgetragener Verehrung seines Werks in der nachrevolutionären Ironisierung des Politischen nicht geäußert. Meißner hat vielleicht gehofft, ihm einen Dienst in der Kontroverse gegen Venedey zu tun, dessen Rolle in den Vorgängen von 1848 Heine unangemessen schien.[16] Die zentrale Figur Meißners ist verwässert zu einem "Michel Troll", hinter dem Jakob Venedey erst erklärend restituiert werden muß, der satirische Angriff auf ihn ist zu harmlos und zu wenig deutlich, um den Sinn der Fabel zu tragen ("Mann der Mitte, Michel Troll. / Wie er dasitzt scheint an seinem / Breiten, souveränen Hintern / Revolutionär mir eine, / Legitim die and're Hälfte!", Caput VI, 31). "Kobes I." von Heine traf härter und genauer, ist als Personalsatire infamer, und dies ist, läßt man moralische Bedenken einmal beiseite, das Wesentliche. In der Fehde gegen Venedey hat Meißner Heine allenfalls einen Bärendienst getan.

Moritz Hartmanns *Reimchronik* ist vielfältiger im Ton, sie setzt heroisch-pathetisch ein, mit dem Caput I über die Wiener Märtyrer.

> Dich kennt die Welt — mein Robert Blum!
> Dein Nam' ist ein Palladium,
> Um das sich alle Freien sammeln
> Und Worte der Verehrung stammeln.
> Ein schöner Tod wirft Schimmer der Verklärung
> Zurück bis auf die Wiege von der Bahre,
> Durch Männer-, Jünglings- und durch Kinderjahre —
> Er ist des Glücks erhabenste Gewährung.
>
> Und wer vom Glück bestimmt ist, schön zu sterben,
> Vor dem einher gleich einer Feuerwolke
> Geht die Bestimmung, ihn vor allem Volke
> Zu zeichnen, der dem herrlichen Verderben
> Vom Glück und von sich selber hingegeben —
> Und jede groß' und kleine That im Leben
> In Farben der Unsterblichkeit zu färben. (*GW* II, 21)

Das war bestenfalls gut gemeint, um vom Parlament eine Leichenfeier für Blum zu erwirken, es ist aber nicht gut gereimt. Robert Blum eignete sich nicht für eine solche Heroisierung, und seine, Hartmanns, eigene dadurch zu betreiben, war auch aussichtslos, weil er nie plausibel erklären wollte (und es auch vielleicht auch nicht konnte), wie er selbst und Julius Fröbel der Hinrichtung in Wien entkamen.

"Gesamtstaat Oestreich und Deutschlands Einheit, / Beides ist möglich mit etwas Feinheit" (*GW* II, 58), das war Hartmanns poetisch-politische Utopie, an den Subtilitäten der Verfassungsdebatte hat er als Parlamentarier wenig Anteil genommen. Die Reduktion in der parlamentarischen Öffentlichkeit konnte durch Satire und Ironie kompensiert werden, das Pathos ausgelagert auf die ferneren Gegenstände: die Erinnerung an den Wiener Oktober und, später dann, die Aufmunterung der ungarischen Aufständischen im Caput "Eljen Kossuth". In der Satire, besonders also im Caput III, dem "Traumbuch für Michel" bedient sich Hartmann bis in Einzelheiten Heinescher Mittel.[17] Im dritten Traumgesicht "Vom Kirchhof" spaltet er das kommentierende "Ich" in zwei Figuren, möglicherweise in Anspielung auf den vermummten Gast, der im Caput VI des Heineschen *Wintermärchens* zu Köln umgeht (als "Tat zu deinen Gedanken", B 7, 592), freilich in ganz anderer Funktion. Das "alter Ego" (zugleich ein altes, zum "Männlein mit greisem Haar", *GW* II, 72, gewordenes "Ego"), ebenfalls im Mönchstalare, begleitet ihn auf diesem "deutschen Père la Chaise" (*GW* II, 86), beide sind — im Traum — ernannt zu "Reichsepitaphen-Fabrikanten" (*GW* II, 73). Die Sprechrolle geht vom jungen Pathetiker auf den alten Satiriker über:

> Ich bin das Stück von dir, das, gealtert,
> Vor Gram in die Kutte versteckte sich —
> Nicht jener Knab, der von Liebe gepsaltert.
>
> Ich bin das Stück von dir, das den Haß
> Gepredigt aus allzugroßer Liebe,
> Das Stück von dir, das mit schmerzlichem Spaß
> Die häßlichen Reime der Chronik geschrieben.
> (*GW* II, 73)

Die noch lebenden, nur im Traum (oder, wie Hartmann andeutet, in der Politik) toten Paulskirchenparlamentarier geben mit Selbstdarstellungen den Stoff für die Epitaphe. Die Satire bleibt aber in der Sache zu kleinteilig, die Figuren sind aus der historischen Distanz zu insignifikant, als daß der Effekt verfangen könnte. Ad hoc, als Satire auf die bei gleichzeitig laufenden Debatten Redenden und

Handelnden, als Stegreif-Reimerei, mochte dies seinen Sinn haben, so wie die Karikatur in Flugblatt und Presse auch, aber damit erschöpft sich die Wirkung.

Die guten pathetischen Wünsche, die Hartmann dem ungarischen Aufstand überschickte, sind das juvenil regredierende Gegenstück zur ironisch-satirischen Vergreisung. "Es lebt ein Volk im Osten", heißt es da, "... Gott geb ihm einen vollen Sieg / Franz Joseph zahl die Kosten!" (*GW* II, 104); sie sollten nicht in Erfüllung gehen. Dem Staate Österreich mit seinem jungen Kaiser wird ein baldiges Ende prophezeit ("Ich weiß, ein Reich zerstiebt, daß es zerstieben muß, / Wenn auf dem morschen Thron sitzt ein Augustulus", *GW* II, 110); auch hier irrte der Prophet; und als er den ungarischen Feldherrn Görgey lobte ("Görgey, der prächtige Held", *GW* II, 124), hat er sich wohl auch nicht träumen lassen, daß dieser Görgey sein unheroisches Ausgedinge in Klagenfurt absitzen würde. Stärker bleibt auch hier die Negation, etwa die Darstellung der unmittelbaren Nachmärzzeit, also des Jahres 1849, in Wien.

> Schwarzgelb war die Luft und dick zum Ersticken,
> Ich war gewiß im gefallenen Wien,
> Es sah mich an mit traurigen Blicken.
>
> ...
>
> Die Straßenecken waren beklebt
> Mit standrechtlichen Lügenberichten,
> Und durch die Zeitungen, neu belebt,
> Kroch wanzig die Schaar von servilen Gedichten.
>
> (*GW* II, 92)

Ein Großteil der Textmasse wird allerdings, gerade in der Detailliertheit und in der Unmittelbarkeit der poetischen Zuwendung, von der Geschichte überholt. Daß er frühzeitig das "Finis Austriae" ausgerufen hat (*GW* II, 68), verdankt sich dieser unmittelbaren, kurzsichtigen Anschauung: im bösen Traum wird für ihn im Nachmärz "mit blutigem Leim / Ein morscher Kerker gekittet" (*GW* II, 63–64), die Zuversicht gilt dem Zerfall der Habsburgermonarchie:

> Und mag Radetzky mit seinen Kroaten
> Noch einige Zeit die Mailänder quälen
> Und von der Güte des Kaisers erzählen,
> Mag man die Russen rufen ins Land —
> Ich ruf es zu dem Unverstand,
> Die That heißt Finis Austriae! — (*GW* II, 68)

Das Caput V der ganz offenbar auf Fortsetzung geplanten, aber nicht weiter realisierten *Reimchronik* ist ein matter Abgesang mit einem letzten Angriff, diesmal auf Karl Beck, den Dichterkollegen aus dem Vormärz, der nach dem Fall Kossuths zum Monarchisten wurde. Auch das Gesamtkonzept hat eine entscheidende Schwäche: die Figur des "Pfaffen Mauritius" als des Hauptsprechers sowohl der satirisch-ironischen wie der pathetischen Verse, ist zweifelhaft. Hartmann wurde sogar in einem entsprechenden Habit abgebildet. Vielleicht ist es der Versuch, den messianischen Habitus, den Hartmann im Vormärz so häufig und so pathetisch eingesetzt hatte, nachträglich zu ironisieren. Schon zuvor hatte er die Maske und das Kostüm eines Klerikers angetan, im "Diarium eines Mönchs" (*GW* I, 140ff.), auch dort nicht mit besonderem Glück, die Gedichtsammlung hat den Charakter einer unverbindlichen Etüde.

Die Revolution von 1848 hat der Verwendung der seit 1830 entwickelten Modelle literarisch-politischen Ausdrucks eine Grenze gesetzt. Sie hat die Utopie des literarisch-politischen Volkstribunentums beendet; die Politik hatte ihr eigenes Expertentum begründet, wenn auch für diesmal mehr schlecht als recht die Professoren und Rechtsgelehrten im Frankfurter Parlament den (lähmenden) Ton angaben. Eine Literatur, die vorbereitend oder flankierend zur Politikerrolle dienen sollte und aus diesen Gründen glaubte, ihre Autonomie und kreative Originalität zurückstellen zu können, saß nach der Revolution zwischen den Stühlen. Aus dieser Erfahrung und aus der Erfahrung eines langen Exils war Hartmann offenbar klug geworden: die prosaische Variante, die Hartmann 1861 in den *Bruchstücken revolutionärer Erinnerungen* (*GW* X, 1–94) nachschickte, ist wesentlich bescheidener, sie begnügt sich mit der Darstellung des unmittelbar Erfahrenen, kann nun besser und auch selbstironisch die reduzierte Rolle in den Geschehnissen verarbeiten und verzichtet realistischerweise auf weiterreichende Hypothesen.

Es ist, als hätte Heinrich Heine selbst—ästhetisch reduziert, aber bildlich prägnant—diese Entwicklungen vorweggenommen. Einmal in jener Szene aus dem Schlußwort der *Englischen Fragmente*, die als Parabel auf das Verhältnis von Literatur und Staat in Zeiten der Krise oder Revolution gelten kann. Dem Souverän, der aber das Volk ist (nicht der alte Kaiser), nimmt der Narr Kunz von der Rosen, der aber der Schriftsteller ist, die Angst vor dem ambivalenten Phänomen der Revolution:

"... die Nacht ist vorüber, und draußen glüht das Morgenrot."

"Kunz von der Rosen, mein Narr, du irrst dich, ein blankes Beil hältst du vielleicht für die Sonne, und das Morgenrot ist nichts als Blut."

"Nein, mein Kaiser, es ist die Sonne, obgleich sie im Westen hervorsteigt — seit sechstausend Jahren sah man sie immer aufgehen im Osten, da wird es wohl Zeit, daß sie mal eine Veründrung vornehme in ihrem Lauf". (B 3, 604)

So ähnlich hatte Hartmann den Tschechen gepredigt, Mitte der Vierzigerjahre, und die künftige, erhoffte Revolution von ihrem Vorschein als kosmisches Ereignis gedeutet, den zweideutigen Schein der Revolution, das Morgenrot, von Westen kommen sehen:

> Gen Westen kehre dein Gesicht,
> Die Freiheitssonne kommt aus Westen;
> Siehst du das junge Morgenlicht
> Wie Rosen über Kron' und Ästen? (GW I, 67)

Was sich für Heine allerdings schnell erledigt hatte, zuerst nach der Euphorie der "großen Woche in Paris" (B 3, 603), dann nach der Aufwallung der politischen Poesie, die mit dem *Atta Troll* und dem *Wintermärchen* beantwortet wurde, das sollte sich bei seinen Nachahmern länger hinziehen: es brauchte die Revolution von 1848, daß sie ihre "temporelle Bärenhaut" (Heine in der Vorrede zum *Atta Troll*, B 7, 495), das poetische Kostüm der Tendenzbären ablegten, und von der Idee der universalen Revolution waren die Ereignisse von 1848 weiter entfernt denn je. Auch vom Risiko einer solchen Anteilnahme, ihrem transitorischen Charakter, dem zweifelhaften Lohn und von der Restituierung der Poesie in den Zeiten der überwundenen Krise oder erreichten Freiheit hat jener Kunz von der Rosen gewußt, und daß Bescheidenheit in diesen Dingen angebracht sei:

"Kunz von der Rosen, mein Narr, wenn ich wieder frei werde, was willst du dann anfangen?"

"Ich will mir dann neue Schellen an meine Mütze nähen."

"Und wie soll ich deine Treue belohnen?"

"Ach, lieber Herr, laßt mich nicht umbringen". (B 3, 604)

Die Revision der revolutionären Euphorie, das Einbekennen des farcenhaften Wiederholungscharakters, geschieht bei Hartmann — wie wir gesehen haben — mit Hilfe Heines, mit gewollten und gezielten Kontrafakturen zum *Atta Troll* und zum *Wintermärchen*, es geschieht also mit den alten Schellen an der neuen, postrevolutionären

Mütze, und es geschieht ohne jenes Maß an Selbstreflexion der
Poesie, welches dort geleistet wird. Ironie und Satire, so nachgetragen,
nachträglich zur Bearbeitung der politischen Niederlagen
angewendet, bleibt notwendig partiell und beschränkt, parteiisch. Das
ist nicht gänzlich ohne Verdienst, nämlich im Sinne des politischen
"Charakters", der die Risken der Kurzsichtigkeit und des Irrtums
trägt; das poetische Talent konnte nichts mehr dabei gewinnen, was
nicht Heine schon vorgetrommelt hätte.

Der Donquixotismus der Poesie in der Zeit bestand auch darin,
wie Heine 1837 (beziehungsvollerweise "geschrieben zu Paris im
Carneval") wußte, "daß es eine eben so undankbare Tollheit ist, wenn
man die Zukunft allzu frühzeitig in die Gegenwart einführen will und
bei solchem Ankampf gegen die schweren Interessen des Tages nur
einen sehr mageren Klepper, eine sehr morsche Rüstung und einen
eben so gebrechlichen Körper besitzt! ... auch über diesen
Donquixotismus schüttelt der Weise sein vernünftiges Haupt. — Aber
Dulcinea von Toboso ist dennoch das schönste Weib der Welt"
(B 7, 154).

Wer wollte dem, auch in der politischen Ausdeutung jener hohen
Frauenfigur als Allegorie der Freiheit, widersprechen?

Anmerkungen

1. Heinrich Heine, *Säkularausgabe*, hrsg. Nationale Forschungs- und Gedenkstätten
   der klassischen deutschen Literatur und Centre National de la Recherche
   Scientifique in Paris, 27 Bde. (Berlin: Akademie-Verlag, Paris: Editions du
   CNRS, 1970ff.), Bd. 23, S. 56 (= HSA 23, 56); zu Hartmanns Reaktion siehe
   Briefe von Moritz Hartmann, hrsg. Rudolf Wolkan (Wien/Berlin/Leipzig/
   München: Rikola, 1921), S. 42f.
2. Vgl. Heinrich Heine, *Sämtliche Schriften*, hrsg. Klaus Briegleb u. a., 12 Bde.
   (München/Wien: Ullstein, 1981), Bd. 10, S. 859 (= B 10, 859) und Otto
   Wittner, *Moritz Hartmanns Leben und Werke. Ein Beitrag zur politischen und
   literarischen Geschichte Deutschlands im XIX. Jahrhundert*, 2 Bde. (Prag: J. G.
   Calvesche k. u. k. Hof- u. Universitätsbuchhandlung, 1906–1907), Bd. 2, S. 101
   (= Wittner 2, 101).
3. *Briefe aus dem Vormärz*. Eine Sammlung aus dem Nachlaß Moritz Hartmanns,
   hrsg. von Otto Wittner (Prag: J. G. Calvesche k. u. k. Hof- und Universitätsbuchhandlung, 1911); Quellenangabe dazu künftig abgekürzt *BV* mit Seitenzahl
   im Text.
4. Vgl. *Heinrich Heines Werk im Urteil seiner Zeitgenossen*, hrsg. von Eberhard Galley
   und Alfred Estermann (Hamburg: Hoffmann und Campe, 1981ff.), Bd. 6.
   Rezensionen und Notizen zu Heines Werken aus den Jahren Juli 1840 bis
   Dezember 1841 (Hamburg, 1992).

5. *Moritz Hartmanns gesammelte Werke*, hrsg. Ludwig Bamberger, 10 Bde. (Stuttgart: Cotta, 1874), Bd. 2, 4S. 6 (= *GW* II, 46); auch in der Beurteilung Friedrich von Raumers schloß sich Hartmann an Heine an. "Den Heine vermied ich aus alter Bekanntschaft", sagt Raumer bei Hartmann, *GW* II, 80–81, und spielt damit auf die Invektiven Heines gegen Raumer seit den *Französischen Zuständen* an, vgl. B 5, 96f., die im Börne-Buch, B 7, 64ff., im *Atta Troll*, Caput V, B 7, 508, und in *Deutschland. Ein Wintermärchen*, Caput XI, B 7, 601f., aufgefrischt worden waren.

6. Vgl. B 8, 977. Klaus Briegleb vermutet: "H. hätte ... 1848/49, als das militärische Machtstaatdenken der deutschen Nationalliberalen sich endgültig offenlegte, allen Grund gehabt, seine Parodie aus der Verborgenheit hervorzuholen: er tat es nicht, um Freiligrath nicht zu kränken." Die Publikation des Gedichts "Unsere Marine" in der *Kölnischen Zeitung*, 8.11.1845, konnte Hartmann wohl bekannt sein. Seit Sommer 1845 bemühte er sich um eine Redakteursstelle in diesem Organ, und im Herbst berichtet er von der Lektüre des Blattes unter den Exilanten: "es hat sich auch in diesem Winter wie im vorigen eine ganze Kolonie deutscher Schriftsteller niedergelassen ... Da sollten Sie sehen, wie man auf fremder Erde Patriot wird. Da sollten Sie einmal das Schauspiel mitgenießen, wenn Abends um halb sieben Uhr die Kölnische ankommt, wie zehn starke deutsche Arme zugleich nach ihr greifen und wie sie in Gefahr kommt, zerrissen zu werden, wie das deutsche Vaterland. ... Ja, hätten wir die Kölnische nicht hier, es wäre uns, als wären die Schiffe hinter uns verbrannt" (Wittner 1, 143–144).

7. Heinrich Laube, *Das erste deutsche Parlament*. In: *Heinrich Laubes gesammelte Werke*, hrsg. H. H. Houben, 50 Bde. (Leipzig: Max Hesses Verlag, 1909), Bd. 36–38, Zitat Bd. 36, S. 57–58 (= Laube, *Parlament*, 36, 57–58).

8. Fanny Lewald, *Erinnerungen aus dem Jahre 1848*, 2 Bde. (Braunschweig: Friedr. Vieweg u. Sohn, 1850), Bd. 2, S. 284–285.

9. An Gustav Heine in Wien schreibt er am 15.11.1850: "um die Schmerzen zu betäuben, nehme ich beständig Zuflucht zum Opium, auch mein Kopf ist daher sehr dumpfig, und Du begreifst daher, wie sauer mir jede schriftliche Kommunikation ankommt" (61); und weiter über sein Verhältnis zu Laube: "ich gestand ihm unumwunden, daß ich nur diesen pekuniären Vortheil im Auge habe, daß ich dessen bedürfe. Hierauf antwortete er mir das Erfreulichste, doch seit 8 Monat erwarte ich nähere Nachricht. Da es eben nicht meine Gewohnheit ist, von Freunden für meine Privatinteressen eine besondere Dienstfertigkeit in Anspruch zu nehmen, so verstimmte mich sehr diese Verzögerung; doch ich hätte noch ruhig gewartet, wär' nicht ein besonderer Grund hinzugekommen, der mich vor 6 Wochen dazu veranlaßte, an Laube wiederum zu schreiben. Ich hatte nämlich vor geraumer Zeit sein Buch über das deutsche Parlament gelesen, worin er nicht blos gegen Manches, was mir lieb und theuer, die malitiöseste Perfidie begeht, sondern auch Menschen und Sachen, die mir die verhasstesten in dieser Welt sind, bis zur servilsten Adoration lobpreist und verherrlicht. Dieser Abfall von unsern frühern gemeinschaftlichen Lebensrichtungen, dieser Verrath an der Sache der Vernunft und der Wahrheit, wurmte mich so unablässig, daß ich mich nothgedrungen fühlte, ihm darüber meine offne Meinung zu sagen, und ich that es gewiß, ohne zu bedenken, ob ich auch einen Freund dadurch verliere. ... Ich weiß nicht, ob Du mit ihm in Berührung stehst, obgleich ich vor 8 Monaten ihm Grüße für Dich schrieb, und ihn zugleich darauf aufmerksam machte, daß das Geschwätz über ein Zerwürfniß zwischen uns beiden ohne das

geringste Fundament und nur böswillige Lüge sei. Du bist nun au fait meines Verhältnisses zu Laube, wir sind vielleicht Freunde nur noch in der Form, nichtsdestoweniger habe ich soviel als möglich gesucht, die wahren Gründe meiner Unzufriedenheit, die politischen nicht allzuherbe hervortreten, und dagegen blos den momentanen, persönlichen Unmuth hervorleuchten zu lassen" (HSA 23, 63–64).

10. Heinrich Laube, *Einleitung des Verfassers zu Struensee*. H.L.s gesammelte Werke, Bd. 24 (Dramen II), S. 123–145, Zitat 130.

11. Hieronymus Lorm, "Heinrich Laube als Messias der Juden", *Europa* 28 (1847), zit. n. *BV* 525.

12. "Wo der Jude emanzipiert ist, da wird er auch nationalisiert. Warum zögert man bei uns mit einer so notwendigen Maßregel, welche durch Humanität und Klugheit gleichmäßig geboten wird?! Die Franzosen sind übrigens nicht so unkundig über die Verschiedenheit der Menschenrasse, welche zwischen einem morgenländischen Stamme und abendländischen Völkern herrscht, sie sind sich der Konsequenzen solch einer Verschiedenheit vielfach bewußt, wenn auch in ihren Zeitungen nicht leicht die Rede davon ist. Mündlich sprechen sie sich wohl darüber aus. Aber sie sind in diesem Betrachte immerdar höflich und humaner als wir." In: Heinrich Laube, *Paris 1847*. H.L.s gesammelte Werke, Bd. 35, S. 7–154, Zitat 126–127.

13. Vgl. Hubert Lengauer, *Ästhetik und liberale Opposition. Zur Rollenproblematik des Schriftstellers in der österreichischen Literatur um 1848* (Wien/Graz/Köln: Böhlau, 1989), S. 114–116.

14. Dennoch setzte Hartmann große Hoffnungen auf das Werk und versuchte, das englische Publikum und besonders Carlyle damit zu beeindrucken. Vgl. *Briefe von Moritz Hartmann*, hrsg. Rudolf Wolkan (Wien/Berlin/Leipzig/München: Rikola, 1921), S. 35 und 37 (Briefe an Amalie Bölte vom 1.5. und 2.11.1849).

15. (Leipzig: Friedrich Ludwig Herbig, 1850); Seitenangaben im Text.

16. Vgl. den Brief vom 12.4.1848 an Alfred Meißner in Prag: " ... damit Sie mich nicht für einen lauen Freund halten. Meine Gefühle bei dem Umschwung, den ich unter meinen Augen vor sich gehen sah, können Sie sich leicht vorstellen. Sie wissen, daß ich kein Republikaner war, und werden nicht erstaunt sein, daß ich noch keiner geworden. Was die Welt jetzt treibt und hofft, ist meinem Herzen völlig fremd, ich beuge mich vor dem Schicksal, weil ich zu schwach bin, ihm die Stirn zu bieten, aber ich mag ihm den Saum seines Kleides nicht küssen, um keinen nackteren Ausdruck zu gebrauchen ... Daß ich einen Augenblick furchtbar bewegt wurde, daß es mir kalt über den Rücken und die Arme hinauf wie stechende Nadel lief, das wird sie nicht verwundern. Nun, es ist vorüber gegangen. Auch war es sehr lästig, als ich rings um mich lauter alte Römergesichter sah, das Pathos an der Tagesordnung war, und Venedey ein Held des Tages. Gerne wollte ich aus dem mich beängstigenden Getümmel des öffentlichen Lebens wegflüchten, in den unvergänglichen Frühling der Poesie und der unvergänglichen Dinge, wenn ich nur besser gehen könnte und nicht so krank wäre. Aber meine Gebresten, die ich allenthalben mitschleppen muß, erdrücken mich schier" (HSA 22, 271), und den Brief Alfred Meißners aus Prag, 6.1.1850, betreffend "ein kleines Heft", das er längere Zeit davor übersandt hatte: "ich meine den kleinen Schwank der "Sohn des Atta Troll"; er ist von mir, und verherrlicht, wie Sie sogleich erraten haben werden den herrlichen Dulder

Jacob Venedey. Auch Sie waren ein Feind jener phrasengewaltigen Bidermänner, jener schwarzrothgoldenen Chetrusker deren herrliches Prototyp Venedey ist, sie sprechen oft vom Venedeyismus, als einer deutschen Krankheit. Ich erlaubte mir in ihm einen Sohn der edlen Mumma zu sehn und ihn als Führer einer großen Parthei darzustellen, wie er es gewissermaßen auch gewesen. Mögen Sie das Büchlein mit Nachsicht lesen, wohl steht es unmeßlich weit hinter ihrem wunderbaren Geiste zurük; aber seine polemische Wirkung wird es nicht verfehlen. ... nun, wie es auch, nehmen sie es, als einen Tribut meiner Verehrung" (HSA 26, 243–244).

17. Hartmann reimt z. B. — im Zusammenhang mit dem österreichischen Dichter Zedlitz und so die Rückkehr der servilen österreichischen Biedermeierdichtung mit Heine kommentierend — "hofpoetisch" auf "Theetisch": "Der Zedlitz fing wieder zu schreiben an / und fühlte sich wieder so hofpoetisch / Wie damals, als er als vierzehnter Mann / Beim Metternich durfte sitzen am Theetisch", *GW* II, 92.

6

❖

Grillparzer und Heine

Hans Höller (Salzburg)

I

Über "Grillparzer und Heine" im Rahmen des Themas "Heine und die Weltliteratur" zu sprechen, ist nicht selbstverständlich. Ferdinand Kürnbergers Resümee beim 80. Geburtstag des Dichters, 1871—"Er wurde nur *Oesterreichs* Grillparzer"[1]—hat sich in der mehr als hundertjährigen Grillparzer-Rezeption hartnäckig gehalten, gestützt von Karl Kraus' Wort vom "Taferlschulklassiker", der vergeblich versucht habe, "den Himmel Griechenlands über dem Wienerwald zu wölben".[2] Die konservative Grillparzer-Apologie stellt dazu gewissermaßen die affirmative Kehrseite dar, indem sie die *österreichische* Geltung Grillparzers zur Österreich-Ideologie ausbaute.

Selbstverständlich also assoziiert man mit dem Werk des österreichischen Dramatikers weder weltweite Geltung noch die besondere Dialektik von österreichischer Besonderheit und welthistorischer Bedeutung. Was umso merkwürdiger ist, als Grillparzers Dramen, wie man mit einem Satz aus Christa Wolfs "Kassandra"-Vorlesungen sagen könnte, an den "Kreuz- und Wendepunkten" spielen, "an denen die Menschheit, will sagen: die europäische und nordamerikanische Menschheit, Erfinder und Träger der technischen Zivilisation, andere Entscheidungen hätte treffen können, deren Verlauf nicht selbstzerstörerisch gewesen wäre".[3] Grillparzers dramatisches Interesse galt dem epochalen Übergang zwischen Matriarchat und Patriarchat, dem historischen Prozeß also, in dem die "Frau, einst Ausführende", als Dichterin, Seherin, Priesterin "entweder ausgeschlossen oder zum Objekt geworden" ist.[4] *Sappho*, *Medea*, *Libussa* oder das "Kassandra"- und "Drahomira"-Projekt stellen Erinnerungen an ein Frauen- und Menschenbild dar, das sich nicht in den Rahmen des Bürgerhauses des 19. Jahrhunderts fügt—ähnlich, um zum Thema zu kommen, wie die Erinnerungen an die griechischen Götter im Werk Heines Palimpseste auf dem Untergrund einer Zivilisation darstellen, die auf Verdrängung beruht und zur Krankheitsgeschichte geworden ist.[5]

Das Rahmenthema—"Heine und die Weltliteratur"—verstehe ich als Herausforderung, durch die historische und ästhetische Konstellation mit dem Werk Heines auf einige Aspekte der weltliterarischen Bedeutung von Grillparzers Werk aufmerksam zu machen. Die dabei naheliegende Frage, wie es rezeptionsgeschichtlich dazu kam, daß Heine aus dem Bewußtsein der Grillparzerforschung selbst weitgehend verdrängt wurde, kann ich hier nicht erörtern. Zum Teil überschneidet sich der österreichische Teil dieser Geschichte mit der Verdrängung Heines in Deutschland.

II

Im Sommer 1836, nach dem Tod von Joseph Schreyvogel, notiert Franz Grillparzer in sein Tagebuch, daß seit Schreyvogels Tod "niemand in Wien" sei, mit dem er "über Kunstgegenstände sprechen möchte"—"ja auch in Deutschland wäre niemand, der mir anstände, höchstens etwa Heine, wenn er nicht innerlich ein lumpiger Patron wäre".[6]

Der real nicht geführte Dialog, sieht man von der damals wenige Monate zurückliegenden kurzen Begegnung Grillparzers mit Heine am 27. April 1836 in Paris ab,[7] sollte hier als imaginärer Dialog wenigstens auf der Ebene eines Werks des Dramatikers der österreichischen "Kunstperiode" rekonstruiert—oder vielmehr erst konstruiert werden.

Auf den ersten Blick scheinen kaum Voraussetzungen für einen Dialog zwischen dem österreichischen Staatspatrioten, Beamten und habsburgischen Hofburgtheaterdichter mit dem revolutionären jüdisch-deutschen Intellektuellen im Pariser Exil gegeben. Während Heine sich dem neuen Zeitstil verschrieben hat, die verschiedenen literarischen Formen und Gattungen mischt, die Dynamik des sich etablierenden publizistischen Markts als Triebkraft seines Schreibens nutzt, die Erfahrung der Zerrissenheit in einen neuen Assoziationsstil umsetzt und die Journale als "Festungen" des "Ideenkampfes" ausbaut, vertritt Grillparzer noch den älteren Typ des Dichters der "Kunstperiode", für den organologische Modelle und strenge

Gattungstraditionen verpflichtend geblieben sind und dem politischer Aktivismus in der Sphäre des Literarischen zutiefst suspekt ist. Während also Heine die avancierteste Position im "Funktionübergang von Dichtung und Publizistik" (Wolfgang Preisendanz)[8] bezieht, sehnt Grillparzer sich zurück, so jedenfalls in einem berühmt gewordenen epigrammatischen Vers, in die Welt der klassischen Kunstperiode:

> Endlos ist das tolle Treiben,
> Vorwärts, vorwärts schallts durchs Land,
> Ich möcht lieber stehen bleiben
> Da, wo Goethe, Schiller stand. (1844)[9]

Mit diesem Stehenbleiben hätte sich der habsburgische Hoftheaterdichter schlecht an der "Ecke von Cheapside" in London bewährt, für Heine, im 4. Teil der *Reisebilder*, das Weltzentrum der kapitalistischen Gesellschaft und ihrer Beschleunigung unter dem Diktat der Verwertung von Arbeitszeit. Dieser exemplarische Ort der modernen Metropole wird in Heines *Englischen Fragmenten* (1828) auf eine Weise dargestellt, daß dabei die unangemessene Haltung der deutschen Poeten dem "Pulsschlag der Welt" gegenüber geradezu karikaturistisch hervorgekehrt wird.[10]

Und doch: selbst diese offensichtlichen Unterschiede in der Haltung Heines und Grillparzers der kapitalistischen Moderne gegenüber sind weniger eindeutig, als es die plakative Gegenüberstellung suggeriert. Unter den vielen Komponenten von Heines dichterischem Ich findet sich bei ihm auch die Sehnsucht zurück in die klassisch-romantische Kunstperiode, und Grillparzer seinerseits ist bei seinem Londonbesuch nicht, wie es Heine zehn Jahre zuvor den "deutschen Poeten" vorausgesagt hatte, von der modernen Bewegung "fortgeschoben" und "niedergestoßen" worden, sondern hat geistesgegenwärtig und differenziert, beweist das Tagebuch seiner Reise nach Frankreich und England (1836), in London die Signaturen der modernen Welt zu entziffern verstanden—zugegeben, als Österreicher stärker fasziniert vom Schauspiel der bürgerlichen Institutionen des Gerichts und des Theaters. Und so ließe sich bei vielem, was im ersten Moment wie ein unvermittelbarer Gegensatz sich ausnimmt, eine offene Stelle für die Position des anderen entdecken, die Voraussetzung gewesen wäre für jenen von Grillparzer gewünschten und nie zustandegekommenen Dialog. Denn im Widerstand des Ästhetischen gegen die epochale Tendenz zur Entzauberung und

Entfremdung der Welt, gegen die abstrakte Herrschaft der Zwecke und Mittel, wären die entscheidenden Grundlagen für ein Gespräch zwischen dem deutschen Exilanten in Paris und dem österreichischen Hoftheaterdichter in Wien gelegen. Beide hätten sich einig gewußt in der Verteidigung des vielfältigen poetischen Sinns der Welt und des nicht getrennten und arbeitsteilig reduzierten Menschen.

Daß "der Schneider, der bloß schneidert, ein Kleid verfertigt, das die Fellbedeckung des Urmenschen unendlich übertrifft", sei nicht zu leugnen, notiert Grillparzer Anfang der zwanziger Jahre des 19. Jahrhunderts und schließt daran die Frage, "ob aber der Schneider als Mensch in seiner Gesamtbildung durch diese Teilung nicht ebensoviel verliert, als er als Schneider gewinnt, ist noch ein andere Frage". Und kritisch befragt er den "zersplitterten und zersplitternden [Blick] des kritischen Philosophen" nach der arbeitsteiligen Vereinseitigung im Zivilisationsprozeß der Moderne und konfrontiert ihn mit dem "Hervorleuchten des ganzen Menschen" in den "Schriften der Alten".[11] Der vordergründige ästhetische Konservativismus Grillparzers erweist sich an solchen Stellen als Typus einer Fortschrittskritik, die um die Dialektik der Aufklärung weiß und dem poetischen Polytheismus Heines nahesteht.

"Es heißt man will die Instrumentalmusik in den Kirchen verbieten", notiert Grillparzer drei Jahre nach Heines Tod:

Damit ist erstens das Todesurteil über die Musik ausgesprochen, der einzigen geistigen Bestrebung, in der in Östreich noch bis vor kurzem in der Welt einen Rang eingenommen hat. Die ausübenden Musiker werden ihren Unterhalt verlieren; die Dorfschulmeister werden sich nicht mehr mit den Regeln des Satzes und der Begleitung beschäftigen, der katholische Süden wird musikalisch mit dem protestantischen Norden in eine Reihe treten. Ja, aber der Papst ist gegen die Instrumental-Musik in den Kirchen! [...] Warum nicht auch die Bilder? Warum nicht die Pracht in der Ausschmückung der Kirchen, der Gewänder und Aufzüge? Warum nicht so manche fromme Zeremonie, denen von den Andersgläubigen etwas Dramatisches, ja Theatralisches vorgeworfen wird? Entkleidet den Katholizismus nicht seiner Kunstgewänder; der Protestantismus ist nackt.[12]

Aber nicht nur bei dieser Verteidigung von Relikten einer poetischen Welt hätte es zwischen Heine und Grillparzer weitgehende Übereinstimmung gegeben, selbst in der Frage der politischen Revolution wäre Heine bei dem konservativen österreichischen Dichter keineswegs nur auf Unverständnis gestoßen, wenigstens in den Augenblicken nicht, in denen die Verantwortung

für die multinationale Habsburgermonarchie zurücktrat und der
österreichische Dichter sich in ein europäisches Exil hinausträumte.
So lassen sich selbst im politischen Denken Korrespondenzen mit
Heine herstellen, die den habsburgischen Beamtendichter auf der
Höhe des fortschrittlichen Denkens im "Foyer der europäischen
Gesellschaft"[13] zeigen.

III

Grillparzers Tagebucheintragung vom 5. August 1830, als er in seiner
Eintragung auf die Pariser Julirevolution reagierte, zeigt die
österreichische Version der Zerrissenheit: das Auseinanderfallen von
politischem Intellekt und staatspatriotischem Gefühl. Während
Heine, folgt man den in das Börne-Buch einmontierten Briefen aus
Helgoland, bei dem Signal aus Frankreich zu den "gefeiten Waffen"
greift, und, "ganz Schwert und Flamme",[14] in die "Hauptstadt der
Revolution eilt",[15] die für ihn "nicht bloß die Hauptstadt von
Frankreich, sondern der ganzen zivilisierten Welt" ist,[16] drängt sich in
den revolutionären Enthusiasmus des österreichischen Dichters sofort
ein Todeswunsch—die nach innen gekehrte Angst um den drohenden
Zerfall des habsburgischen Vielvölkerstaates: "Ich wollte, ich wäre in
Frankreich und ein Eingeborner, ich wäre eben jetzt in Stimmung,
mich für eine interessante Sache totschießen zu lassen. Obwohl ..."[17]
   Man könnte in dieser vertrackten Verbindung von politischer
Scharfsicht und affektiver Bindung, von illusionslosem Blick für den
Untergang eines nur mehr durch macchiavellistische Herrschafts-
politik zusammengehaltenen Staates und Grillparzers subjektiver Un-
fähigkeit, sich der Attraktion dieser untergehenden Welt zu
entziehen, die entscheidende Differenz zu Heines Position im Paris
der Grande Nation und zu seinem Begriff der deutschen Revolution
sehen. Und doch, selbst hier, bei dieser entscheidenden Differenz
zwischen dem Exilanten in Paris und dem Staatsbeamten in der
Metropole des ancien régime in Wien, wird man auch an Heines
Widersprüchlichkeit erinnert: das Bewußtsein lähmender Stagnation
auf der einen Seite, und, auf der andern, die dichterische Anhänglichkeit ans alte märchenhafte Deutschland. Heines Judentum bringt aber
eine ganz andere Gebrochenheit in sein Verhältnis zum alten
Deutschland der Judengesetze und zum neuen Deutschland der Burschenschaften. Es war nicht zuletzt der "nie abwaschbare Jude",[18] wie
Heine am 8. August 1826 an Moses Moser schrieb, der verhinderte,

daß er in Deutschland beruflich Fuß fassen konnte und daß das
französische Exil bei ihm nicht ein larmoyanter Gedanke, eine
Möglichkeit im Konjunktivus Irrealis der Vergangenheit blieb.

IV

Wären Grillparzer und Heine in ihrem Gespräch "über
Kunstgegenstände"[19] ins Politische abgewichen, dann wahrscheinlich
zu Napoleon. Genauer gesagt, sie hätten nicht einmal von ihren
"Kunstgegenständen" abweichen müssen, denn die Auseinandersetzung mit Napoleon stellte einen der Gravitationspunkte auch ihrer
dichterischen Werke dar. Auf der einen Seite Heines militärische
Dichter-Metaphorik und sein Selbstverständnis als Soldat der
Revolution und Trommler in der großen Armee Napoleons, auf der
andern Seite Grillparzers *König Ottokars Glück und Ende* als Anti-
Napoleon-Stück, begleitet von den kritischen Napoleon-Notaten in
den Tagebüchern. Aber der schematisch vordergründige Gegensatz
läßt sich leicht ins Wanken bringen. Man braucht nicht einmal auf
die Napoleon-kritischen Stellen bei Heine selber zurückgehen,
Grillparzer hätte sich gegen Heines betont Hegelianischen Napoleon-
Kult—"Weltgeist zu Pferd"—auf Heines Geschichtsauffassung
berufen können, die gegen den "Indifferentismus der Historiker und
Poeten", "das zunächst zu verfechtende Menschenrecht, das Recht zu
leben", in den Blick rückte: "Das Leben ist weder Zweck noch
Mittel; das Leben ist ein Recht" ("Verschiedenartige Geschichtsauffassung").[20] Und doch, in der politischen Einschätzung Napoleons
liegen Welten zwischen Grillparzer und Heine: die Welt eines habsburgischen Staatspatrioten und die Welt eines deutschen Juden, den
der Code Napoleon befreit hatte. Der 1791 in Wien geborene
Grillparzer hatte die Revolution vor allem in der Gestalt Napoleons
und der Napoleonischen Kriege vor Augen. Die welthistorisch neue
Herrschaft der Bourgeoisie brach mit Trommeln und Kanonen ins
Habsburgerreich ein, und das militärische Desaster Österreichs
verschränkte sich, so stellt es Grillparzer in der "Selbstbiographie" dar,
mit dem familiären Desaster, da die "gräßlichen Kriegsjahre" den
"Verfall" der "häuslichen Umstände" herbeiführten und dem
josephinisch gesinnten Vater das Herz brachen.[21] Wenn Heine in
Napoleon Aufklärung und Judenbefreiung sehen konnte, bedeutete er
für Grillparzer vor allem den Typus der neu heraufkommenden
instrumentellen Vernunft, die blind ist für die "Nebensachen", das

heißt, die Opfer bei der "Durchführung" der großen politischen "Plane".[22] Grillparzers Dramen lassen sich insgesamt als dichterische Gegenentwürfe zu dieser nichts achtenden strategischen Vernunft verstehen. Mit der dramatischen Aufmerksamkeit für die Opfer des Fortschritts hat Grillparzer den vorwiegend heiteren Sensualismus Heines und dessen glänzenden Napoleon-Kult durch eine dunkle, den Opfern zugewandte Bildersprache kritisch ergänzt. Einen "Finger" verbanden sie, wenn sich das Kind "verletzt die Haut", sagt Ottokar in seinem Schlußmonolog auf dem Schlachtfeld—"Und sahen zu, bis endlich es geheilt. / Und 's war ein Finger nur, die Haut am Finger! / Ich aber hab sie schockweis hingeschleudert / Und starrem Eisen einen Weg gebahnt / In ihren warmen Leib".[23] Neben dieser dunklen Linie des Sensualismus gibt es in *König Ottokars Glück und Ende* aber auch eine Art heiter austriakischer Sinnlichkeit, wie sie aus der Beschwörung der Schönheit des Landes in der berühmten politischen Lobrede des Ottokar von Hornek spricht, wenn die menschlichen Sinne unmittelbar angesprochen werden, das Auge, das Ohr, der Geschmackssinn, als ginge es um einen Staat, der, von Kräutern durchwürzt und von Wein umstanden, von einer Köchin regiert werden könnte.[24]

Grillparzer hat diesem Heine so verwandtschaftlich zugeneigten Sensualismus eines der schönsten poetischen Denkmäler gesetzt, wenn er in seinem Lustspiel einen fränkischen—sagen wir: französischen—Koch zum Dramenhelden machte, und gleichwohl mit dieser leibfreundlichen Profession des Helden ein politisch geistesgegenwärtiges Stück geschaffen hat. Verständlich, daß Heine und Grillparzer in unserem imaginären Dialog über "literarische Gegenstände" hier, bei *Weh dem, der lügt!*, einander am nächsten stehen.

Es hätte von den Plänen und den ersten fertiggestellten Akten zu *Weh dem, der lügt!* am 27. April 1836 die Rede sein können, als Grillparzer in Paris Heinrich Heine in der Cité Bergère No 3 aufsuchte. Später wird er in Wien niemand mehr finden, der für dieses Lustspiel mit seiner jugendlichen Frische und der an Heine erin- nernden karnevalesken Komik Sinn und Verstand aufbringen würde. Der große Mißerfolg von *Weh dem, der lügt!* am 6. März 1838 trieb Grillparzer in der literarischen Öffentlichkeit Wiens, jedenfalls was die Aufführung neuer Stücke betraf, ins Verstummen.

V

Grillparzer hat, ganz in sensualistischer Diktion, zunächst den Geschmack des aristokratischen Wiener Hofburgtheaterpublikums für den Mißerfolg des Lustspiels vom plebejischen Küchenjungen und Kochkünstler Leon verantwortlich gemacht. "Die Geier in Schönbrunn sollen mit ihrem Wärter sehr unzufrieden sein, weil er ihnen frisches Fleisch gegeben hat, indem doch Aas ihre Lieblings-speise ist. Sie sagen, und zwar mit Recht, er hätte sich nach ihrem Geschmacke richten sollen!"[25] Schönbrunn, das meinte in diesem zwei Tage nach der Premiere ins Tagebuch notierten Epigramm den Tiergarten und das kaiserliche Schloß mit der aristokratischen Hofgesellschaft in Wien, wo der Oberstküchenmeister zugleich der Hofburgtheaterdirektor war. Das Lustspiel vom Plebejer, der die tölpelhaften germanischen Adeligen überlistet und einen verstockten fränkischen Aristokraten aus ihren Händen befreit, mußte in der aristokratisch geprägten Wiener Hoftheaterkultur und in der Restauration nach dem Wiener Kongreß vor allem als Ständesatire wirken. Aber diese antiständische Bedeutungsschicht war dem Autor weit weniger wichtig als die jungendliche Anmut der Sprache[26] und die republikanische Jugendlichkeit des Stücks. Überhaupt habe der vierte Akt "etwas jugendliches (!)"—"auf das ich Werth lege", schrieb Grillparzer an den Hofschauspieler Karl Albrecht Fichtner: "Es ist wie eine Republik von Kindern."[27]

VI

Die ersten Exzerpte aus der frühmittelalterlichen *Historia Francorum* erfolgten in der Zeit der Arbeit am *Ottokar*. Wenn Grillparzer nach dem Wiener Kongreß über geschichtliches Handeln nachdachte, dann war Napoleon im Spiel. Wäre das Lustspiel Anfang der zwan-ziger Jahre vollendet worden, könnte man wahrscheinlich hinter Leon den wagemutigen Korsen erkennen, der "frischer, gleichsam besser gewaschen" wirkte, weil er "drei oder vier Jahrzehnte weiter" war als das alte Europa.[28] Aber Grillparzer ließ sich Zeit für die entschei-dende Weiterarbeit an dem Stoff aus der *Historia Francorum*, er ahnte, daß die Zeit "diesseits" und "jenseits" des Rheins für ihn arbeitete. Er ließ die französische Julirevolution von 1830 vorbeigehen, war damals, wie erwähnt, in der "Stimmung", sich für die revolutionäre Sache "totschießen zu lassen".[29] Im Jahr des Verbots des "Jungen

Deutschland", 1835, entstehen die beiden ersten Akte des Lustspiels. Es sind die Teile des Dramas, in denen Leons Witz und gradlinige Frechheit am ungebrochensten zur Darstellung kommen. Am Beginn des folgenden Jahres, Januar 1836, kommentiert Grillparzer die Verbote der Jungdeutschen Literatur. Der "jungen Schule", die von der restaurativen deutschen Kritik als französisch und frivol abgetan wurde, gestand er wenigstens "eine wenn auch täppische Gradheit" zu, die an Leon denken läßt: "Sie macht sich keine Illusionen. Sie ist frech, weil das Zeitalter frech ist [...] sie sagt, was sie denkt, indes man in Deutschland häufig nichts denkt bei dem, was man sagt".[30] Bald darauf erfolgte der Besuch bei Heine, der durch die Verfügung des Bundestagsbeschlusses gegen das "Junge Deutschland" von der Heiligen Allianz geächtet war.

Ein Jahr nach Grillparzers Rückkehr aus Frankreich hatte die Geschichte ihren Teil für den Dramenstoff beigetragen, und die Niederschrift des Lustspiels vom fränkischen Küchenjungen und Kochkünstler Leon konnte abgeschlossen werden. Ein Stück Welt-literatur allein durch die historische und philosophische Welthaltigkeit des Textes. Der österreichische Dramatiker brachte hier seinen poetischen Begriff von republikanischer Jugendlichkeit auf die Bühne und seine dialektische Sicht der vielen widersprüchlichen Aspekte vom "diesseits" und "jenseits" des Rheins, von Sensualismus und Spiritualismus, vom tätigen und betrachtenden Leben und der Wahrheit als Frage der Praxis—und doch wieder nicht nur der Praxis, von der Emanzipation der Frau aus der väterlichen Gewalt und von der Emanzipation des Mannes aus der patriarchalischen und kolonialistischen Überheblichkeit, vom Essen und der Kochkunst, von der Negation des Gelds und der Utopie der Aufhebung der Zwecke und Mittel, von einem zivilisatorischen Fortschritt ohne Krieg und der lächerlich gewordenen altdeutschen Gewaltgeschichte.

VII

Der erste und fünfte Aufzug spielen auf fränkischer Seite, das heißt im Stück: in der Welt einer kultivierten christlichen Zivilisation, die der Bischof Gregor verkörpert. So treu Grillparzer hier auch der Stoffvorlage folgte, die augenzwinkernde Verkehrung zeitgenössischer Realitäten dürfte ihm nicht entgangen sein: der fränkische Hort des Christentums im Lustspiel stellt eine Anspielung auf das säkulare Frankreich dar, in dem eben, in der Julirevolution von 1830, die neue

"Religion" der Freiheit verkündet wurde,[31] während die heidnischen "alten Deutschen"[32] im Stück satirisch sowohl gegen das Mittelalterbild der Romantik als auch gegen das Germanen-Idol der Burschenschaften gemünzt sind. Die drei mittleren Akte spielen, aus der fränkischen Perspektive, die das Lustspiel vorgibt, im barbarischen "Jenseits" des Rheins, vor allem auf dem Hof des germanischen Stammeshäuptlings und Grafen Kattwald, der den fränkischen Adelssproß Atalus als Geisel gefangenhält. Aus dem Adel des Rheinlands stammte, nebenbei bemerkt, der österreichische Staatskanzler Metternich, der zum Inbegriff der Restauration nach den Napoleonischen Kriegen geworden war.

Das Stück geht aber bei der Darstellung der beiden Weltgegenden "diesseits" und "jenseits" des Rheins nicht im starren Gegensatz von Zivilisation und Barbarei auf. Leons fränkische Überheblichkeit— "Hier nährt man sich, der Franke nur kann essen" (V. 488)—, sein kolonialistisches und patriarchalisches Selbstbewußtsein, wird von Edrita, der Tochter des germanischen Stammeshäuptlings Kattwald, in Frage gestellt. "Armseliger", nennt sie ihn, wenn er seinen Hohn über die kulturelle Zurückgebliebenheit des barbarischen Grafensitzes ausschüttet (V. 661ff.). Mehr noch als das verpflichtende Leitbild des Bischofs Gregor ist es Edrita, die Barbarin, die Leon zur Einsicht in seine Vermessenheit und seine trügerisch selbstbetrügerische Auslegung des Warnspruchs—*Weh dem, der lügt!*—bringt. Sie, die er zu bilden sich anmaßt, bringt erst seinen wirklichen Bildungsweg voran, indem sie ihm seine Wahrhaftigkeit als instrumentelle List der Vernunft vor Augen führt—

> Er ist der Mann des Rechts, des trocknen, dürren
> Das eben nur den Gegner nicht betrügt.
> Allein durch ungekünstelt künstliches Benehmen
> Vertraun erregen, Wünsche wecken, denen
> Sein wahres Wort dann polternd widerspricht,
> Das mag er wohl und führt es tapfer aus. (V. 1229ff.)

In *Weh dem, der lügt!* hat Grillparzer die Tragödie, die sonst von diesem Heldentypus verschuldet wird, abzuwenden gewußt, indem er Leons Fähigkeit zu Einsicht und Entwicklung in den Vordergrund spielte. Das antitragische Bildungsprogramm einer friedlichen sensualistischen Veränderung hatte Leon mit seiner französischen Kochkunst im Germanenland begonnen. Am Schluß des Lustspiels eröffnet sich dann auch eine spirituelle Perspektive, wenn Edrita, selber "in die friedliche Gemeine" aufgenommen, die freiwillige Christianisierung des väterlichen Stamms als Ausbreitung des Guten über die fränkischen Grenzen hinaus antizipiert—"So pflanzt sich fort des Guten schwacher Same / Und künftig Heil entsprießet für mein Volk" (V. 1754ff.), ein Bildungsprogramm, das sich nicht nur auf der Höhe des geschichtlichen Augenblicks von 1838 befand, als Grillparzer im zeitgenössichen Verhältnis von Frankreich und Deutschland seine Hoffnung auf die friedliche Ausbreitung der französischen Zustände auf die deutschen Verhältnisse setzte: "Wenn ich meine Hoffnung der Freiheit auf Frankreich gründe", schrieb Grillparzer 1841 in sein Tagebuch, "so ist es nicht, daß ich wünsche, letzteres möge die teure Gabe ihren Nachbarn mit dem Schwerte aufdringen, sondern ich hoffe, die Freiheit werde durch ihre Ausbildung in jenem tonangebenden Lande nach und nach so in Sitte und Gewohnheit des Zeitalters übergehen, daß man endlich einen Absolutisten auslachen werde wie einen, der einen roten Rock trägt oder eine Weste mit langen Schößen. Wenigstens Deutschland kann auf keine andere Art dazu kommen, Deutschland, wo die Kräftigen ohne Geist und die Geistigen ohne Kraft sind."[33]

Politischen Weitblick wird man dem österreichischen Dichter nicht absprechen können, denkt man an die weitere Geschichte des Verhältnisses von Deutschland und Frankreich, die nicht dem Weg der Bühnenhandlung, von der "Bestialität" zur "Humanität", folgte,[34] sondern dem von "Eisen und Blut" (Bismarck).

Grillparzers *Weh dem, der lügt!* enthält mit Leons "pacifiker Mission" (Heinrich Heine)[35] im Germanenland die Idee einer Emanzipation von der blutigen Gewaltgeschichte. Das alte heroische Ideal, wie es auf dem germanischen Grafenhof zuhause ist, sollte, so die Hoffnung im Stück, so lächerlich werden wie ein Absolutist in einem roten Rock. Die satirische Zeichnung der "alten Deutschen" zielt in diese Richtung: das Gewalttätige in der Sprache Kattwalds, das ständige Drohn mit Spießen, Schlachten, Schlagen[36] wird der Lächerlichkeit preisgegeben, während Grillparzer in Leon "der helfenden, heilenden, erlösenden, aufbauenden Tätigkeit" das "Hohelied singt".[37] "Das Christentum—und das ist sein schönstes Verdienst—", heißt es in Heinrich Heines Schrift *Zur Geschichte der Religion und Philosophie in Deutschland*, "hat jene brutale germanische Kampflust einigermaßen besänftigt, konnte sie jedoch nicht zerstören, und wenn einst der zähmende Talisman, das Kreuz, zerbricht, dann rasselt wieder empor die Wildheit der alten Kämpfer, die unsinnige Berserkerwut".[38]

Das letzte Bild am Schluß des vierten Akts, bevor der Vorhang fällt, zeigt Kattwald am germanischen Ufer des Rheins:

> KATTWALD (*an seinem ausgestreckten Arm die Stellen bezeichnend*)
> Die Hand, den Arm in ihrem Blute baden. (V. 1566)
> (*Der Vorhang fällt*)

VIII
wie eine Republik von Kindern

Der Ausgang der Handlung ist von dem Sujet bestimmt, das Heinrich Heine zur Signatur des eigenen Lebens verallgemeinert hat: "der Kampf des Genius mit dem Geldsack".[39] Am Beginn des Lustspiels steht Leons Protest gegen die vermeintliche "Geldsack"-Gesinnung seines Bischofs und dessen innerweltliche Askese—"Und hier spart ihr euch ab, um dort zu sammeln?" (V. 267)—, die ihn als Koch im Namen eines leibfreundlichen Sensualismus zum rebellischen Protest treiben:

> LEON [...] ein frommer Mann
> Und küßt das Geld. Ein Mann, der Hunger leidet
> Und Spargut häuft im Säckel, straff gefüllt [...]
> Ich will sein Koch nicht sein. Ich geh und sag ihms. (V. 95ff.)

Die dramatische Eröffnung des Lustspiels negiert jene "Dramaturgie des Geldes", die zunehmend das zeitgenössische Wiener Volksstück erobert,[40] und sie schafft von den ersten Versen bis in den vierten Akt, der eigentlichen "Republik der Kinder", eine kohärente sprachliche Linie der Verweigerung von Besitzindividualismus und Warencharakter. "Herr, was gebt ihr mir?", bekundet Leon seine Bereitschaft zur Befreiung der Geisel, und korrigiert im nächsten Satz das Tauschprinzip, das sich wie selbstverständlich in der Sprache eingenistet hat: "Das ist'ne Redensart, ich fordre keinen Lohn. / Was gebt ihr mir, wenn ich ihn euch befreie?" (V. 325ff.). Noch das Wahrheitsproblem, die emphatische Beschwörung der Wahrheit des bloßen Naturdaseins—"Wahr sind sie, weil sie sind, weil Dasein Wahrheit" (V. 151)—und die geheime Mystik von Sprache und Schweigen—"So laß uns schweigen denn, dann sind wir am wahrsten" (V. 1347)—sind verbunden mit der durchgehenden Abwehr der Zweck- und Mittelrelation und des allgemeinen Besitz- und Verwertungsstrebens.[41]

Der Eindruck des jugendlichen Republikanismus, den Grillparzers Lustspiel vermittelt, verdankt sich einer Sprache, die immer wieder die Idee demokratischer Gleichheit und einer friedlichen Kultur ins Spiel bringt. Im zweiten Aufzug fordert Leon im Selbstbewußtsein seiner Künstlerschaft als Koch Gleichheit mit dem Grafen Kattwald—"euer Magen ist mein Untertan. / Wir stehn als Gleiche gleich uns gegenüber" (V. 575ff.), aber erst im gemeinsamen Handeln mit den anderen "Kindern", mit Edrita vor allem, tritt auf der Bühne die wahre republikanische Gleichheit in Erscheinung. Die demokratische Freiheit im Lustspiel trägt, wie in vielen politischen Allegorien des Jungen Deutschland, einen weiblichen Namen—"nur", bei Grillparzer ist sie eben keine abstrakte Allegorie, sondern realisiert sich in der gemeinsamen Handlungsfähigkeit, im strategischen Denken, in der kommunikativen Vernunft. Edritas Emanzipation, ihre Befreiung aus der väterlichen Gewalt zu selbständigem Handeln, wird zum Garanten der Befreiung aller. Erst ihre Geschicklichkeit und planende Weitsicht ermöglicht den Weg aus den äußeren Zwängen der Gefangenschaft. Sie wars, nicht "Engel", wie Leon glaubt, die ihnen den Schlüssel zum Tor in die Freiheit verschaffte (V. 1123ff.), sie weist ihnen den Weg (V. 1206ff.), lenkt geschickt ihre Flucht (V. 1275ff.), verwischt die Spuren (V. 1288), plant Galomirs Überwältigung und Fesselung (V. 1362ff.) und läßt in dem kindlichen Indianerspiel die heitere Utopie der "Republik von Kindern" erstehen. Ihre kommunikative Vernunft, klug ins Treffen geführt, trägt dazu bei, daß Leon, der selbstgerechte Herr und Meister der Flucht (III, V. 1186), "demokratisch" entmachtet wird und sein selbstgerechter männlicher Charakter "trüb" wird (V. 1337ff.).

IX

Büchners Einsicht, daß das "Verhältnis zwischen Armen und Reichen [...] das einzige revolutionäre Element in der Welt" sei,[42] bezeichnet auch die Differenz zwischen Heine und Grillparzers Poetik am Ende der österreichischen "Kunstperiode". Die "große Suppenfrage",[43] um die sich Heines Werk dreht, zielt in *Weh dem, der lügt!* nicht auf die soziale Revolution, sondern auf die humanisierende Wirkung der Kunst. Der Küchenjunge Leon betreibt mit seiner fränkischen Kochkunst unter den Barbaren ästhetische Erziehung des Menschengeschlechts, während er zuhause dem knausrigen Bischof Feuerbachschen Materialismus—"Der Mensch ist, was er ißt"—schmackhaft zu machen versuchte.

Aber vielleicht hätte Heine das Fehlen des sozial-revolutionären Aspekts in Grillparzers Lustspiel für weniger wichtig erachtet, da es doch den Geschmack erzieht zu den politischen Ideen, die von Frankreich ausgehen, und den ästhetischen Sinn öffnet für vielfältige politische "Ideenassoziationen"—als ästhetisches Programm formuliert in der Sprache Leons: "einer Brühe Reiz zu schmecken" und die "Zutat merken", "die feine Würze" (V. 484ff.). Zu dieser ästhetischen "Würze" des Stücks gehört nicht zuletzt auch die Wahrheitsproblematik, die in der Sekundärliteratur—nicht zu Unrecht—bisher vor allem die Aufmerksamkeit der Interpreten beschäftigt hat.[44] Auch auf dieser philosophischen Ebene wird der Offenheit und Unabgeschlossenheit der menschlichen Wahrheit das Wort geredet. Die Dezentrierung der Wahrheit wird im Lustspiel auf geradezu karnevalistische Weise vom Bischof selber sanktioniert, wenn er seinen starren Wahrheitsbegriff aufgibt zugunsten eines offeneren, polyphonen Bilds von der Welt und der Rede des Subjekts:

> GREGOR. Wer deutet mir die buntverworrne Welt!
> Sie reden alle Wahrheit, sind drauf stolz,
> Und sie belügt sich selbst und ihn, er mich
> Und wieder sie; Der lügt, weil man ihm log—
> Und reden alle Wahrheit, alle. Alle. (V. 1800ff.)

Aber das Stück bleibt auch nicht bei dieser Anerkennung der Wahrheit im Plural stehen; der Bischof, zu einem offeneren Wahrheitsglauben bekehrt, einem freilich stark herabgeminderten Glauben—"Das Unkraut, merk ich, rottet man nicht aus. / Glückauf, wächst nur der Weizen etwas drüber" (V, V. 1885f.)—, will den geretteten Neffen doch noch für die theologische Wissenschaft von der jenseitigen Wahrheit gewinnen, während er Leon und Edrita einer friedlichen dialogischen Alltagsvernunft überantwortet.[45]

Weltgericht und kantianischer Imperativ haben trotzdem abgedankt. Nachsichtig wird die Welt des Werdens und der Metamorphosen anerkannt. Und wäre Gregor nicht ein katholischer Bischof, würde er zuletzt auch noch in Heinrich Heines polytheistische Vorstellung der Wahrheit einstimmen—"die Welt ist so lieblich verworren; sie ist der 'Traum eines weinberauschten Gottes' (...) und die Traumgebilde gestalten sich oft buntscheckig toll, oft auch harmonisch vernünftig".[46]

Anmerkungen

1. Ferdinand Kürnberger, "Oesterreichs Grillparzer (14. Januar 1871)". In: F.K., *Werke*, Bd. 2: *Literarische Herzenssachen*, München und Leipzig 1911, S. 262.
2. Karl Kraus, "Grillparzer-Feier". In: *Die Fackel*, März 1922, Nr. 588–594 (Jg. XXIII), S. 12.
3. Christa Wolf, *Voraussetzungen einer Erzählung: Kassandra*. Frankfurter Poetik-Vorlesungen, Darmstadt und Neuwied 1983, S. 107.
4. Ebd., S. 144f.
5. Vgl. Norbert Altenhofer, "Die exilierte Natur. Kulturtheoretische Reflexionen im Werk Heines". In: N.A., *Die verlorene Augensprache. Über Heinrich Heine*, Frankfurt am Main und Leipzig 1993, S. 174ff.
6. Franz Grillparzer, *Tagebuch* [= *Tgb*] Nr. 3168, 1836. In: F.G., *Sämtliche Werke* [= *SW*], Bd. 4, 2. Aufl., München 1970, S. 1639.
7. Vgl. Franz Grillparzer, "Tagebuch auf der Reise nach Frankreich und England". In: F.G., *Tagebücher und Reiseberichte*, Wien 1980, S. 341 (HKA 2970).
8. Wolfgang Preisendanz: "Der Funktionsübergang von Dichtung und Publizistik". In: W.P., *Heinrich Heine*, München 1973, S. 21ff.
9. *SW*, Bd. 1, S. 461.
10. Heinrich Heine, *Reisebilder*. Vierter Teil. In: H.H., *Sämtliche Schriften*, hrsg. v. Klaus Briegleb [= *SS*], Bd. 2, München 1997, S. 538.
11. *Tgb*. 881, 1820/21.
12. Ebd., 4241, 1859.
13. *SS*, Bd. 5, S. 463.
14. Heinrich Heine, *Ludwig Börne. Eine Denkschrift*. In: *SS*, Bd. 4, S. 53.
15. Ebd., Bd. 7, S. 60.
16. Ebd., Bd. 5, S. 133f.
17. *Tgb*. 1826, 5. August 1830. In: *SW*, Bd. 2, S. 4.
18. Zit. n. Fritz Mende: *Heinrich Heine. Chronik seines Lebens und Werkes*, Berlin 1981, S. 56.
19. Vgl. Anm. 5.
20. Heinrich Heine, "Verschiedenartige Geschichtsauffassung". In: *SS*, Bd. 3, S. 23.
21. Franz Grillparzer, *Selbstbiographie*. In: *SW*, Bd. 4, S. 428.
22. *Tgb*. 1523, 1822.
23. Franz Grillparzer, *König Ottokars Glück und Ende*. In: *SW*, Bd. 1, S. 1078 (V. 2854f.).
24. Vgl. ebd., V. 1666ff.
25. *Tgb*. 3343, 1836. In: *SW*, Bd. 4, S. 112. Vgl. zu den folgenden Passagen Hans Höller, "Franz Grillparzer, *Weh dem, der lügt!*". In: *Interpretationen. Dramen des 19. Jahrhunderts*, Stuttgart 1997, S. 172ff.
26. Vgl. dazu den schönen Aufsatz von Uwe Baur: "'Die Geier in Schönbrunn sollen mit ihrem Wärter sehr unzufrieden sein ...'. Der Mißerfolg von Grillparzers *Weh dem, der lügt!*". In: *Mariborer Grillparzer-Symposion*, hrsg. v. Mirko Krizman, Maribor 1993, S. 116ff.
27. Zit. n. Karl Pörnbacher (Hrsg.), *Erläuterungen und Dokumente: Franz Grillparzer, "Weh dem, der lügt!"*, Stuttgart 1970, S. 69.
28. Peter Hacks: "Saure Feste". In: P.H.: *Pandora. Drama nach J. W. von Goethe. Mit einem Essay*, Berlin und Weimar 1981, S. 120.

29. Vgl. Anm. 14.
30. *Tgb.* 2856, Januar 1836.
31. Vgl. Gerhard Höhn, *Heine-Handbuch. Zeit, Person, Werk*, Stuttgart 1987, S. 12.
32. Vgl. *Tgb.* 2756, 1835.
33. Ebd. 3522, 1844. Vgl. ganz ähnlich Karl Marx zum Verhältnis von Frankreich und Deutschland in der annähernd zur gleichen Zeit geschriebenen Einleitung *Zur Kritik der Hegelschen Rechtsphilosophie*: "In Deutschland dagegen, wo das praktische Leben ebenso geistlos, als das geistige Leben unpraktisch ist ..." (Karl Marx, Friedrich Engels, *Studienausgabe in vier Bänden*, hrsg. v. Iring Fetscher, Bd. 1, Frankfurt am Main 1966, S. 29).
34. Vgl. das bekannte Epigramm Grillparzers: "Der Weg der neuern Bildung geht / Von Humanität / Durch Nationalität / Zur Bestialität." (*SW*, Bd. 1, S. 500).
35. Vgl. Höhn, *Heine-Handbuch*, S. 26.
36. Vgl. z. B.: "KATTWALD. [...] Und macht der andre hier sich gar zu unnütz, / So tun wir ihm, wie er den Hühnern tut, / Und schlachten ihn mal ab" (V. 885).
37. Vgl. Zdenko Skreb, *Grillparzer. Eine Einführung in das dramatische Werk*, Kronberg i. T. 1976, S. 209.
38. Heinrich Heine, *Zur Geschichte der Religion und Philosophie in Deutschland*. In: *SS*, Bd. 3, S. 638f.
39. Ders., Brief an Ferdinand Lassalle, 27. Februar 1846. In: H.H., Säkularausgabe, Bd. 22: Briefe 1842–1849, S. 208.
40. Vgl. Gerhard Scheit: "Johann Nestroy. Die Dramaturgie des Geldes". In: G.S., *Hanswurst und der Staat. Eine kleine Geschichte der Komik: Von Mozart bis Thomas Bernhard*, Wien 1995, S. 95ff.
41. Vgl. auch die schönen Verse Edritas: "Ich bin nicht, wie die Menschen oft wohl sind. / Ei, das ist schön! / das soll nur mir gehören, / Und das ist gut, das eign ich rasch mir zu. / Ich kann am Guten mich und Schönen freun, / Wie man genießt der Sonne goldnes Licht" (V. 1159ff.).
42. Georg Büchner, Brief an Karl Gutzkow, Straßburg 1835. In: G.B.: *Werke und Briefe*, Wiesbaden 1958, S. 396.
43. Heinrich Heine: *SS*, Bd. 1, S. 353.
44. Vgl. die zuletzt erschienene, beeindruckende Interpretation von Christoph Leitgeb: "Schicksal und Lüge. Oder: Biedermeierliche Aufklärung. Kant in Grillparzers 'Lustspiel'". In: C.L., *Richard Reichensperger: Studien zu einer Sprachstilgeschichte österreichischer Literatur* (Grillparzer, Musil, hrsg. von Walter Weiss), Heidelberg 2000, S. 42–47.
45. Vgl. 1816ff.
46. Heinrich Heine, *Ideen. Das Buch Le Grand*. In: *SS*, Bd. 3, S. 253.

PART II

❖

Heine's Jewishness

7

Jüdische Dichter-Bilder in Heines "Jehuda ben Halevy"

Hartmut Steinecke (Paderborn)

Heine hat in seinem Werk über eine Unzahl von Dichtern geschrieben und eine Unzahl von Dichter-Bildern entworfen.[1] Dabei reicht die Spannweite von historischen Dichtern über Gestalten aus Religion und Mythologie bis zu erfundenen Figuren. Jedes Dichterbild — selbst das scheinbar sachliche einer literarhistorischen Schrift, selbst das scheinbar polemisch verzerrte eines unliebsamen Konkurrenten — enthält eine Teilidentifikation, ein Bruchstück eigener Dichteridentität, eigenen Dichter- und Dichtungsverständnisses.

Jüdische Namen tauchen zwar in Heines Dichter-Bildergalerie fast von Beginn auf, weil das Alte Testament und der Talmud für ihn auch bei diesem Thema unerschöpfliche Quellen sind. Aber erst im Spätwerk finden sich die wichtigsten jüdischen Beispiele, die nicht aus dem religiösen Bereich stammen. Offensichtlich hat Heine erst zu dieser Zeit die Bedeutung einer jüdischen Literatur für sich und damit als wichtige Komponente seines dichterischen Selbstverständnisses entdeckt.

Diese 'Neuentdeckung' gilt in erster Linie der jüdischen Literatur des mittelalterlichen Spaniens: "Es ist der größte Reichtum, den ich kenne, [...] die spanischen Juden haben ihren Goethe und Schiller gehabt, ja vielleicht größere Dichter als Goethe und Schiller [...] das ist ganz wundervoll"[2] — mit diesen Worten pries Heine im Juli 1850 einem Besucher, dem dänischen Schriftsteller Meïr Goldschmidt, diese Literatur an, mit der er offenbar selbst soeben erst näher bekannt geworden war. Wie der Vergleich zeigt, setzt er sie in den Rang der Weltliteratur — ein Urteil, das seinerzeit sehr überraschen mußte, von vielen heutigen Literaturgeschichten jedoch geteilt wird.

Das Werk Heines, das solche Bewunderung und Begeisterung am nachhaltigsten ausstrahlt, stellt den wichtigsten Dichter dieser Epoche in den Titel: "Jehuda ben Halevy".[3] Es ist (mit 223 Strophen, fast 900 Versen) das umfangreichste Dichtergedicht Heines überhaupt.

Die ältere Forschung wußte mit diesem kleinen Versepos, einem Extremfall des "kolorierten" Stils, voller Abschweifungen und Episoden, wenig anzufangen. Auch wenn die früher üblichen Reaktionen der Abwehr und Verurteilung mittlerweile kaum noch wiederholt werden, bleibt als Tenor vor allem der zahlreichen kurzen Behandlungen im Rahmen umfangreicher Darstellungen: durch das Ausufern der Abschweifungen vereine das Gedicht sehr Unterschiedliches, auch Widersprüchliches, das sich schwer auflösen lasse. Als Erklärung und Entschuldigung wird häufig Heines einzige überlieferte Äußerung über das Gedicht angeführt: es sei "eigentlich nur ein Fragment — es fehlte mir die Muße zu Feile und Ergänzung".[4] Ein Nebenaspekt dieses Beitrags ist es, die literarische Bedeutung des Gedichts zu zeigen, die in den beiden letzten Jahrzehnten zwar mitunter behauptet, allerdings noch nicht durch eine eingehendere Analyse untermauert wurde.[5]

Das Gedicht beginnt mit Versen, die sprachlich und inhaltlich Psalm 137 nachgestaltet sind, der die Situation des jüdischen Volkes im babylonischen Exil beklagt. Danach meldet sich ein Ich zu Wort, das sich mit "Wort und Weise" dieses Gedichts beschäftigt und nach Jehuda ben Halevy fragt. Unter den Traumgestalten erkennt das Ich ihn schließlich

> [...] an der bleichen
> Und gedankenstolzen Stirne [...]
>
> Doch zumeist erkannt ich ihn
> An dem räthselhaften Lächeln
> Jener schön gereimten Lippen,
> Die man nur bey Dichtern findet. (130)

Die abschließende siebte Strophe der Einleitung teilt uns mit, daß dieser Jehuda ben Halevy vor 750 Jahren geboren wurde. Selbstverständlich ist von diesem Dichter des 11./12. Jahrhunderts kein Porträt überliefert — es sei dahingestellt, inwiefern Heine mit der Hervorhebung besonderer physiognomischer Merkmale eigene Porträts wiedergibt oder ein idealisiertes Dichterbild beschreibt.

In den folgenden Strophen werden wir mit der Ausbildung des Dichters Jehuda durch seinen strengen Vater bekannt gemacht: dem

Unterricht im Hebräischen, sodann dem Studium des Talmud. Er lehrt zunächst dessen ersten Teil, die Halacha, die vor allem die Gesetze und Lehren umfaßt. Das Wortfeld, mit dem die Halacha geschildert wird, lautet: Fechterschule, Athleten, Kämpferspiele, Polemik — die Künste, die Jehuda hier lernt, führen ihn zur "Meisterschaft". Das klingt sehr positiv. An dieser Stelle erfolgt jedoch eine Unterbrechung und ein Einschub:

> Doch der Himmel gießt herunter
> Zwey verschiedne Sorten Lichtes:
> Grelles Tageslicht der Sonne
> Und das mildre Mondlicht [...] (132)

Im Mittelpunkt steht eines der bekanntesten Bildfelder der zurückliegenden Epochen: das des Lichtes. Das Licht des Tages, die Sonne, ist aufgegangen, dies verkündet das Zeitalter der Aufklärung, des Siècle de la lumière; dieses Licht hat die Dunkelheit der Nacht, der Unmündigkeit, Unbildung, Unfreiheit vertrieben. Diese bei Anhängern der Aufklärung übliche positive Bestimmung wird bei Heine durch das Adjektiv "grell" allerdings in Frage gestellt und unterlaufen.

Dem Licht des Tages wird als Gegensatz nicht die Nacht in ihrer Dunkelheit gegenübergestellt, sondern das Mondlicht — die Romantik, die das Bezugsfeld "Nacht" umwertete, hatte ihr bekanntlich eine vielschichtige Bedeutung mitgegeben, vom Sehnsuchtsort bis zum Schreckensort, wobei die extremen Bestimmungen sich darin überschneiden, daß sie Kernzonen der Poesie markieren. Bei Heine wird die positive Konnotation herausgehoben, wiederum durch das Adjektiv: "milde" — dem "grellen Tageslicht der Sonne" steht das "mildre Mondlicht" gegenüber.

Dieses kulturgeschichtliche Bildfeld von Sonne und Mond, also von Aufklärung und Romantik wird mit einem zweiten verbunden: Dieses Licht wird vom Himmel heruntergegossen — dies ist die religiöse Sprache der Bibel, erinnert an die Ausgießung des Heiligen Geistes, bindet damit die säkularisierten Bilder der Kultur zurück an die Bilder der Religion. Solche Rückübertragung auf deren heilige Texte kündigt auch das letzte Wort der Strophe an, das nach Abschluß der Lichtmetapher noch folgt: "Also" und das zu Beginn der folgenden Strophe wiederholt wird, beide Strophen damit kunstvoll verbindend:

> Und das mildre Mondlicht — Also,

Also leuchtet auch der Talmud
Zwiefach, und man theilt ihn ein
In Halacha und Hagada. (132)

Durch den vorangestellten Vergleich wird diese Einteilung indirekt deutlich bewertet. Solche Bewertung wird, nachdem zehn Strophen lang die Hagada vorgestellt wurde, noch wesentlich, bis zur Karikatur, verschärft: Nun ist vom Gezänke die Rede, vom Disput, vom Streit über die Frage, ob man ein am Sabbat gelegtes Ei essen dürfe — seit langem ein bekanntes Beispiel selbstverliebter talmudischer Spitzfindigkeit.

Da es hier nicht primär um Heines Stellung zum Judentum und seine Gläubigkeit im allgemeinen geht, braucht auch nicht weiter zu interessieren, was die Halacha eigentlich ist, und es braucht nicht dargelegt zu werden — schon gar nicht mit tadelndem Unterton — , daß Heine das Wesen der Gesetzesnormen und Kommentare, das den Kernpunkt des Talmud bildet, sehr einseitig und verzerrt darstellt. Wichtiger ist die Frage nach dem Grund dieser Darstellung und ihrer Funktion.

Gegenüber der nun negativ gezeichneten Halacha wird die Hagada in den leuchtendsten Farben gerühmt. Sie wird verglichen mit einem Garten "hochphantastisch" wie dem der Semiramis — "Achtes Wunderwerk der Welt" (132) — , das als paradiesische Idylle mit allen Attributen orientalischer Pracht beschrieben wird:

Die Hagada ist ein Garten
Solcher Luftkindgrillen-Art [...] (133)

In diesem kühnen und kecken Neologismus wird das erste Adjektiv, mit dem der Garten charakterisiert wurde, "hochphantastisch", gleichsam veranschaulicht — es ist ein Garten in der Luft der Phantasie, in der die Königin als Kind weilte und in der paradiesische Tiere leben — und zugleich schwingen Assoziationen von Luftgebilde, Luftgespinst, Kinderphantasie, Grille (im Sinne von: verrückte Einbildung) mit.

Die Sprache gerät hier so ins Schwärmen, daß die Syntax nebensächlich wird. Wir erfahren überhaupt nicht, was mit den angeführten Gattungen der Hagada (Erzählungen, Legenden, Gedichte) geschieht — die Aufzählung wird zur Iteration, Klangassoziationen dominieren, die Wirkung wird in einer Kaskade von Oxymora beschrieben: wundersame Schmerzlust, fabelhafte Schauer gehen aus von der seligen Geheimwelt

> Jener großen Offenbarung,
> Die wir nennen Poesie. (134)

Damit hat das Gedicht ein erstes Ziel erreicht: die Beschäftigung mit der Hagada ist die Einführung in die Wunderwelt der Phantasie, der Luftgebilde, der Paradiese, der Grillen, der Offenbarung —

> Heitres Wissen, holdes Können,
> Welches wir die Dichtkunst heißen [...] (134)

Die Strophe 38 bringt gleichsam auf den Begriff, was zuvor in vielen Bildern entfaltet wurde:

> Und Jehuda ben Halevy
> Ward nicht bloß ein Schriftgelehrter,
> Sondern auch der Dichtkunst Meister,
> Sondern auch ein großer Dichter. (134)

Die folgenden Strophen, mit denen der erste Teil des Gedichts abschließt, feiern den großen Dichter geradezu hymnisch:

> Solchen Dichter von der Gnade
> Gottes nennen wir Genie:
> Unverantwortlicher König
> Des Gedankenreiches ist er.

> Nur dem Gotte steht er Rede,
> Nicht dem Volke — In der Kunst,
> Wie im Leben kann das Volk
> Tödten uns, doch niemals richten. — (135)

Während das Gedicht als ganzes relativ wenig Aufmerksamkeit in der Forschung auf sich gezogen hat, sind diese Verse immer wieder zitiert worden, als Verherrlichung des Dichters und Bekenntnis Heines zur Autonomie des Kunstwerkes.

So richtig das zweifellos ist, wie sehr auch das Dichten im Sinne der Halacha gegenüber dem hier gefeierten der Hagada in den Hintergrund tritt, so muß nun doch, etwas gegensteuernd der eigenen Interpretation, daran erinnert werden, daß die *andere* Form damit nicht hinfällig wird. Von Jehuda hören wir keineswegs: 'Er ward *nicht* ein Schriftgelehrter, sondern der Dichtkunst Meister'; sondern: er

> Ward nicht bloß ein Schriftgelehrter,
> Sondern auch der Dichtkunst Meister [...] (134)

Oder, um an das Bild der zwei verschiedenen Sorten Lichtes zu erinnern: Zwar wird das mildre Mondlicht der Poesie insgesamt viel

positiver dargestellt als das grelle Tageslicht der Sonne — aber es gibt
eben diese *beiden verschiedenen* Sorten, sie sind nicht zu trennen, man
kann das eine ohne das andere nicht haben — auch die Schriften, in
denen gekämpft wird, gefochten, wo Künste der Polemik entfaltet
werden, haben ihre Berechtigung. Daß der Leser dies aktualisieren
soll, zeigt bereits das anachronistische Adjektiv "dialektisch", das den
Kommentatoren des Talmud zugeschrieben wird.

Und noch ein zweiter Aspekt, den die meisten Interpreten für
selbstverständlich hielten, könnte überprüft werden: die Ansicht,
Heine entwerfe in Jehuda ben Halevy eine Ideal- und Lichtgestalt,
nehme eine "Glorifizierung des Künstlers" vor.[6] Da Heine sich
darüber hinaus mehrfach mit Jehuda geradezu identifiziere (so nennt
er unter dessen Hauptwerken sogar "Reisebilder" (145), sei dieser für
ihn ganz offensichtlich ein Wunsch- und Idealbild. Aber gibt es nicht
doch ironische Widerhaken? Ist das idealisierte 'Porträt' des Anfangs
("räthselhaftes Lächeln", "schön gereimte Lippen" (130) nicht doch
auch selbstironisch? Ist die Beschreibung des Dichters "von der Gnade
/ Gottes" (135) wirklich nur "Glorifizierung", die dreifache Wieder-
holung des Wortes "Gnade" in wenigen Zeilen nur emphatische
Betonung oder nicht doch auch bewußt etwas zu viel des Pathos?
Dieser Eindruck verstärkt sich, wenn man das kurz darauf
geschriebene "Nachwort" liest — hier läßt sich Heine recht spöttisch
über die "Lehre von der Gnade" aus, die "unser theurer Doktor
Martinus Luther" mit "verschimmelten Argumente[n]"[7] ständig
wiederholt. Es ist eigentlich schwer vorstellbar, daß Heine denselben
Begriff zur gleichen Zeit uneingeschränkt positiv und unironisch
verwendet.

Die Frage nach dem Vorbildcharakter Jehudas stellt sich jedoch
auch bei dem zentralen Bild von *dessen* Glorifizierung. Im Anschluß
an seine Charakterisierung als Schriftgelehrter und Dichter zugleich
heißt es:

> Ja, er ward ein großer Dichter
> Stern und Fackel seiner Zeit,
> Seines Volkes Licht und Leuchte,
> Eine wunderbare, große
>
> Feuersäule des Gesanges,
> Die der Schmerzenskarawane
> Israels vorangezogen
> In der Wüste des Exils. (134f.)

Dieses Bild des Volksführers paßt wenig zu den sonstigen
Dichterbildern oder Dichteridealen Heines, am wenigsten in der
Spätzeit. Die Führerrolle stellt zugleich einen politischen Anspruch,
der gegen die anschließende Feier der Autonomie ("Unverant-
wortlicher König") steht. In dieser verallgemeinernden Dichter-
apotheose wird das Verhältnis zum "Volk" deutlich anders
akzentuiert: war Jehuda "Fackel" und "Leuchte" "seines Volkes"
genannt worden, so heißt es nun von dem autonomen Dichter, daß
er "nicht dem Volke" Rede stehe, und noch schärfer, daß "das Volk"
"uns" "tödten" könne, "doch niemals richten". Diese ambivalente
Sicht des Volkes zeigt, daß beide Dichterbilder nicht deckungsgleich
sind; sie heben sich gegenseitig zwar nicht auf, relativieren sich
jedoch. In keinem Fall ist es erlaubt, eine Zeile oder Strophe zu
isolieren und als Heines Dichter-Ideal auszugeben. Die ironischen
Widerhaken des Textes müssen im Auge behalten werden, — auch
bei der weiteren Lektüre und vor allem immer dann, wenn Heine
wieder in den "hohen Ton" wechselt.

Nach der Apotheose Jehuda ben Halevys und des Dichters setzt der
zweite Abschnitt neu ein, er führt uns zu einer Station der tiefen
Erniedrigung Israels.

> Bey den Wassern Babels saßen
> Wir und weinten, unsre Harfen
> Lehnten an den Trauerweiden —
> Kennst du noch das alte Lied? (135)

Das lyrische Ich identifiziert sich hier also mit den Juden in der
babylonischen Gefangenschaft, spricht von jahrtausendelangem Weh,
vergleicht seine Wunden mit den Schwären Hiobs, schüttelt dann den
"bösen Nachtalp" (136) ab und läßt sich von seinem "Flügelrößlein",
dem Pegasus — dem sich das Ich bereits im "Atta Troll" anvertraut
hatte — zurücktragen in das spanische Mittelalter zu Jehuda ben
Halevy, den die nächsten Strophen enthusiastisch preisen. Sie
vergleichen ihn den besten Troubadours der Provence — der einzige,
freilich wesentliche Unterschied sei, daß die Herzensdame des
Minnesängers keine hochgestellte Dame war, sondern

> ein traurig armes Liebchen,
> Der Zerstörung Jammerbildniß,
> Und sie hieß Jerusalem. (138)[8]

Als der Minnesänger Geoffroy (Jaufré) Rudel die schöne

Melisande, die er besungen hatte, nach langer Fahrt endlich erreichte und ansah, starb er — so starb auch Jehuda, wurde getötet, als er nach langer Wallfahrt Jerusalem erreichte.

Der dritte Abschnitt setzt noch einmal neu ein. Ausführlich, bilderreich — ein schönes Beispiel des kolorierten Stils — wird die Geschichte des Kästchens von Alexander dem Großen erzählt, in dem eine herrliche Perlenschnur gelegen habe. Das Schicksal dieser Perlen wird auf ihrem abenteuerlichen Weg durch die Geschichte bis in die Gegenwart verfolgt. In diesem Kästchen habe Alexander die Werke Homers aufbewahrt. Das Ich meditiert, daß es, wenn es in den Besitz des Kästchens käme, darin die Werke Jehuda ben Halevys verschließen wolle: die Perlen seines Werkes seien unendlich wertvoller als die Perlen am Hals der Baronin Rothschild. Es seien die "Tränenperlen" des Jehuda ben Halevy,

> Die er ob dem Untergang
> Von Jerusalem geweinet —
>
> Perlenthränen, die verbunden
> Durch des Reimes goldnen Faden,
> Aus der Dichtkunst güldnen Schmiede
> Als ein Lied hervorgegangen. (147)

Noch einmal wird das Bild Jehudas auf den Trümmern von Jerusalem beschworen, mit Jeremias und dessen Klageliedern verglichen, schließlich seine Ermordung durch den Speer eines Sarazenen wiederholt und ausgemalt — im Himmel aber sei er mit seinen eigenen Liedern, gesungen von Engeln, empfangen worden.

Der vierte und letzte Teil wechselt wiederum abrupt vom hohen in den niederen Ton und die Gegenwart: Der Dichter wird von seiner Frau zur Rede gestellt, weil er ihr nicht für den Erlös des Kästchens einige Geschenke gemacht habe. Ihre Bemerkung, daß sie diesen Jehuda ben Halevy gar nicht kenne, benutzt er zu einem wortreich-boshaften Rundumschlag gegen das französische Erziehungssystem. Schließlich rät er der Frau, hebräisch zu lernen, um die großen jüdischen Dichter Spaniens im Original lesen zu können, in deren Lob seine Rede abermals mündet. Er hebt — den Dichter al-Charisi zitierend — insbesondere Gabirol heraus, der "zumeist dem Denker" gefalle, sowie Ibn Esra, der "durch Kunst" (151) besteche: Jehuda ben Halevy freilich vereinige deren beste Eigenschaften. In den Schicksalen dieser Zeitgenossen Jehudas zeigt Heine weitere Dichterbilder, die durchweg in den wesentlichen Punkten

konvergieren: Gemeinsam ist die Heimatlosigkeit, die schlechte
Behandlung durch die Mächtigen, das Leiden, der gewaltsame Tod.
Immer wieder werden diese historischen Schicksale in die
Gegenwart verlängert, die eigene Existenz wird einbezogen. So heißt
es, als von den Leiden der Dichter die Rede ist:

> [...] ich selbst
> Wälze mich am Boden elend,
> Krüppelelend [...] (145)

Im Anschluß an die Schilderung einiger dieser Leiden und
Erniedrigungen wird in einer 25 Strophen, 100 Zeilen langen Passage
auf den ersten Blick etwas unvermittelt das "Dichterschicksal" — der
"böse Unstern" (153) — bis zu Apollo, dem Urvater der Dichter,
zurückverfolgt, der als "der göttliche Schlemihl" bezeichnet wird.
Der Schlemihl und der Dichter als Schlemihl — das wird zur am
breitesten entfalteten Metapher für das Schicksal des Geschlechtes,
von dem es heißt, daß "wir" — nämlich wir Dichter — davon
abstammen.

Der Dichter als Schlemihl — das ist schon durch den Umfang eines
der zentralen Dichterbilder in Heines Spätwerk. Dennoch hat man
ihm bisher wenig Aufmerksamkeit geschenkt. In der ohnehin
spärlichen Literatur über "Jehuda ben Halevy" ist die Schlemihl-
Episode meistens nur kurz und eher abfällig gestreift worden.
Charakteristisch dafür ist das Unbehagen von Gerhard Storz, der sie
"sonderbar" nennt und "trotz manch hübschen Einfalls zu lang"[9]
oder von Ludwig Rosenthal, der sie als "Ulk" bezeichnet, "vom
eigentlichen Thema abschweifend".[10] Auch in der neuesten Literatur
widmen nur Joachim Bark und Wolfgang Preisendanz dem
"Schlemihltum" einige kurze Bemerkungen.[11] Der Grund für die
geringe Beachtung dürfte darin liegen, daß das Bild nicht so recht zu
dem zu passen scheint, was das Gedicht bislang von Jehuda mitteilte
und was Heines sonstige Dichterbilder besagen.

Die weitaus bedeutendste und bekannteste literarische Gestaltung
der Schlemihl-Figur ist zweifellos Adelbert von Chamissos Erzählung
Peter Schlemihls wundersame Geschichte (1814). Heine betont zurecht,
Chamisso habe dem Wort Schlemihl "das Bürgerrecht in Deutschland
/ Längst verschafft" (153). Daher wurde es als selbstverständlich
angesehen, daß Heine sich vor allem an Chamissos Ausprägung der
Gestalt orientiert habe.[12] Wer ist Schlemihl bei Chamisso? Der Held
verkauft aus Geldgier dem Teufel seinen Schatten, wird von den

Menschen gemieden, jagt rastlos durch die Welt, bereut sein Tun, findet schließlich in der Tätigkeit als Naturforscher Ruhe. Genau betrachtet sind die Vergleichspunkte zu Heines Dichtern recht allgemein: Außenseitertum, Heimatlosigkeit, "Unbehaustheit".[13] Aber welche Sünde begeht Heines Schlemihl eigentlich, die dem Verkauf des Schattens an den Teufel entspräche?[14] Allerdings: Heine geht auch nur in 4 von 25 Strophen auf Chamisso ein. Der einzige Grund, der in der Forschungsliteratur für diese ungewöhnliche Kürze genannt wird, ist Heines (angeblicher) Wunsch, die darauf folgenden Hitzig-Passagen und damit die ausführliche Hitzig-Satire einzuführen. *Nicht* beachtet wurde der Hinweis, der "Dekan der Schlemihle", Chamisso, habe den Wunsch des lyrischen Dichter-Ichs, Näheres über den "Ursprung" der Gestalt Schlemihls zu erfahren, "nicht befried'gen" können (154); *daher* habe er ihn an Hitzig verwiesen (dem als Freund Chamissos die Erzählung gewidmet war und der spätere Auflagen mit Vorworten versehen und herausgegeben hatte). Hitzigs Erklärung bietet jedoch in der Tat etwas entscheidend Neues über den "Ursprung": Sie verweist nämlich auf die jüdische Herkunft der Figur — und *diese* spielt in der Tat in Chamissos Novelle und in den Selbstzeugnissen Chamissos aus deren Entstehungszeit keinerlei Rolle. Diese Tatsache wird verwischt, wenn in (Chamisso- wie Heine-)Kommentaren und Interpretationen zu "Peter Schlemihl" immer wieder eine Briefstelle zitiert wird, in der Chamisso seinem Bruder gegenüber den hebräischen Ursprung der Gestalt erwähnt: Denn dieses einzige derartige Zeugnis stammt aus einer späteren Zeit (1821).[15] In der Novelle selbst finden sich keinerlei entsprechende Anspielungen, und der jüdische Ursprung der Figur hat weder bei den Deutungsversuchen der Zeitgenossen noch bei denen der Interpreten des 19. Jahrhunderts eine wesentliche Rolle gespielt.

Hitzig erzählt dem Besucher zunächst nach der Bibel (Numeri 25) folgende Geschichte: Ein Israelit namens Simri habe mit einer heidnischen Frau "Buhlschaft" getrieben und sei darauf von einem gewissen Pinhas erstochen worden. Der Leser kann mit dieser Erzählung eigentlich wenig anfangen, denn ihm bleibt der Bezug auf Schlemihl verborgen. Nur Spezialisten dürften gewußt haben, daß in einem Zweig talmudischer Überlieferung Simri mit Schlemihl gleichgesetzt wurde.[16] Doch auch wer diese Überlieferung kannte, geriet in Erklärungsnöte. Es ist nur mit interpretatorischen Rösselsprüngen möglich, den ertappten Ehebrecher Simri-Schlemihl in die Heinesche Linie zu integrieren.

Die ganzen Überlegungen sind jedoch — so meine ich — ziemlich irrelevant. Denn die zitierte Bibel-Version wird weder von der Ich-Figur noch von Hitzig kommentiert, die talmudische Gleichsetzung Simri — Schlemihl mit keinem Wort angedeutet. Hitzig berichtet dem Frager nämlich sofort und ohne eigene Zwischenbemerkung eine zweite mündliche Überlieferung, die sich "im Volke" (155) gehalten habe. Sie besagt, daß Pinhas statt des Sünders "unversehens / Einen ganz Unschuld'gen traf" (155), nämlich den neben ihm stehenden Schlemihl ben Zuri Schadday. Der unschuldig Getötete —

> Dieser nun, Schlemihl I.,
> Ist der Ahnherr des Geschlechtes
> Derer von Schlemihl. Wir stammen
> Von Schlemihl ben Zuri Schadday. (155)

Zwar sei dessen Mörder Pinhas seit 3000 Jahren tot,

> Doch sein Speer hat sich erhalten,
> Und wir hören ihn beständig
> Ueber unsre Häupter schwirren.

> Und die besten Herzen trifft er — (156)

Diese zweite Version wird für Heine zum Ausgangspunkt seiner Schlemihl-Genealogie, die das Schlemihl-Schicksal als das typische Dichter-Geschick ausmalt. Man verkennt die Bedeutung völlig, wenn man von Heines 'Mißverständnis' des Talmuds spricht und auch die 'Entschuldigung', Heine habe sich ja auf eine bislang unbekannte 'mündliche' Quelle berufen, macht die Dinge nicht viel besser. Denn es handelt sich ja nicht um eine 'Variante', sondern um eine ganz wesentliche Umformung. Nicht der aus Ungeschick ertappte Hurer Simri ist der Schlemihl, sondern ein neben Simri stehender (weder in der Bibel noch im Talmud genannter) Mensch. Dieser ist nun in der Tat 'unschuldig'.

Es ist eher unwahrscheinlich, daß die höchst eigenwillige Lesart der Talmud-Geschichte auf eine mündliche Überlieferung "im Volke" zurückgeht; sie ist wohl Heines eigene Erfindung. Wichtiger als die Klärung dieser Frage ist jedoch, daß jenseits der etymologischen Spekulationen der Judaistik im 19. und 20. Jahrhundert die Schlemihl-Gestalt seit dem Mittelalter "im Volke" durchaus bekannt war: durch jüdische (genauer: jiddische) Erzählungen und Witze, die (nach Ausweis von Wörterbüchern des 19. Jahrhunderts) in Deutschland verbreitet waren:[17] Hier ist der Schlemihl als Pechvogel, dem in jeder Situation das Schlimmstmögliche zustößt, sprichwörtlich geworden.

Der Schlemihl ist der notorische Pechvogel — aber was hat er mit Jehuda zu tun? Wie öfter in diesem Gedicht werden scheinbare Brüche und Sprünge von den Interpreten mit der Heineschen Technik der lockeren, gelegentlich sprunghaften Assoziation erklärt. Die genauere Lektüre zeigt: die Schlemihl-Passage schließt an eine längere Schilderung der Schicksale Moses ibn Esras an. Dabei wird ein direkter Bezug zur Gegenwart und zum Dichter-Ich hergestellt, das ihn als Kollegen anspricht: Er lebte "Wie so mancher der Collegen; / Lebte unstät, heimathlos" (152).

Einer dieser Kollegen, Abraham ibn Esra, ein jüngerer Freund Jehudas — der (wie Gustav Karpeles in seiner "Jüdischen Literatur-geschichte" schreibt) ein solches "unstätes Leben" führte[18] — spielt bei der Literarisierung der Schlemihl-Tradition eine wesentliche Rolle. Ibn Esra war nicht nur wegen seiner Bibelexegese berühmt, sondern auch wegen seines "Diwan", weltlicher Dichtungen, in denen er oftmals selbstironisch sein erbärmliches Los als wandernder Künstler beklagte und sich zugleich selbst als den größten aller Pechvögel verspottet:

> Es haben böse Himmelszeichen
> Als ich geboren ward, auf mich gesehen.
> Gut, daß ich nicht mit Kerzen handle,
> Sonst würde nie die Sonne untergehen.
> Vergebens such' ich nach dem Glücke,
> Es täuschen stets mich meines Lebens Sterne,
> Ja, handelt' ich mit Sterbekleidern,
> Der Tod blieb ewig dieser Erde ferne.
> (Übersetzung: Gustav Karpeles)[19]

Über ibn Esra heißt es in der Forschungsliteratur: "[With his poetry] elements of insight and self-mockery were added to the *schlemiel's* characteristic postures".[20]

Spott über sich selbst, angesiedelt zwischen Selbstironie und Galgenhumor einerseits, Selbsterkenntnis andererseits: *dadurch* wird das Pech des notorischen Pechvogels Schlemiel literaturfähig.

Mir scheint, daß Heine sich in erster Linie in eben *diese* Tradition stellt, denn den "Pechvögeln" Apoll, Peter Schlemihl und Simri/ Schlemihl (aus dem Talmud) *fehlt* diese zentrale Eigenschaft des Heineschen Schlemihl und der durch "wir" von ihm einge-

schlossenen (zunächst: jüdischen) Dichter: Selbstironie, Selbstverspottung, Galgenhumor — gerade diese Eigenschaften drückt Heine
in der Art seiner Darstellung, in der Darbietung der gesamten
Schlemihl-Episode, aus.

Eben diese Tradition (und nicht die Chamissos) blieb in der
jiddischen und jüdischen Literatur lebendig,[21] von Sholom Aleichems
Menahem Mendl (1909) bis zu Isaac Bashevis Singers Gimpel Tam,
den Saul Bellow unter dem Titel "Gimpel the Fool" 1953 bekannt
machte. Bellows eigener Romanheld Moses Elkamah Herzog
(*Herzog*, 1964) oder Stern von Bruce Jay Friedman (1962) wären
weitere Helden in dieser Reihe.

Es verwundert nicht, daß die Untersuchungen über die Schlemihl-
Tradition — ob etymologisch-historisch oder literaturgeschichtlich
— Heines besondere Bedeutung herausstellen: Er ist — unter *diesem*
für die Wirkungsgeschichte so wichtigen Aspekt — "the creator of
the prototypical schlemiel".[22]

Der Reichtum des Dichter-Gedichts "Jehuda ben Halevy" liegt vor
allem darin, daß es so viele Facetten des Dichterbildes umspannt und
zahlreiche poetologische Fragen behandelt oder zumindest berührt.
Dazu gehört auch die wichtigste Frage: die nach dem Verhältnis von
Kunst zu Poesie und zu Politik. Zwar ist die Forschung sich längst
darüber einig, daß man das Wesen Heines und seiner Kunst verfehlt,
wenn man *eine* Seite betont, die andere herunterspielt oder gar
ausblendet, also den Politiker gegen den Ästheten, den Poeten gegen
den Moralisten stellt — daß vielmehr beides zusammengehört. Wie
aber diese Synthese letzten Endes beschaffen sein könnte: dazu gibt es
viele Lösungsvorschläge, die durchweg mit *einem* Problem größte
Schwierigkeiten haben — eine theoretische Fixierung hält einen
dynamischen Prozeß in einem bestimmten Moment an.

Heine hat von den frühromantischen Theoretikern u. a. dies
gelernt: Man kann komplexe Denkstrukturen des Dynamischen
schriftlich vor allem in der Form des Fragments wiedergeben, weil
sonst, psychologisch gesehen, stets das letzte Wort des Textes das letzte
Wort behält. Das scheint mir der innere Grund dafür zu sein, warum
Heine so großen Wert darauf legte, daß das Gedicht "Jehuda ben
Halevy" mit dem Zusatz "Fragment" gedruckt wurde.

Eine zweite Technik, Vielschichtigkeit zu erreichen, ist es,
unterschiedliche Möglichkeiten vorzuführen — dadurch Heines
Neigung zu Zyklen und, in unserem Fall, die Mehrgliedrigkeit der

Gedichte mit jeweils unterschiedlichen Dichter-Bildern und Kunstanschauungen, die sich gegenseitig sowohl ergänzen als auch relativieren. Der Begriff "Synthese" ist für dieses dynamische und fragile Verhältnis im Grunde unbrauchbar, weil er die Vorstellung einer Lösung des Problems suggeriert. Dies verfehlt Eigenart und Kern von Heines Dichtung.

Die für diese Frage zentrale Stelle des "Jehuda"-Gedichts — sie wurde oben bereits zitiert — spricht von den beiden Sorten Lichtes, Sonne und Mond. Sie gehören schon bei der Schöpfung des von Heine so genannten "Urpoeten" zusammen. Im Grundbuch dieses Urpoeten, im Talmud, entsprechen dem Hagada und Halacha; und in Jehuda Halevys Werk: das religionsphilosophische Buch Kusari und die poetischen Gedichte der Zionslieder und der Diwan-Sammlung; schließlich ganz allgemein: das Buch der Wahrheit und das Buch der Schönheit. Beides hat nicht nur den gleichen Ursprung, es entsteht auch nebeneinander, so daß nicht von der Entwicklung von einer Position zu der anderen die Rede sein kann.

So ist das erste der gezeigten Dichter-Bilder, Jehuda ben Halevy, vorrangig geprägt vom Bekenntnis zur Poesie, zur Autonomie der Dichtung, von ihrem hohen Rang; aber zugleich erinnert das Bild von der Sonne daran, daß solche Dichtung der Schönheit nicht von Dichtung der Wahrheit (engagiert, kämpferisch, dialektisch, polemisch, ethisch) getrennt werden kann. Neben Jehuda stehen andere jüdische Dichtergestalten seiner Epoche; aus ihrem Kreis stammt die Literarisierung der Schlemihl-Figur und ihre Eingliederung in Dichter-Selbstporträts. Damit wird die literaturgeschichtliche Ebene des Gedichts indirekt mit der Schlemihl-Figur verbunden, die in der Gegenwartsebene in den Mittelpunkt tritt und hier eine wesentliche Rolle im Gesamtbild des Dichters spielt, ihm die Elemente Selbstironie, Selbstverspottung, Galgenhumor hinzufügt.

Viele der genannten Bestimmungen werden nicht nur als Charakteristika des Dichters benannt, sie prägen auch seine Sprache, seinen Stil, die Art seiner Dichtung: das, was Heine die "Schreibart" nennt. Selbstbewußt und gelegentlich gar etwas pathetisch einerseits, melancholisch und fast etwas resigniert andererseits — ist dieser Ton, nein: *wäre* er, wenn nicht durchgehend die Grundierung von Ironie, Spott, Galgenhumor hinzukäme.

Daß und warum Heine gerade im jüdischen Dichter den Prototyp des Modernen sieht, muß nach allem Gesagten nicht noch einmal

besonders betont und ausgeführt werden: die Außenseiterrolle, das
Leiden, das Exil gehören aufgrund der geschichtlichen Erfahrungen
in hohem Maß zu seinem Wesen; Ironie, Selbstverspottung und
Galgenhumor sind zunächst erzwungene Mittel des Selbstschutzes,
werden dann zu immer souveräner und artistischer ausgebildeten
Eigenarten von Heines Schreibart. Dieses Bild würde nicht nur
bestätigt, sondern auch differenziert und um einige wichtige Aspekte
erweitert, wenn man Heines sonstige jüdischen Dichterbilder des
Spätwerks einbezöge — z. B. Rabbi Faibisch aus "Der Apollogott";
schließlich müßte man den Platz und den Stellenwert dieser jüdischen
Porträts in der gesamten Bilder-Galerie des Spätwerks und des
Gesamtwerks bestimmen.[23] Das kann dieser Vortrag nicht leisten, er
kann auch die angedeutete Traditionslinie zur jüdisch-amerikanischen
Schlemihl-Literatur nicht weiter auszuziehen. Ich möchte am Schluß
nur auf eine andere Wirkungslinie verweisen, die nach der Bedeutung
von Heines jüdischen Dichterbildern heute fragt.

Hannah Arendt eröffnet ihr im amerikanischen Exil kurz nach der
Shoa geschriebenes Werk "Die verborgene Tradition" mit einem
Kapitel über Heine. Darin behandelt sie unter dem Titel "Schlemihl
und Traumweltherrscher" das Gedicht "Jehuda ben Halevy" im
Horizont des Schicksals der Juden im 20. Jahrhundert.[24] Sie gibt
damit zugleich unausgesprochen eine Antwort auf die Frage: wieweit
reichen Heines jüdische Dichterbilder?, in welchem Maße kann man,
darf man sie aktualisieren auch jenseits des Bruchs aller Kontinuitäten,
der Shoa? Das allerdings ist eine Diskussion, die weit über das
begrenzte Ziel dieses Beitrags hinausgeht.

Anmerkungen

1. Siehe dazu umfassend Sabine Bierwirth, *Heines Dichterbilder. Stationen seines
   ästhetischen Selbstverständnisses*, Stuttgart und Weimar: Metzler 1995.
2. Michael Werner (Hrsg.): *Begegnungen mit Heine. Berichte der Zeitgenossen*,
   Hamburg: Hoffmann & Campe 1973, 2 Bde, Zitat Bd. II, S. 186.
3. Das Gedicht wird zitiert nach Heinrich Heine, *Historisch-kritische Gesamtausgabe
   der Werke*, in Verbindung mit dem Heinrich-Heine-Institut hrsg. von Manfred
   Windfuhr (= DHA), Bd. III/1 und III/2: *Romanzero. Gedichte. 1853 und 1854.
   Lyrischer Nachlaß*. Bearbeitet von Frauke Bartelt und Alberto Destro (Hamburg:
   Hoffmann & Campe 1992). Zitate werden im Text nur mit der Seitenzahl
   nachgewiesen. — Der Dichter heißt korrekt Jehuda (ben Samuel) Halevy (bzw.
   Halevi, ha Levi); Heine wählte die Form "Jehuda ben Halevy" wohl kaum
   "irrtümlicherweise" (S. 892), denn er benutzte verschiedene literarhistorische
   Werke; der trochäische Vers erforderte die Umformung.

4. Heine an Campe, 28.8.1851, in: Heinrich Heine, *Sämtliche Schriften*, Säkularausgabe. Hrsg. von den Nationalen Forschungs- und Gedenkstätten der klassischen deutschen Literatur in Weimar und dem Centre National de la Recherche Scientifique in Paris, Berlin: Akademie-Verlag und Paris: Editions du CNRS 1970ff. (= HSA). Bd XXIII, S. 117. Daß Heines Äußerung im Brief an Campe vom 21.8.1851 — "das schönste meiner Gedichte" (S. 112) — sich auf "Jehuda ben Halevy" bezieht, ist möglich, aber nicht sicher.

5. Destro nennt es "das größte poetologische Gedicht im Spätwerk" [Anm. 3, S. 892]; für Sammons gehört es zu den "wichtigsten Gedichten" des Autors, siehe Jeffrey L. Sammons, *Heinrich Heine*, Stuttgart: Metzler 1991, S. 128. — In der Forschungsliteratur haben sich solche Urteile allerdings noch nicht niedergeschlagen. Es gibt nur wenige Studien zu Teilaspekten, vor allem zum jüdischen Gehalt (Hartmut Kircher, *Heinrich Heine und das Judentum*, Bonn: Bouvier 1973; Ruth Wolf, "Versuch über Heines 'Jehuda ben Halevy'". In: *Heine-Jahrbuch* 18 (1979), 84–98; am ergiebigsten und perspektivenreichsten ist das Werk von Siegbert S. Prawer, *Heine's Jewish Comedy. A Study of his Portraits of Jews and Judaism*, Oxford: Clarendon Press 1985 [zuerst 1983], bes. S. 561–578), sowie zum Dichterbild (Bierwirth [Anm. 1]); selten sind Versuche, die unterschiedlichen Aspekte zugleich zu fassen: Joachim Bark, 'Nachwort' [zu] Heine: *Romanzero*, München: Goldmann 1988, bes. S. 260–267; Wolfgang Preisendanz, "Memoria als Dimension lyrischer Selbstrepräsentation in Heines Jehuda ben Halevy". In: *Memoria. Vergessen und Erinnern*, hrsg. von Anselm Haverkamp und Renate Lachmann unter Mitwirkung von Reinhart Herzog, München: Fink 1993, S. 338–348.

6. Destro [Anm. 3], S. 895.

7. DHA III/1, S. 181.

8. Destro [Anm. 3] schreibt: "Andere Züge der Gestalt Jehudas haben zu dieser Identifikation weniger beigetragen, am allerwenigsten wohl das Motiv der Sehnsucht nach Jerusalem, von der doch im Gedicht so häufig die Rede ist. Es in erster Linie als Ausdruck von Heines Zugehörigkeitsgefühl zum Judentum aufzufassen, wäre weitgehend verfehlt. Nicht so sehr der Jude Heine, sondern vor allem der Dichter fühlt sich mit Jehuda, dem großen Poeten, verbrüdert" (904). Meine Interpretation versucht hingegen zu zeigen, daß das Verhältnis des Juden Heine zu Jehuda von dem des Dichters nicht zu trennen ist.

9. Gerhard Storz, *Heinrich Heines lyrische Dichtung*, Stuttgart: Ernst Klett 1971, S. 205f.

10. Ludwig Rosenthal, *Heinrich Heine als Jude*, Frankfurt u. a.: Ullstein 1973, S. 304.

11. Bark [Anm. 5], S. 265–267.

12. Die wichtigste der wenigen früheren Erwähnungen des Namens "Schlemihl" bei Heine findet sich am Ende der *Nordsee*. Heine stellt fest, daß die "Beschreibung oder Prophezeyung des Untergangs" bei allen Völkern große Epen hervorgebracht habe: "Wir Deutschen" hingegen seien "doch wahre Peter Schlemiehle": Wir hätten zwar "viel ertragen" und "viel verloren", dennoch habe unsere Literatur davon "wenig profitirt" (DHA VI, S. 163f.) — Hier wird der Name bereits locker, allerdings nicht spezifisch mit dem Dichter verbunden (das jüdische Element fehlt noch). Heine folgt hier weitgehend Chamisso (wie auch der Vorname zeigt), 'Schlemihl' steht, wie bei diesem, v. a. für 'Pechvogel', 'Tölpel'.

13. Bark [Anm. 5], S. 267; Preisendanz [Anm. 5], S. 343f.
14. Von diesem (m. E. verfehlten) Ansatz aus kommt z. B. Bierwirth [Anm. 1] zu der Bestimmung: der Schlemihl füge "sich das Unglück eben durch seine menschlichen Schwächen selbst zu" (S. 406f.).
15. Chamisso erklärte in einem Brief vom 17.3.1821 seinem Bruder Hippolyte gegenüber: "Schlemihl oder besser Schlemiel ist ein Hebräischer Name, und bedeutet Gottlieb, Theophil oder auch *aimé de Dieu*. Dies ist in der gewöhnlichen Sprache der Juden die Benennung von ungeschickten oder unglücklichen Leuten, denen nichts in der Welt gelingt. Ein Schlemihl bricht sich den Finger in der Westentasche ab, er fällt auf den Rücken und bricht das Nasenbein, er kommt immer zur Unzeit." In: *Werke*, hrsg. v. Hermann Tardel, Leipzig und Wien: Meyer 1910, Bd. 2, S. 461.
16. Die gelehrten Heine-Kommentare (z. B. Israel Tabak: *Heine and his Heritage. A Study of Judaic Lore in his Work*, New York: Twayne Publishers 1956, S. 152) führen zwei talmudische Überlieferungen an, in der Simri vier weitere Namen trägt, einer davon ist Schumiel. — Auch Chamisso kannte diese Verbindung bereits. In dem zitierten Brief [Anm. 15] heißt es: "Schlemihl, dessen Name sprichwörtlich geworden, ist eine Person, von der der Talmud folgende Geschichte erzählt: Er hatte Umgang mit der Frau eines Rabbi, läßt sich dabei ertappen und wird getödtet. Die Erläuterung stellt das Unglück dieses Schlemihl ins Licht, der so theuer das, was jedem andern hingeht, bezahlen muß." Nach Chamisso besteht das Pech Schlemihls also darin, daß er so ungeschickt war, sich beim Ehebruch mit der Frau des Rabbi ertappen zu lassen. In Num. besteht die "Sünde" darin, daß Simri mit einer *heidnischen* Frau hurte (entgegen dem ausdrücklichen Verbot Moses'; es handelt sich also keineswegs um die bekannte Schwank-Situation).
17. Vgl. z. B. Grimm, *Deutsches Wörterbuch*, Bd. IX, Leipzig: S. Hirzel 1899: Art. "Schlemihl", Sp. 624.
18. Gustav Karpeles, *Geschichte der jüdischen Literatur*, 2 Bde, 4. Aufl., Graz: Akademische Druck- und Verlags-Anstalt 1963, Kap. IV, 3: Die jüdisch-arabische Literatur in Spanien, Bd. I, S. 356–447. Über Abraham b. Meir ibn Esra (1093–1168): S. 423–430. Es heißt u. a.: die "Volksphantasie" habe den Freund Jehudas zu seinem Schwiegersohn gemacht; er sei "eine der originellsten Erscheinungen" der Epoche, zerrissen zwischen Glauben und Denken, Frömmigkeit und Witz. "Aus Spanien fortgetrieben" habe er "die Hälfte seines Lebens auf der Wanderung verbracht" (S. 424). "Ungeachtet aller der trüben Lebenserfahrungen, die ihm sein unstätes Leben brachte, verließen ihn leichter Sinn, heitere Laune sowie ein Hang zur Satyre doch nicht" (S. 426).
19. Zitiert nach Art. "Abraham ibn Esra". In: *Kindlers Neues Literatur Lexikon*, Bd. VIII, München: Kindler 1990, S. 275.
20. Sanford Pinsker, *The Schlemiel as Metaphor. Studies in Yiddish and American Jewish Fiction*, revised and enlarged edition, Carbondale und Edwardsville: Southern Illinois University Press 1991, S. 5.
21. Siehe Pinsker [Anm. 20] sowie Ruth R. Wisse, *The Schlemiel as Modern Hero*, Chicago und London: University of Chicago Press 1980.
22. Wisse [Anm. 21], S. 126.
23. Diese Ausweitung versuche ich in einem Beitrag, in den diese Interpretation weitgehend eingegangen und der mittlerweile erschienen ist: "'Wir stammen

von Schlemihl'. Jüdische Dichter-Bilder in Heines Spätwerk von Jehuda ben Halevy bis Rabbi Faibisch". In: *Aufklärung und Skepsis. Internationaler Heine-Kongress 1997 zum 200. Geburtstag*, hrsg. von Joseph A. Kruse, Bernd Witte und Karin Füllner, Stuttgart und Weimar: J. B. Metzler 1998, S. 303–321.

24. Hannah Arendt, "Die verborgene Tradition" [zuerst 1948]. In: H.A., *Die verborgene Tradition. Acht Essays*, Frankfurt: Suhrkamp 1976, S. 46ff.: "Heinrich Heine: Schlemihl und Traumweltherrscher", S. 48–55. Eng mit dem Begriff "Schlemihl" verbindet Arendt den des "Paria".

PART III

❖

Heine and After

8

Heine and the Lied

Peter Branscombe (St Andrews)

One of the commonplaces of literary and musical history is that great poets have tended to be unhappy with great composers' settings of their verse. Goethe's sending back to Vienna, unheard, the two manuscript books of Schubert's songs to his poems is merely the most famous example;[1] the sage of Weimar was happier with what we consider the dull, dutiful settings of his lyrics by Zelter and Reichardt. Heine seems to have been so well satisfied with the settings of his verse by Joseph Klein and Albert Methfessel that we can perhaps just begin to understand why he seems to have been so uncurious about the incomparable lieder written to his texts by Schubert and Schumann.

What are the qualities in Heine's verse that have so powerfully attracted musicians? The fact that Heine himself seems to have courted their involvement by naming his most famous collection *Buch der Lieder* is certainly part of the answer. A supplementary question is: how are we to account for the fact that so little of Heine's verse after the great collection of 1827 has been taken up by composers?

And what qualities in Heine's verse may be thought to inhibit musical setting? Their own musicality can of course make music superfluous. The loss of ambiguity is perhaps a more serious matter: with Heine you can, as it were, have your cake and eat it. In a musical setting, no element of choice is left, despite minimal variation in tempo, phrasing, dynamics, vocal emphasis, and intonation. It is possible to feel that Schubert marred those of Heine's poems that he set, by missing the ironies and double meanings. This is a view firmly argued by Jack M. Stein, who claims that 'Every one [of Schubert's songs to poems of Heine] is a misinterpretation of Heine'; further, that 'Schubert's Heine songs must stand as faulty interpretations of

one of Germany's greatest poets.'[2] Perhaps so; but the confrontation
with Heine's verse opened new perspectives for Schubert that of
course he did not live to develop, and yet his six Heine settings of
August 1828, a bare three months before his death, not only point the
way far into the musical future, they have their own teasing ambi-
guities.

How musical was Heine? To judge by the various and to some
extent contradictory comments of friends and acquaintances, the
answer must be 'not very'. Ferdinand Hiller, who set a number of
Heine lyrics and knew the poet well, commented: 'Die Musik
interessierte ihn nicht übermäßig, soviel Geistreiches und tief
Empfundenes er auch, neben toll Humoristischem, darüber
geschrieben.'[3] A playful example of this attitude occurs with the poet's
request to Hiller to insert 'etwas fleur d'orange' into his setting of the
poem 'Gleich Merlin, dem eitlen Weisen', when he sent it to him on
24 April 1833.[4] We should not accept at face value the observation
that Heine thought that a concert he was attending was over with
marvellous rapidity when, according to the programme, there were
four items: he mistook the four movements of the opening symphony
for the whole concert (Gespräche, 213–14). Of course he was a lively
and entertaining critic of musical performances, but without
necessarily understanding much about the art he was reviewing.

Heine seems to have known very few of the innumerable settings
of his lyrics; several visitors to the mattress grave mentioned this fact.
Joseph Klein, a composer friend from Heine's youth, sent him settings
via members of a Cologne Männergesangverein in 1855, and Franz
Xaver Mennig says Heine liked what he heard; he specifically
mentioned admiring Mendelssohn's setting of 'Wasserfahrt', and
Klein's of 'Die beiden Grenadiere' (Gespräche, 940–1). But Heine
hardly seems to have known any of the songs by Schubert or
Schumann. As Adolf Stahr and Fanny Lewald reported after a visit to
the poet in September 1850:

Wir sprachen ihm von den Mendelssohnschen und Triestschen,[5] von Löwes
und Schuberts Kompositionen seiner Lieder. Er kannte davon nur das
wenigste und sagte, daß ihm die Löweschen die liebsten seien, daß ihn diese
ganz entzückt hätten und daß er gern ein Instrument haben und bei dem
Spiel und Gesang dieser Melodien seiner Lieder sterben möchte. Die
allbekannte Loreleymelodie[6] war ihm fremd. (Gespräche, 745)

Though they fall outside the scope of this chapter, Die Memoiren des

Herren von Schnabelewopski and 'Der Tannhäuser: Eine Legende' exerted a strong influence on Wagner at the time of his first preoccupation with *Der fliegende Holländer* and *Tannhäuser* (in the latter case we are more likely to see a parallel with the Nestroy of the Tannhäuser parody than with the Wagner original). And it is not widely known that one of Heine's texts, intended for musical setting, *Doktor Faust. Ein Tanzpoem*, was being considered as a theatre project in the late 1970s by Sir William Walton. I was telephoned one evening by the Assistant General Administrator of the Royal Opera House, Covent Garden, to be asked whether I would be prepared to collaborate on the project; Walton's illness and death prevented any possibility of its realization. There seem to have been few attempts in our century to set Heine texts, at least outside German lands.

What is it about a poem that attracts a composer? Why should Heine, second only to Goethe, have drawn so many, and such varied, musicians to set his verses? And why should the choice have been limited almost without exception to the early verse, or to later poems that show similar characteristics?

The rich seams of *Romanzero*, the highpoint of Heine's narrative verse, have rather seldom been mined by song-writers. Is it because of the length of most of these poems? The fact that 'Der Asra' has been memorably set by Loewe may help bear out my contention that length has something to do with it. Directness of utterance is part of that same quality. A poem that tells the reader everything, thus leaving little or nothing to the imagination, is less likely to inspire a composer than the verse characterized by 'Sprünge und Würfe', where at the very least the piano accompaniment has the chance to suggest missing detail, or to muse on the implications of what the verse has been stating or has declined to state. The incomparable poems of Heine's last years, the *Gedichte 1853 und 1854* and the 'Matratzengruft' sequences, have drawn composers even less often than *Romanzero*. To some extent this may be due to historical considerations: few of the major lieder composers of the third quarter of the nineteenth century set poems by their contemporaries, and by the time we reach the last quarter of the century, we find Hugo Wolf at his happiest with the older verse of Goethe, Eichendorff, and Mörike, or translations from Spanish and Italian by Geibel and Heyse; and Richard Strauss tended to busy himself with the very latest products of essentially minor contemporaries, when he was not looking back to classical and early Romantic poets.

In 1997 we were bound to start with Schubert. I had considered beginning with 'Der Doppelgänger' in the ancient recording made by Chaliapin, with orchestral accompaniment that suggests an unfamiliar scene from *Boris Godunov*; that would have been an obvious pointer to the extraordinary modernity of the musical language that Schubert was beginning to develop in his last months. But 'Die Stadt' in its brand new style looks perhaps even further ahead into the musical future. After two bars of eerie pianissimo octaves, played *con pedale*, the rising and falling scale figure that is to occur no fewer than seventeen times in the forty bars of the song makes its first hesitant appearance. The vocal line, with nervously dotted—even double-dotted—rhythm, and somewhere between recitative and arioso in style, only moves outside the tenor staff twice: for the sinister 'Kahn' at the end of the second stanza, and for the climactic fortissimo G on 'Liebste [verlor]' at the very end. Or rather, it is not the end, for the postlude is as long, and as eerily questioning, as the closely related prelude had been.

We turn now to Mendelssohn, who was for a time a close acquaintance of Heine; he set a handful of Heine poems as lieder, of which 'Verlust' (Op. 9 No. 10) is actually by his sister Fanny; and there are also a number of vocal duets. The well-known Op. 34 No. 2, of 1836, 'Auf Flügeln des Gesanges', is simple, heartfelt, barcarolle-like with emphasis on melody and mood rather than profundity, and with rustling arpeggios in the accompaniment that equally well suggest both the wings of the first line and 'des heilgen Stromes Welln' of the penultimate stanza.

A further instance of Heine's unmusicality arises from this very song. Sir Charles Hallé writes in 1839 or 1840:

I had brought with me, after an excursion to Germany, the book of songs by Mendelssohn, in which the first is the setting of Heine's 'Auf Flügeln des Gesanges'. I spoke of it with enthusiasm to Heine, who came the same evening with Heller[7] to the Rue Lafitte, most eager to hear this version of his poem. I had a feeble, but not altogether disagreeable tenor voice, and sang the 'Lied' to him with all the expression I was capable of, and certainly correctly as regards the music. Great was my astonishment, and Heller's also, when at the conclusion he said in a disappointed tone: 'There is no melody in it.' As there is nothing but melody in it, we long puzzled over the riddle— What sort of melody may satisfy a poet when he hears his own words sung? An insoluble one, I am afraid.[8]

The unexpected name among the mainly familiar composers I am discussing is that of an older contemporary of Clara Schumann, included not to boost the female representation, but because as a composer she is both unknown and distinctly good. Her name will be familiar, but not her music. Caroline Unger (1803–77), singing pupil of Schubert, friend of Beethoven—also contralto soloist in the first performance of the Choral Symphony—and for a few hectic weeks fiancée of Lenau.[9] I was granted access to two privately owned autograph songbooks of Caroline Unger, the more elegantly written and elaborately bound of which includes a dedicatory poem by Franz Schober that refers to their mutual friend Schubert; and two young artists generously recorded especially for this paper two brief Unger settings from these albums. Not that all Caroline Unger's songs are short: there is a highly dramatic and atmospheric narrative piece, 'Allons, Beppo', to a poem by her husband, the French writer François Sabatier, that must be as long as any of the Schubert or Loewe ballads. I express my gratitude to the singer Phillip Conway-Brown and the pianist Jeremy Thurlow for the trouble they have taken in rehearsing and recording these little songs. They sing them with the well-known German lines, but could equally well have chosen the elegant and accurate French translation by Sabatier.[10] The songs date from around 1840. The first of them is 'Wasserfahrt', 'Ich stand gelehnet an den Mast', from *Junge Leiden*. Unger sets only the first of the three strophes, repeating the first two lines; contrary to her normal practice when she intends the further strophes of a poem to be sung *da capo* or *dal segno*, the remaining strophes of the poem are not appended.

The second of these Caroline Unger songs is to that often-set lyric from *Die Heimkehr*, 'Du bist wie eine Blume', with delicately undulating piano part, and effective repetition, with just the subtlest of variation, of the final two lines.

Clara Schumann (1819–96) claimed she was a somewhat reluctant composer: 'Componieren aber kann ich nicht, . . . ich habe kein Talent dazu. Und nun vollends ein Lied, das kann ich gar nicht . . . ; einen Text ganz zu erfassen, dazu gehört Geist.'[11] But she took courage from Robert's prodigious example, and set at least four Heine poems, including, in 1843, a distinctly unusual 'Lorelei'. She had met Heine in March 1839 (*Gespräche*, 331) and in May 1840 her husband sent Heine a copy of the newly published *Liederkreis*, Op. 24, that the poet seems never to have received.[12] The critic of the *Neue Zeitschrift für Musik* wrote generously about Clara's songs: 'Die Lieder werden wohl nicht einen geräuschvollen Triumphzug durch die Salons machen, aber in stiller Klause wird sich manch empfängliches Gemüth an ihrer ungeschmückten Anmuth und dem poetischen Dufte, der durch sie weht, erquicken.'[13] Her setting of 'Ich weiß nicht, was soll es bedeuten' could hardly be more different from Silcher's familiar, and rather banal, setting of five years earlier.

Robert Franz (1815–92) was among the most prolific setters of Heine among all the nineteenth-century composers, with around seventy lieder dating from between 1846 and 1879. He returned at least six times to 'Auf dem Meere', there is a liberal sprinkling of Heine songs throughout his output, and there were four books, each containing six songs, wholly of Heine lieder. There is a charming little setting, published in 1846 as Op. 5 No. 1, of 'Aus meinen großen Schmerzen'.

A minor Polish-Austrian composer who set 88 *Lieder aus Heinrich Heines Reisebildern*—in fact he seems to have made his selection almost entirely from *Lyrisches Intermezzo* and *Die Heimkehr*—was Johann Vesque von Püttlingen (1803–83); he published the collection privately in Vienna in 1851, under his usual pseudonym, J. Hoven. Four years after the publication of the Heine lieder he enters the poet's consciousness in an interesting way: Camilla Selden, also known as Elise Krinitz and 'die Mouche', describing her momentous first visit to Heine's apartment in June 1855, mentions that she had recently been in Vienna: 'einer von des Dichters dortigen Verehrern [Freiherr Vesque von Püttlingen] hatte mich gebeten, demselben einige Musikstücke zu übermitteln. Der Sicherheit wegen brachte ich die Blätter selbst nach Heines Wohnung' (*Gespräche*, 914). She goes on to say that she was commanded to stay and see Heine; the rest, of course, is history—and the inspiration for much of the superb late verse. I do not know enough of Vesque's songs to be able to say how typical is his setting of *Lyrisches Intermezzo* 50, 'Sie saßen und tranken am Teetisch'. It is an interesting attempt, overstated, and surely lacking awareness of the ironic depths of the final lines, 'Du hättest so hübsch, mein Schätzchen, / Von deiner Liebe erzählt'.

Carl Loewe (1796–1869) is a greatly undervalued song-writer, best known for and most successful with his ballad settings. He would surely have made a magnificent job of the long *Romanzero* narrative poems, but it seems that the only one he set was 'Der Asra', from the first book, 'Historien'; it is one of the shortest—and also most poignant—of them all. Loewe also included five of the early lyrics in book 7 of his Op. 9 (Leipzig, 1832), and he set 'Die schlanke Wasserlilie' in the mid-1840s. 'Der Asra' is quite a late song, with a strikingly eloquent piano part; it was written in 1860 and published as opus 133 in Vienna in 1867, only two years before its composer's death.

The first of my two examples of a composer from outside the Austro-German tradition who set Heine is Edvard Grieg. I think Op. 48 No. 1 of 1889 is his only Heine song; indeed, scarcely a handful of his 140-odd songs are to German texts, and these were mostly composed during his student days in Leipzig. Grieg returned to German poetry for his *Sechs Lieder*, Op. 48, when he was in his mid-40s. The first of the six is a pleasingly uncomplicated and melodious miniature, a setting of 'Leise zieht durch mein Gemüt', which he entitles 'Gruß'.

Reynaldo Hahn, one of Venezuela's most talented sons, is an intriguing figure, and I close with one of his characteristic *Mélodies*. This is a setting of a French translation of 'Seraphine', the first poem of the book entitled *Verschiedene*. I wish I had a recording of Lord Berners's setting of 'Du bist wie eine Blume' which, so its preface has it, was composed under the apprehension that its subject was not a beautiful girl, but Lord Emsworth's favourite creature, a beautiful pig. Hahn begins his setting of 'Séraphine', which dates probably from the early 1890s, on one note, with undulating arpeggios, before the drop of a fifth helps create both melody and twilit atmosphere; a subtle touch is the repetition, at the end, of the last three lines of the first quatrain.

No one can be more conscious than I of what I have had to omit. Had time permitted, I should have wanted to examine aspects of the work of at least three further musicians from the circle around Schubert and his friends. Benedict Randhartinger (1802–93) wrote a sensitive setting of Heine's 'Im Traum sah ich die Geliebte', and Franz Lachner's songs include a fine 'Herz, mein Herz', scored, like Schubert's 'Auf dem Strom', for tenor voice, obbligato horn, and piano. Grillparzer's few and modest song-settings include 'Du schönes Fischermädchen'. The fact is, hardly a song composer of the mid-nineteenth century, amateur or professional, seems to have been able to avoid the temptation to set Heine lyrics to music.

Notes

1. Otto Erich Deutsch, *Schubert: Die Dokumente seines Lebens* (Kassel, 1964), pp. 40–1.
2. Jack M. Stein, *Poem and Music in the German Lied from Gluck to Hugo Wolf* (Cambridge, Mass., 1971), pp. 4–5.
3. *Gespräche mit Heine*, ed. H. H. Houben (Frankfurt am Main, 1926), p. 208. Further references to this edition are given in the text thus: '(*Gespräche*, 210)'.
4. *Dichter über ihre Dichtungen. 8: Heinrich Heine*, ed. Norbert Altenhofer (Munich, 1971), ii. 15. This poem is more familiar in the later version ('Katharina', 3) beginning 'Wie Merlin, der eitle Weise'.
5. The minor composer Heinrich Triest, of Stettin.
6. Presumably Friedrich Silcher's familiar setting (1837).
7. The pianist and composer Stephen Heller.
8. *Dichter über ihre Dichtungen* (n. 4), i. 161.
9. For a survey of her life and career, see Peter Branscombe, 'Schubert and the Ungers: A Preliminary Study', in Brian Newbould (ed.), *Schubert Studies* (Aldershot, 1998), pp. 147–57.
10. In the present state of knowledge it is not possible to state whether Caroline Unger's husband is the same Sabatier named in Adolf Stahr's diary entry for 23 Oct. 1850: 'Sabatier, der sie [handschriftliche Aufzeichnungen über Dantons Prozeß] gelesen, erzählte mir daraus folgenden charakteristischen Zug . . .' (*Gespräche*, 780).
11. Eva Weissweiler, 'Lieder von Clara und Robert Schumann', notes to Bo Skovhus, *Das Herz des Dichters/The Heart of the Poet*, Sony Classical SK 62372 (1996), p. 7.
12. Fritz Mende, *Heinrich Heine: Chronik seines Lebens und Werkes* (Berlin, 1970), p. 175; cf. *Gespräche*, p. 377.
13. Weissweiler (n. 11), p. 7.

9

❖

Heine and the Russian Poets from Lermontov to Blok

Alexander Stillmark (London)

The importance of Heine's influence in nineteenth-century Russian literature is an assured and well-attested fact. Heine belongs among that select company of poets who have found a second home in Russia.[1] Her foremost poets and men of letters all played their part in that remarkable reception and assimilation. The very substantial study by Jakov I. Gordon, to which I am much indebted for information and stimulus, makes this claim even more emphatically: 'Die russische Literatur ist ohne Heine schon kaum mehr vorstellbar, ja seit den sechziger Jahren des 19. Jahrhunderts ist er der bekannteste, meist gelesene und geschätzte ausländische Dichter in Rußland.'[2] In attempting to offer something like a bold outline of the extent of Heine's reception among Russia's greatest poets in the past century, I shall therefore of necessity confine my observations to a number of representative and telling examples.

In reinforcement of the above claim made for Heine, and by way of an overture to our topic, let me call to mind a few examples from the pinnacles of Russian literature which show us how much Heine belonged to the literary culture of nineteenth-century Russia. In part 5, ch. 5 of *Crime and Punishment*, where Dostoevsky movingly describes the death of Katerina Ivanovna, it is lines from Heine which come to her fading consciousness:

> Du hast Diamanten und Perlen [. . .]
>
> Du hast die schönsten Augen,
> Mädchen was willst du mehr?[3]

Quite apart from the aesthetic resonance of these words in their context, this subliminal glimpse is eloquent attestation of profound personal and cultural possession of the poet.[4] In his literary notebooks also, we find Dostoevsky placing Heine alongside Lermontov, Turgenev, Tolstoy, and Pushkin under the heading: 'excellence within this age' (*PSS* xxiv. 133). Turning next to Turgenev's *Fathers and Children*, in ch. 25 we find the younger generation in a lively discussion of the most topical of modern poets:

'I don't like Heine when he's either mocking or weeping,' Katya said, looking at the book which Arkady was holding in his hands. 'I like him when he is pensive and sad.'

'While I like him when he's mocking,' Arkady remarked.[5]

In this brief exchange Turgenev has, with typical nonchalance, put his finger on the crucial and contentious issue of the uncomfortable Heine who challenged, perplexed, or enthused the Russian literati of the mid-nineteenth century. The satirical, ironic, anti-Romantic aspects of his writing were, of course, largely suppressed by censorship and cunningly smoothed over by the early translations. At the end of Goncharov's last great novel *The Precipice* (1870), when the hero Raisky sits down to write his own novel *Vera*, he is thinking about an epigraph for the work:

'Now the epigraph: it is long since ready!' he whispered and wrote straight from memory the following poem by Heine, and below it a translation recently made:

> Nun ist es Zeit, dass ich mit Verstand
> Mich aller Thorheit entled'ge,
> Ich hab' so lang, als ein Komödiant
> Mit dir gespielt die Komödie.[6]

The translation which follows was indeed recently made. Goncharov had decided to approach the poet Alexey Tolstoy to provide him with a fitting rendering for the novel. In doing so he chose wisely, for he was among those poets of real note whose literary relations with Heine would prove so fruitful for Russian literature. Another leading man of letters, the critic and publicist Nikolay Dobrolyubov (1836–61), gave pride of place to Heine in choosing the line 'Schlage die Trommel und fürchte dich nicht' as the motto for his important essay on Turgenev's *On the Eve* entitled 'When will the Day come?'[7] Lastly, we come to Leo Tolstoy, whom Thomas Masaryk once taxed with 'his infatuation with Heine'.[8] Tolstoy is among the first Russians to give Heine his place alongside Byron and Leopardi as one of those 'exceptional men' who had expressed that profound discontent with life which ushered in a new age.[9]

Any history of Heine's reception in Russia has to begin with the name of Fyodor Tyutchev (1803–73), who was Heine's first translator and who made his acquaintance in Munich in 1827 when stationed there as a diplomat. Tyutchev's house was a centre of cultural life in that city and Heine became a frequent and welcome visitor. Though his host was in no sense a political mind, it was to him that Heine owed the view of Russia he expressed in ch. 30 of his *Reise von München nach Genoa*:

Jene Prinzipien aber, woraus die russische Freiheit entstanden ist, oder vielmehr täglich sich weiter entfaltet, sind die liberalen Ideen unserer neuesten Zeit; die russische Regierung ist durchdrungen von diesen Ideen, ihr unumschränkter Absolutismus ist vielmehr Diktatur, um jene Ideen unmittelbar ins Leben treten zu lassen; diese Regierung hat nicht ihre Wurzel im Feudalismus und Klerikalismus, sie ist der Adel- und Kirchengewalt direkt entgegenstrebend; schon Katharina hat die Kirche eingeschränkt und der russische Adel entsteht durch Staatsdienste; Rußland ist ein demokratischer Staat, ich möchte es sogar einen christlichen Staat nennen, wenn ich dieses oft mißbrauchte Wort in seinem süßesten, weltbürgerlichsten Sinne anwenden wollte: denn die Russen werden schon durch den Umfang ihres Reichs von der Engherzigkeit eines heidnischen Nationalsinnes befreit, sie sind Kosmopoliten, oder wenigstens Sechstel-Kosmopoliten, da Rußland fast den sechsten Teil der bewohnten Welt ausmacht—(*SS* ii. 381)

This incomprehensibly wrong-headed and roseate view of tsarist autocracy under Nicholas I, where censorship was harshly enforced, where even the greatest poets were sent to the Caucasus for a liberal taste of freedom, was certainly a second-hand version of the truth (*SS* ii. 865). Heine was later to write a corrective to these misinformed views on the Russian state in his Introduction to *Kahldorf über den Adel* (1831), written shortly before he went into exile in Paris. Tyutchev served Heine much more usefully as a translator. Indeed it was generally to Heine's benefit that he was thus served by all Russia's most prominent poets—Lermontov, Fet, A. Tolstoy, Nekrasov, Blok, and many more—with the notable exception of Pushkin, who died as early as in 1837.

The first Heine poem Tyutchev translated was published in the journal *Severnaja Lira* in 1827; this was 'Ein Fichtenbaum steht einsam'. It is quite instructive to see what changes were made in the course of translation, by looking at the earlier version Tyutchev produced, for these can guide us to an understanding of his criteria as translator. Tyutchev's revisions point to a modification of colour and expressiveness, and to a subtler diction more appropriate to Heine's unemphatic laconicism. For example, in l. 4 Tyutchev substitutes буря ('storm') for вьюга ('snow blizzard'), and in the second stanza he makes several stylistic changes in order to refine the poetic material, to provide more temperate and choicer expression.[10]

С чужой стороны

(1823–4?)
Про юную пальму всё снится ему,
     Что в дальных пределах Востока,
Под пламенным небом, на знойном холму
     Стоит и цветёт одинока...

(autograph version)
Про юную пальму снится ему,
     Что в краю отдалённом Востока,
Под мирной лазурью, на светлом холму
     Стоит и растёт одинока...

Several arbitrary departures from Heine's poetic practice are also to be noted: Tyutchev altered Heine's rhyme-scheme (which rhymes only ll. 2 and 4) to alternating rhyme throughout. This change, with the additive of soft labials and feminine rhyming, further sweetens the lyricism *à la russe*. Furthermore, he fundamentally alters the rhythm by lengthening his line to *four* beats and by introducing a regular lilting cadence quite different from Heine's uninhibited fluency. Tyutchev abandons Heine's utterly spare simplicity and seemingly nonchalant lightness of touch, by giving his diction a gravity and resonance not in the original. Tyutchev's fastidious tendency as a formulaic poet to rarefy language was memorably noted by Turgenev in an essay of 1854 published in *Sovremennik*, where he made the following criticism: 'he often falls into outdated expressions, pale and faded lines, as though he were at times not in control of the language'. But then Turgenev balances this observation by praising Tyutchev for 'the felicitous boldness and almost Pushkin-like beauty of his turns of phrase' (*PSS* v. 425).

The tendency to dress Heine up in the high Romantic style, still fashionable in the 1840s, and to make him appear a poet of sentiment, not least by avoiding translation of those poems in the early collections which jarred discordantly or used subversive irony, was predominant in the translations made by Lermontov, Fet, and their immediate successors. Lermontov, who soon followed Tyutchev as translator of 'Ein Fichtenbaum' (1841), may be said to have refashioned Heine's poem to suit his own temperament and style, having learnt something from Tyutchev's version which must have been familiar to him (cf. Gordon, 90).

> На севере дальном стоит одиноко
>   На голой вершине сосна,
> И дремлет качаясь, и снегом сыпучим
>   Одета, как ризой, она.
>
> И снится ей всё, что в пустыне далёкой,
>   — В том крае, где солнца восход,
> Одна и грустна на утесе горючем
>   Прекрасная пальма растёт.

Though Lermontov did preserve Heine's rhyme-scheme, his version accords rather with his own sensibilities and imagination, for he adds features and images not to be found in Heine's poem. Lermontov's fir tree 'sways' (качаясь) and is covered in 'powdery snow' (снегом сыпучим), while it is clad in a chasuble of sorts (Одета, как ризой). Lermontov places the palm 'in a distant desert' (в пустине далёкой) and not 'auf brennender Felsenwand', and the term 'Morgenland' is rendered by the more expansive paraphrase 'in the region where the sun rises' (в том крае, где солнца восход). By recasting this poem in his own image, Lermontov assimilated Heine into his *œuvre* and thereby gave the German poet a share in his renown. The other Heine poem Lermontov translated (or possibly 'transplanted' would be more to the point) was 'Sie liebten sich beide' (*Die Heimkehr*, XXXIII). There are only forty-three words in Heine's two quatrains: Lermontov recast these into an eight-line poem containing sixty-one words. The fierce repression of Heine's reductive style, so redolent of bitterness and pride, is wholly absent from Lermontov's reworking of this poem, as may be seen from the opening lines alone:

Sie liebten sich beide, doch keiner
wollt es dem andern gestehn.

Они любили друг друга так долго и нежно
С тоскою глубокой и страстью безумно-мятежной;

Lermontov uses emotive language lavishly, almost squanderously in his version, as though basking in the passions to which Heine merely alludes obliquely. The two poems might therefore best be regarded as contrastive treatments of the same topos. For all that, Heine could only profit by the attention of a Lermontov or a Tyutchev, even if the image they projected of his poetry was one mediated by individual taste and temperament.

Tyutchev paid full tribute to Heine in two of his poems, written thirty-three years apart, both based on poems by Heine: «Из края в край» (1836) and «Если смерть есть ночь» (1869). The first is a reworking of 'Es treibt dich fort von Ort zu Ort' (1834). In Heine's poem the siren voice of an abandoned lover softly sounds in the poet's ears as she calls the footloose wanderer back to her. She resorts to the customary clichés of all deserted damsels, such as might figure in some pop song of recent vintage: 'O komm zurück, ich hab dich lieb, / Du bist mein einzges Glück!' Yet the outward-bound Byronic beau is not to be beguiled by such insipid entreaties. He abruptly abandons all sentimental lures and sets his course, for all its fond memories, away from the past:

Doch weiter, weiter, sonder Rast,
Du darfst nicht stille stehn;
Was du so sehr geliebet hast,
Sollst du nicht wiedersehn. (*SS* ii. 369)

Tyutchev treats this theme much more expansively and in a sustained Romantic vein. He broadens the emotive scope of his poem and lengthens it to seven stanzas where Heine had written three. It opens by invoking Fate as the hectic, indifferent power impelling men on like the whirlwind (вихрь), instead of Heine's unspecified, impersonal prime mover 'es'. The urgent repetition of вперёд, вперёд! ('forward, forward!') in stanzas 1 and 7 has no specific social or political connotation, such as one might expect from a more politically minded poet. Instead, a more subjective sentimental note enters Tyutchev's poem as he dwells ruefully on a love that belongs to the past, on the many tears shed and on a future hidden in a mist. He then devotes three stanzas to the lamenting voice of the abandoned lover in place of Heine's two lines. The line Любовь осталась за тобой ('your love remained behind') is repeated with that insistent note of melancholy so often heard in Russian poetry, which contributes to a static quality in the poem quite out of keeping with the urgency of its opening. Tyutchev's corresponding images of the uncertain nebulous future (st. 2) and the shadowy gloom of a present haunted by the past (st. 6) are used to instil a mood and to intensify latent Romantic elements in Heine's much crisper original. It is as though Heine had been used as a stimulus to further creativity; the result is a distinctively different poem, a variation on a theme. That is why no acknowledgement in a title exists. Tyutchev's much later poem 'Motiv Heine' does bear its acknowledgement in its title, but it is another reworking rather than a translation of the original: 'Der Tod, das ist die kühle Nacht' (*Die Heimkehr*, LXXXVII). Heine's metric form is not strictly regular but allows for a significant shift in the rhythm from the opening line of stanza 1 to that of stanza 2, which signals an altered consciousness: the contrast is between the state of weariness with life and the engrossing, blissful dream-world. The lyric voice subtly exploits this contrast. The regular languid heart-beat of stanza 1, suggestive of a readiness to embrace the sleep of death, changes to a quickened pace in stanza 2 as the age-old Romantic dream of eternal youth and enduring love is resurrected. But this is, almost surreptitiously, recognized as *no more than* a dream. The wakeful mind of the would-be dreamer is betrayed in the final line: 'Ich hör es sogar im Traum.'

> Если смерть есть ночь, если жчзнь есть день —
> Ах, умаял он, пёстрый день, меня!..
> И сгущается надо мною тень,
> Ко сну клонится голова моя!
>
> Обезсиленный, отдаюсь ему...
> Но всё грезится сквозь немую тьму
> Где-то там, над ней, ясный день блестит
> И незримый хор о любви гремит.

Now Tyutchev's poem misses out the subtlety of Heine's altercation with the implausible dream of Romanticism and he creates a different kind of lyric out of his material. Heine allows the deliberated quality of his central metaphors to be obtrusive, to register with the reader as a rational contrivance, and thus to alert us to the subversive critical canniness alive in the poem. Instead, Tyutchev has written his poem as a consistent composition, sustaining a tone of reflective melancholy, allowing ample scope for the affective voice and the expression of a personal mood. A more intense, sombre colouring informs Tyutchev's language, as he musters images of gathering gloom (сгущается надо мною тень) and of deathly darkness (немую тьму) to usher in the theme of self-surrender to death. The greatest contrast between the two poems concerns the song-of-love motif. In place of Heine's nubile nightingale, Tyutchev introduces a visionary dimension as his unseen choir sings his resonant hymn in praise of love somewhere in the higher regions. This mystical flight by the Russian poet runs wholly counter to the sceptical bias of Heine's wistful reverie. Though there may indeed be a bipolarity, an unresolved paradox, at the heart of Tyutchev's vision as a poet, it is essentially different from Heine's divided self in that it lacks that ironic 'Spieltrieb', that playful levity, which is Heine's signature. Nekrasov, in an early assessment of Tyutchev as poet (*Sovremennik*, 1850), was possibly the first to draw attention to those few untypical poems of his which betrayed an ironic strain:

Another kind of poem we meet with in Mr F. T. carries with it a light, barely perceptible tinge of irony, reminiscent—we should say—of Heine, had we not known that Heine, at the hands of our translators, appeared in a most unappealing light.[11]

Irony is indeed a rare and inconspicuous element in Tyutchev's poetry, for pathos, mysticism, and grandeur are his forte, so it is all the more surprising that he should have been drawn to Heine. Yet even though Tyutchev may not by temperament have been ideally suited to take on Heine the ironist, his deserts as the first translator of two of the 'Nordseelieder' ('Fragen' and 'Der Schiffbrüchige') are unquestioned. These eloquent translations, together with Fet's 'Poseidon' of 1842, helped to establish *vers libre* as a form in nineteenth-century Russian poetry. They also gave rise to some of Fet's own highly successful poems in free rhythms («Ночью как-то вольнее дышать мне», «Нептуну Леверрье») so that Heine can be accredited with serving as both model and initiator in this sphere.

A. A. Fet (1820–92), the reclusive aesthete, was a fastidious master of form and as translator prided himself on verbal precision. That he should have taken the liberty of planting an oak in l. 1 of 'Ein

Fichtenbaum steht einsam' when he translated that poem in 1841 is not ignorance of flora, but pardonable poetic licence.

> На севере дуб одинокий
> Стоит на пригорке крутом;
> Он дремлет, сурово покрытый
> И снежным, и льдяным ковром.
>
> Во сне ему видится пальма,
> В далёкой восточной стране,
> В безмолвной, глубокой печали,
> Одна, на горячей скале.

This version is not among his best efforts; it has too artificial and formal a ring to it, with its monotonous beat, plain diction, and neatly poised adjectives dutifully dancing attendance on their nouns. Fet's numerous other Heine translations have, however, lasted better than almost all other nineteenth-century versions. We still find seven of them included in the 1904 revised edition of Heine's *Collected Works* edited by Pyotr Weinberg, but none by Lermontov or Tyutchev.[12] Fet's Heine translations belong in the main to the 1840s and 1850s and are all taken from *Buch der Lieder*, as was the rule in that age. His ear for the informal, playful, and ironic idiom in the early Heine is well attested in his rendering of 'Als ich auf der Reise zufällig' (*Die Heimkehr*, VI). There is a naturalness of diction accommodated to the rhythms of speech which imitates Heine's tone to a fault:

> Когда на дороге, случайно,
> Мне встретилась милой родня, —
> И мать, и отец, и сестрица
> Любезно узнали меня.
>
> Спросили меня о здоровье,
> Прибавивши сами потом,
> Что мало во мне перемены, —
> Одно, что я бледен лицом.
>
> О тётках, золовках и разных
> Докучных расспрашивал я,
> О маленькой также собачке,
> С приветливым лаем ея.

Fet here contrives to work within a vocabulary which comes as close to the conventional patterns of social exchange as does Heine's. Heine's tone of cautiously restrained politeness in this trading of superficial pleasantries is captured by Fet with seeming effortlessness. The undercurrent of ironic implication, as the jilted lover affects indifference, is perfectly preserved in the Russian, while the little dog's 'welcoming' bark (in place of 'sanftes Belln') subtly alludes to an affection formerly associated with the fickle young lady. Elsewhere the Russian nobleman's ear for the appropriate manner and tone of voice in an ironic flourish such as 'Madame, ich liebe Sie!' (as the final line of 'Die Jahre kommen und gehen', *Die Heimkehr*, XXV) gives rise to 'Madame, je vous adore!': a wholly appropriate gesture towards a society that had espoused French as its language of polite discourse. Fet's version of 'Ich wollte bei dir weilen' (*Die Heimkehr*, LV), shows off his talent for recreating that caustic, resentful irony to which Heine resorts whenever his theme is that of the rejected lover:

> Хотел я с тобою остаться,
> Забыться, моя красота;
> Но было нам должно расстаться:
> Ты чем-то была занята.

The direct form of address моя красота ('my beauty'), though not in Heine, introduces just the right tone of scornful resentment to the poet's ill-humoured complaint that she has no time to spare for him. The fourth and final stanza, in which Heine deploys the vernacular idiom with prosaic wryness, is also nicely caught by Fet:

> Glaub nicht, daß ich mich erschieße,
> Wie schlimm die Sachen stehn!
> Das alles, meine Süße,
> Ist mir schon einmal geschehn. (*SS* i. 134)

> Не думай, что я застрелюся,
> Как мне и ни горек отказ;
> Всё зто, мой друг, признаюся,
> Со мною бывало не раз.

The insertion of the word признаюся ('I must admit' or 'to tell the truth') is not just made to effect a felicitous rhyme; it serves precisely as a natural gesture of speech to provide that nice admixture of haughtiness and pique for the concluding back-hander.

Fet's considerable contribution to the popularization of Heine gave the public a somewhat more reliable and differentiated image of the poet than had previously existed. As a translator he was commendably faithful to the letter and noted for his accuracy. He approached Heine less selectively, translating not just the poetry of sentiment but the ironical, satirical, and humorous verse also. He was, according to Gordon, the first to create a 'Russian Heine' who was not a realist, nor a political poet, but a pure lyricist who passed for a conservative Romantic (cf. Gordon, 144). However short of the truth, such an image will have helped to get him into print. Bolder and more comprehensive attempts at creating a Russian Heine would be left to a host of talented translators like Maikov, Mej, Dobrolyubov, Mikhailov, and Weinberg, all of whom continued to fill the pages of *Sovremennik* and *Russkoe Slovo* and other journals with Heine's poems. The socially critical climate of the 1850s and 1860s was particularly favourable to the reception of Heine the political poet. It is, for instance, a telling historical coincidence that a translation of 'Das Sklavenschiff' appeared in *Russkoe Slovo* in 1861, the year of the liberation of the serfs. The first collected edition was also published in St Petersburg in 1863, edited by F. Berg, and soon to be followed by P. Weinberg's first complete collected edition. This appeared between 1860 and 1870 and was extensively translated by the editor himself. The chequered history of the publication of the satire *Deutschland. Ein Wintermärchen* is particularly revealing of the sensitive political climate in Russia around 1860 where a hazardous game of hide and seek was being played between liberal and progressive writers and the censor (cf. Gordon, 183–4). At first only parts of the work tentatively appeared; the earliest being only a fragment (Caput XX) published in London in *Poljarnaja Zvezda* (1859). Its first complete publication was in a translation by Vodovozov in 1861. Even as late as 1904 we shall discover a truncated Caput XIII in the collected edition, where a nervous publisher or the editor Weinberg had evidently found the poet's address to the crucified Christ too blasphemous for Holy Russia.

The cosmopolitan Turgenev, who strongly championed Heine and had himself translated some verses from him, wrote a brief introduction to the edition of 1875 translated by Zayezzhy (V. M. Mikhailova) to which he had contributed corrections and comments.[13] In it he takes his stand by Heine with these words:

It is idle to expatiate on the merits of this poem: who can be unfamiliar with it, and who does not know that at present Heine is just about the most popular foreign poet amongst us in Russia? To transplant this bright and fragrant—at times too fragrant—flower into our native soil was no easy task; yet, so far as we can judge, the translator has fulfilled it both conscientiously and successfully.[14]

Turgenev's expression 'at times too fragrant' is a neatly disguised reference to the many sensitive issues, political and ideological, which Heine had so boldly confronted. To describe this virulent satire as a 'fragrant flower' is, quite clearly, intentionally inept. Turgenev's appreciative words once more confirm a reputation well and truly established. Heine's reception during the 1860s had constituted a significant part of Russian literary life and had occupied the centre ground of the debate about new literary and aesthetic values in which all important men of letters had participated.

Yet another positive indication of the potent force Heine represented to Russia's poets may be seen in his influence on the poetic practice of Alexey Tolstoy (1817–75), a liberal spirit who in talent and temperament stood perhaps closest of all to Heine. He not only translated Heine but took over from him and defended in theory approximate rhyme—until then proscribed in Russian poetry—so that it became established practice for Blok and the succeeding generation of Futurists.[15] His humorous and satirical poems often betray traces of Heine's influence, as do his poems in German, which show off his wit as well as a high degree of competence in the language. The following verses are from 'Philosophische Frage', written in August 1871, which has echoes of Heine's 'Laß die heilgen Parabolen':

Philosophische Frage

Um einander hier zu lieben,
Haben wir nur zwei Geschlechter;
Doch wenn ihrer wären sieben—
Wär' es besser oder schlechter?

Nämlich, wenn, ein Kind zu machen,
Sieben müßten sich vereinen,
Wäre dies ein Stoff zum Lachen
Oder wohl ein Stoff zum Weinen?

Unbestreitig, wär' es beides,
Ja, so denk' ich heutzutage;
Sonsten tät ich mir ein Leides
Beim Ergrübeln dieser Frage.

Denn ich dachte an die Ehen,
An den Zuspruch all' der Eltern;
Ist doch heute oft aus Zween
Dieser schwer herauszukeltern!

Freilich, lehrt man vom Katheder,
Da die Hindernisse würzig—
Doch wenn sieben hätte jeder,
Wär' der Eltern neunundvierzig!

Neunundvierzig Hindernisse,
Eine einz'ge Eh' zu schließen!
Eine meistens ungewisse!
Ja, es wär' zum Sicherschießen!

Ja, die schlechteste der Welten
Wär's für jene armen Seelen,
Denn, wenn sich auch sechse stellten,
Könnt' die siebente doch fehlen!

Sechse gingen dann beisammen,
Um die siebente zu finden,
Um zu löschen ihre Flammen
Und die Ehe zu verkünden.

Welcher Anblick! Nein, dem Himmel,
Mit emporgehob'nen Händen,
Dank' ich, da im Weltgetümmel
Er's bei zweien ließ bewenden![16]

As the nineteenth century drew to a close, it was inevitable that a new voice and a new approach to Heine translation would emerge. That new voice belonged to Alexander Blok (1880–1921). He had paid tribute to Heine in one of the earliest poems («Мне снилась смерть любимого созданья») and later acknowledged him as 'one of Germany's greatest poets'.[17] In the last three years of his relatively short life he undertook the major task of producing a completely new edition of Heine's collected works appropriate to the demands of a new age. His notebooks show how assiduously he worked at the task. Writing to his fellow-translator V. A. Sorgenfrei on 7 December 1918 he confidently states:

I have full editorial powers in regard to the old and new translations, i.e. I can do all that I consider necessary. The more I read the old translations, the more horrified I am. It appears that the Russian professors and versifiers were unable to command not only Heine's verse but also his prose. A Russian

Heine does not exist, despite two collected works and a multitude of separate translations, there is merely a loose surrogate. (*SS* viii. 517)

Though this dissatisfaction may sound indiscriminate and unfair, it proved a spur to his own creativity. The more deeply he involved himself in the task of creating a new Russian Heine, the more clearly did he perceive flaws in the old. A diary entry for 6 December 1918 reads: 'What have they done to even Heine's prose and not just Weinberg but Mikhailov too! (Apart from censorship.)'[18] Blok's approach to Heine was not just linguistically sensitive but properly informed, yet by no means uncritical, as his meticulous diaries and searching essays on Heine show. Blok had published translations of Heine's poems since 1909 and prided himself on his rendering of the *Loreleilied*, feeling that he had captured 'every nuance of the metre and, so far as I know, for the first time' (*SS* iii. 638–9).

Не знаю, что значит такое,
Что скорбью я смущен;
Давно не дает покою
Мне сказка старых времен.

Прохладой сумерки веют,
И Рейна тих простор;
И вечерних лучах алеют
Вершины дальних гор.

Над страшной высотою
Девушка дивной красы
Одеждой горит золотою
Играет златом косы.

Золотым убирает гребнем
И песню поет она;
В её чудесном пеньи
Тревога затаена.

Пловца на лодочке малой
Дикой тоской полонит;
Забывая подводные скалы,
Он только наверх глядит.

Пловец и лодочка, знаю,
Погибнут среди зыбей;

Так и всякий погибает
От песен Лорелей.

Blok manages to capture the easy lyricism, the natural flow of a
relaxed narrative voice, as well as the mood of languid melancholy,
underscored by a heavy cadence and dark vowel sounds; though the
Russian does not emulate the ironic distancing effected by Heine's
archaizing touches. This strict adherence to the musical and rhythmic
elements of the original is a fine formal achievement worthy of a great
poet. The playful reserve concealed in the ambivalent phrase 'Ich
glaube', in the final lines, is rendered by the explicit знаю ('I know')
which introduces a somewhat altered note of certainty into a poem
which explores and relishes the illusory. Yet Heine's will-o-the-wisp
ironies have proved elusive enough for some of his most devoted
interpreters, while Blok's distinctions as a translator are founded pre-
eminently on poetic criteria. His strict attention to formal aspects of
intonation, metre, and rhyme, as well as to diction and tone, are
certainly made apparent by a careful reading of the thirty-five Heine
translations by other hands that he reworked between 1919 and 1921.
His excellent version of 'Schlachtfeld bei Hastings' (SS iii. 478–81)
strikes one as a particularly noteworthy achievement, conveying as it
does the intense sorrowful atmosphere of the original; that potent
contrast between death and eroticism, desecration of life and
recollected passion, so significant to Heine.

Of Blok's three important essays on Heine, the first entitled 'Heine
in Russia' (1919) gives the fullest account of his critical position and
programme as a translator. He opens with the firm assertion that the
older translations of Heine no longer satisfy the demands of the
contemporary reader:

It is by no means an exaggeration if I state that, despite the fact that all the
best Russian journals, beginning in the forties, placed within their pages
translations of Heine often written by first-class poets, the Russian language
still scarcely knows Heine at all. (SS vi. 116)

Blok maintained that the reception of Heine's 'authentic poetic
image' in the Russia of the 1840s was in part assisted by the light shed
by Pushkin's radiant sun and by the culture he had brought into being,
and in part by the atmosphere of the gathering pre-revolutionary
storm. He argued that as the 'artistic image' of Heine had faded, so a
new, scandalous legend of Heine the freethinker, the lover of the

common man, had replaced it with all the attendant distortions and recriminations. Blok was clearly aware of how far an unjust popular image of the poet could influence the translator. Looking back, he judged Mikhail Mikhailov (1826–65) to have produced the best poetic translations (many of which he called 'true pearls of poetry'), yet for all that, the result proved to be 'not Heine' since they still lacked his characteristic relentlessness and mordant directness. Mikhailov still retained too much of the Romantic spirit for Blok, and he found something to criticize in almost every line of his translation of 'Die Grenadiere' (cf. SS vi. 119–20). Blok was no less critical of Fet's treatment of Heine; he maintained that Fet 'related to him with a sort of lordly or officer-class awkwardness which appears in all his translations' (SS vi. 121). To Maikov Heine was simply too alien, as it seemed to Blok, while Mej and A. Tolstoy came more or less accidentally to translate him and bore no relation to 'the authentic Heine' to whom Blok evidently felt himself to possess privileged access. More damaging still, a 'false Heine' had been created by his most devoted and prolific apostle Pyotr Weinberg (1832–1908) and this surrogate was to be perpetuated in a hundred thousand volumes to Blok's evident torment and dismay. This indefatigable 'Heine from Tambov', as he on occasion signed himself, became the unchallenged purveyor to the public of a 'neutralized' image of the poet; a Heine without tooth and claw, as it were. Indeed, this relatively tame and harmless Heine, who was still a casualty of the old censorship rules, continued to influence Russian readers' perceptions into the twentieth century. Blok may have thought little of Weinberg as a translator, though, in fairness to his memory, he quotes from an obituary from 1909 in which the collected Heine edition of 1866 was judged 'exemplary in all respects'. But then obituaries, like tombstones, are at best brief and imperfect records of actual achievement. It is certain that Blok did not share this pious praise and behind his discreet reticence may be sensed a desire to consign Weinberg to oblivion. Blok knew that it was a difficult challenge to supersede the durable monument which Weinberg had raised to Heine with his popular editions. He also believed that the humanistic civilization of the nineteenth century had shattered Russian as a literary language and that a new beginning was needed to reinvigorate the translations of Heine. It seemed that in 1919 an auspicious moment had come, since the October Revolution had temporarily removed the barriers of censorship. Blok was convinced that Heine then stood closer to the contemporary world than he had ever done and that perhaps his 'authentic voice' would be heard above the clamour and turbulence of the European scene. He saw Heine, on a broader visionary level, in close proximity to Wagner and as the New Man emerging from an outlived order, refashioned as the artist or *homo faber* (человек артист). By the same token Blok places Heine in line with a succession of major modern artist figures—Ibsen, Strindberg, Dostoevsky—who to him represent, in an exclusive and revolutionary sense, Man as Artist.

Blok was instrumental in opening up a new chapter in the rediscovery of Heine for twentieth-century Russia. His extensive work in retranslating and revising Heine's poetry and prose gave him fuller insight into the range, complexity, and contradictoriness of his admired fellow-poet. For this reason, any last word he may be called upon to pronounce, such as this verdict from his essay 'On Judaism in Heine' of 1921, will bear the stamp of critical caution and balance: 'It is neither possible nor necessary to stand in judgement on Heine; he was broader than we can imagine; he combined within him contradictions which bear witness to an immeasurable abundance of vital powers; hence also his perfidies' (*SS* vi. 148).

Notes

In abbreviated references, (*P*)*SS* = (Полное) собрание сочинений. All translations from the Russian are my own.

1. Juri Archipov, 'Heinrich Heine und die russische Lyrik', in Lothar Jordan and Bernd Kortländer (eds.), *Nationale Grenzen und internationaler Austausch. Studien zum Kultur- und Wissenschaftstransfer in Europa* (Tübingen: Niemeyer, 1995), pp. 84–93.
2. Jakov I. Gordon, *Heine in Rußland 1830–1860: Heine Studien* (Hamburg: Hoffmann und Campe, 1982), p. 11 (Gordon).
3. Fyodor Dostoevsky, Полное собрание сочинений в тридцати томах (Leningrad: Izdatel'stvo 'Nauka', 1972–90), vi. 333.
4. The incident which gave rise to the inclusion of these lines from Heine's poem 'Du hast Diamanten und Perlen' is reported by N. Von-Fokht, who had played a setting of this romance at the piano in Dostoevsky's presence at Lublin in 1866, at a time when the novelist was still working on the latter part of *Crime and Punishment*. This first encounter with Heine's poem apparently made a profound impression on Dostoevsky: see Ф. М. Достоевский в воспоминаниях современников, Moscow: Izdatel'stvo 'Khudozhestvannaya literatura', 1966), p. 379.
5. Ivan Turgenev, Полное собрание сочинений в двадцати восьми томах (Leningrad: Izdatel'stvo 'Nauka', 1960–8), viii. 364.

6. Ivan Goncharov, Полное собрание сочинений. Издание пятое (Petrograd: Izdanie Glazunova, 1916), v. 529.

7. N. A. Dobrolyubov, *Selected Philosophical Essays*, trans. J. Fineberg (Moscow: Foreign Languages Publishing House, 1948), 388. This was first published in *Russkij vestnik*, nos. 1–2, 1860.

8. Thomas Masaryk, *The Spirit of Russia* (London: George Allen & Unwin, 1967), vol. 3, p. 206.

9. Lev Tolstoy, «Что такое искусство?», in Полное собрание сочинений Льва Николаевича Толстого под редакцией П. И. Бирюкова (Moscow: I. D. Sytin, 1913–14), xix. 53.

10. F. I. Tyutchev, Лирика II, Издание подготовил К. В. Пигарев (Moscow: Izdatel′stvo 'Nauka', 1965), p. 282.

11. N. A. Nekrasov, «Русские второстепенные поеты», in Собрание сочинений (Moscow: Izdatel′stvo 'Khudozhestvennaya literatura', 1967), vii. 202.

12. Полное собрание сочинений Генрика Гейне под редакцией Петра Вейнберга, Издание второе, том пятый (St. Petersburg: Izdanie A. F. Marksa, 1904).

13. Turgenev translated the poem 'Das ist ein schlechtes Wetter!' See «Стоит погода злая!» in Turgenev, *PSS* xiii. 302.

14. Германия. Зимная сказка Г. Гейне; перевод Заезжаго, просмотренный И. С. Тургеневым (Leipzig: E. L. Kasprowicz, 1875), pp. iii–iv.

15. Dmitrij Čiževskij, *History of Nineteenth-Century Russian Literature*, trans. Richard Noel Porter, ed. Serge A. Zenkovsky (Nashville: Vanderbilt University Press, 1974), ii: *The Realistic Period*, p. 105.

16. A. K. Tolstoy, Собрание сочинений (Moscow: Izdatel′stvo 'Khudozhestvennaya literatura', 1913), i. 690–1.

17. Aleksandr Blok, Собрание сочинений в восьми томах под общей редакцией В. Н. Орлова, А. А. Суркова, К. И. Чуковского (Moscow, Leningrad: Gosudarstvennoe izdatel′stvo khudozhestvennoy literatury, 1960–3), i. 12; vi. 465.

18. Id., Записные книжки (Moscow: Izdatel′stvo 'Khudozhestvennaya literatura', 1965), p. 439.

10

Topical Poetry and Satirical Rhyme: Karl Kraus's Debt to Heine

Edward Timms (Sussex)

Kraus belongs to a generation of poets who challenged traditional aesthetics by giving poetry a political function. The writers of the Weimar Republic, from Bert Brecht and Kurt Tucholsky to Erich Kästner and Walter Mehring, used a variety of verse forms to ridicule the bourgeoisie and discredit the nationalists, combining the radicalism of Marx with the irony of Heine. At first sight it may seem that Kraus adopted a more traditional stance, defending the aesthetics of Goethe against the onslaughts of modernism. He certainly denounced the poetry of Heine as frivolous and facile. But Kraus's hostility to Heine should not lead us to overlook the similarities between the two—and the possibility that Kraus, as a satirical poet, owed Heine a significant debt.

Kraus's critique of Heine: versified journalism?

Hostility towards Heine forms one of the leitmotifs in Kraus's journal *Die Fackel*, inspiring a number of his most incisive literary essays, from 'Heine und die Folgen' (1910) through to 'Von Humor und Lyrik' (1921) and 'Der Reim' (1927). Only the late poetry of *Romanzero* attracts Kraus's praise. Focusing on the perennially popular *Buch der Lieder*, he explicitly holds Heine responsible for a trivialization of the German literary tradition, describing his poetry as 'versified journalism' ('skandierter Journalismus').[1] Set against Goethe's resonant lyrics, Heine's tinkling verses are denounced as sentimental and his strophic forms as so facile that they have inspired countless imitations. Moreover, Kraus attempts to give his critique an ontological foundation by opposing two conceptions of language, the one reverently attuned to the harmony of nature, the other cynically manipulative. The critique of Heine's attitude to language is expressed in terms of both erotic and religious analogies. As a journalist Heine 'loosened the bodice of the German language' so that every travelling salesman could finger her breasts. As a poet he was a 'Moses who the struck the rock of the German language', only to produce not water but eau-de-Cologne (F 329–30, 11 and 33).

These formulations may remind us of the attacks on allegedly superficial 'Jewish' attitudes to language which date back to Richard Wagner and were later intensified by fanatical anti-Semites like Adolf Bartels. Sander Gilman, in *Jewish Self-Hatred*, places Kraus's essay on Heine within this anti-Semitic tradition.[2] But Kraus is at pains to distinguish his critique from the 'narrow-minded hatred directed against Heine as a Jew' ('dieser engstirnige Heinehaß, der den Juden meint', F 329–30, 19). 'If Herr Bartels should understand a single line of my Heine essay', Kraus declared soon after the first publication of 'Heine und die Folgen', 'I shall take it all back' ('Wenn Herr Bartels eine Zeile von meiner Heine-Schrift verstehen sollte, so ziehe ich sie ganz zürück', F 315–16, 50). Kraus does pay tribute to Heine's achievement in promoting more enlightened values ('Heines aufklärerische Leistung', F 329–30, 31). And he has no truck with *völkisch* conceptions of culture, distancing himself from both German nationalist and Jewish nationalist variants. In one of the earliest numbers of *Die Fackel* he denounces those who regard Heine as a 'sacred Jewish national possession' ('jüdisches National-Heiligthum', F 45, 22). The leading spokesman of this school was Gustav Karpeles, who in a characteristic tribute published in 1906 had described Heine's songs as the expression of the 'Jewish national spirit' ('jüdische Volksseele').[3] For Kraus, the anti-Semitic diatribes of Bartels and the philosemitic Heine-cult of Karpeles both presuppose a problematic Jewish essentialism. He denounces them both in the same breath because their judgement of Heine the poet depends on their conception of Heine as a Jew (F 329–30, 31; 315–16, 50).

This is not to deny that the task of resolving the paradoxes of German-Jewish identity confronted both Heine and Kraus with an insoluble dilemma. But in 'Heine und die Folgen' Kraus makes a determined effort to raise the level of the argument and focus the debate on literary style, not racial difference. If we are looking for a parallel for Kraus's discrimination between Heine's contrived poetic moods

('Stimmungen') and Goethe's more inward contemplation of nature ('Anschauen der Natur'), we should turn not to Bartels, but to F. R. Leavis's comparison between the poetry of Shelley and Wordsworth. Here Shelley's 'sentimental commonplaces' are contrasted with Wordsworth's 'grasp of the outer world', which unobtrusively transforms the 'outer' into the 'inner'.[4] It is only fifteen-year-olds who are intoxicated by Shelley, Leavis insists, while Kraus sees the passion for this kind of poetry as one of the diseases of childhood: 'Man hatte die Masern, man hatte Heine' (F 329–30, 16–19). The aim, for both Kraus and Leavis, is to challenge this immaturity of judgement and teach people to read in a more discriminating way—indeed to 'create readers' ('Leser zu schaffen', F 329–30, 3). Heine's writings are seen as pandering to the taste of a newly emerging newspaper-reading public for that problematic form of journalism, the 'feuilleton', which subordinates factual reporting to a self-indulgent subjectivity. Hence the 'consequences' identified in 'Heine und die Folgen': a journalistic civilization in which poetry is displaced by pastiche and news is swamped by opinion. Heine is presented as the herald of a journalistic age, writing with a facility acquired through his familiarity with French.

Kraus's argument is at its best when it is most specific. But it becomes more speculative when he attempts to link specific judgements about literary style to a sweeping critique of the trivializing effects of the newspaper press. From the very beginning this polemic provoked a polarized response, with some critics—pro-Kraus—endorsing his scathing judgements, and others—equally strongly pro-Heine—vehemently repudiating them. The one camp insists that Kraus was right to conclude that Heine was not really a poet.[5] The other presents Heine as a progressive, a poet who had the courage to engage with politics, unlike Kraus, the reactionary who banished from his conception of art all consciousness of the disruptive pressures of the age.[6] These polarized responses are clearly unsatisfactory, since they concentrate on Kraus's statements of principle and fail to attend to the nuances of his own poetic practice. Moreover, they ignore the shift in his position between 1910, when he denounced Heine's innovations, and 1920, when he assimilated some of those new techniques into his own versification.

A more balanced view of 'Heine und die Folgen' becomes possible if we acknowledge that Kraus (like Leavis) may be right in his aesthetic judgements and wrong in his moralistic conclusions. In aesthetic terms, his arguments have considerable force. The Heine cult of the late nineteenth century tended to bracket Goethe and Heine together as the two greatest German lyric poets. Kraus demonstrates, through a series of memorable examples and incisive insights, that the language of Heine's poetry is fundamentally different from that of Goethe's— more flexible and innovative, playful and irreverent, sarcastic and ironic. His observations on Heine's use of imagery, rhyme, and metrics are also well substantiated. Kraus also makes telling observations about the journalistic qualities of Heine's prose, and he draws striking conclusions about their modernity, describing Heine as 'truly the forerunner of modern nervous systems' ('wirklich der Vorläufer moderner Nervensysteme', F 329–30, 30). It is at the point where stylistic analysis and aesthetic discrimination are presented as the basis for moral judgement that Kraus's argument must be challenged. For he fails to establish a convincing nexus between Heine's playful experiments with the German language and the awesome consequences of cultural decay which are ascribed to them. Heine's innovations appear morally reprehensible only if we adopt a position of linguistic conservatism and cultural pessimism, as Kraus did in the final years before the First World War.

During the War, however, Kraus's position decisively changed. Now it is no longer the shallowness of liberalism but the destructive effects of German nationalism that form his main target. There are clear parallels with the Heine of the 1840s, especially in Kraus's critique of the 'Techno-Romantic Adventure', as has been noted elsewhere. It was Heine who deserves credit for identifying the romanticization of evolving political institutions as the central problem of Germany ideology. In Kraus's satire on the heroic myths invoked to justify chemical warfare, Heine's theme underwent an unprecedented intensification.[7] The destructive effects of German militarism led Kraus to renounce his conservative sympathies and form an alliance with the Social Democrats. During the 1920s he became an outspoken critic both of reactionary ideological movements in Germany and of the Catholic political establishment in Austria. Moreover, he began to write 'Zeitgedichte'—'topical poems' which satirically engage with the political events of the day. Once we begin to study these poems, we realize that the idea of an irreconcilable Kraus–Heine antagonism is undialectical. It was Heine in the 1840s who launched the genre of the 'Zeitgedicht'. And despite all Kraus's disclaimers, his satirical poetry of the 1920s carries unmistakable echoes of Heine.

In theory Kraus continues, even in the 1920s, to subscribe to a traditional conception of aesthetic harmony and linguistic decorum, setting the entrancing lyricism of Goethe against the ironic modernism of Heine. The pages of *Die Fackel* abound with statements about the sacred sphere of poetry ('Dichtung') and the purity of traditional poetic language ('das alte Wort'), which is associated with an ontological conception of the 'origin' ('Ursprung'). A select number of Kraus's poems can indeed be plausibly construed within this paradigm.[8] In practice, however, only about one hundred of his poems (barely a tenth of the total) fall into this category. Moreover, even his most poignant poems about love and nature, memory and death, have satirical and elegiac undertones, haunted by the disjunction between the real and the ideal, as we might expect from a writer who endorsed Schiller's theory of satire. The self-identification with some mystically conceived 'origin' may enhance Kraus's persona, but it characterizes only a small segment of the poetry he actually wrote.

Rhyme, resistance, and rapport

Kraus's theory of rhyme appears to be the decisive factor which places him and Heine in opposite camps. The conventional view is that Kraus insists on the harmonizing function of rhyme, whereas Heine develops a poetics of dissonance.[9] The critique of the facile rhymes of the *Buch der Lieder* in 'Heine und die Folgen' is taken a stage further ten years later in an essay of November 1921 entitled 'Von Humor und Lyrik'. Here Kraus broaches the question of disjunctive satirical rhyme. Heine was a master of the mocking half-rhyme, subverting poetic decorum by means of dissonant ironies, but this technique leaves Kraus unimpressed. Citing a quatrain from *Deutschland. Ein Wintermärchen*, he denounces Heine's 'clattering strophes' ('Klapperstrophen'):

> Von Köllen bis Hagen kostet die Post
> Fünf Thaler sechs Groschen Preußisch.
> Die Diligence war leider besetzt
> Und ich kam in die offene Beichais.

> To get to Hagen from Cologne
> you pay a Prussian price.
> The coach was full, and so I had
> to take the open chaise.[10]

Kraus emphasizes the impossibility of forcing 'Beichais' to rhyme with 'Preußisch', even if it is pronounced 'Preußäsch', and he condemns Heine for his 'careless handling of language' ('Mangel an Sorgfalt für das Wort', F 577–82, 50).

Heine's discordant strophe nevertheless made such an impression on Kraus's sensibility that he cited it again several years later in his essay 'Der Reim' (April 1927). Here the point of departure is a couplet from one of his own poems, also entitled 'Der Reim', first published in November 1916 (F 443–4, 31–2):

> Er ist das Ufer, wo sie landen,
> sind zwei Gedanken einverstanden.
>
> When two ideas land on the shore
> of rhyme, they reach complete rapport.

At first sight the reader might indeed imagine that Kraus is adocating 'purity' of rhyme. But as the argument unfolds, it becomes clear that his theory depends on an erotically tinged conception of resistance ('Widerstand'), courtship ('Werbung'), and conquest ('Eroberung'), leading to a consummation ('Paarung'). Words, he suggests, have an inherent disposition towards rhyme ('innere Disposition zum Reim'), but at the same time they resist their potential 'rhyme-partners' ('Reimpartner'), hence the 'erotics of the world of language' ('Erotik der Sprachwelt'). The thrust towards rhyme inherent in the word 'landen' finds fulfilment in overcoming the obstacle created by the prefix 'einverstanden' (just as 'shore' has to overcome the resistance of 'rapport'). The emphasis is on the capacity of rhyme to resolve this aesthetic tension through the transformative power of sound ('Klang'), which in its turn discloses an unexpected affinity of ideas. Purity of rhyme, such as that cultivated by Stefan George, results in a hollow formalism, if no tension of sound and meaning is generated and no underlying affinity revealed. Quoting a wealth of examples, Kraus pursues the implications of this theory through almost forty densely argued pages, in what is undoubtedly the finest of his essays on poetry. The erotic subtext is accentuated by lines from the celebrated scene in *Faust II* where Helena is initiated by Faust into the mysteries of rhyme (F 757–8, 16).

> FAUST: Und wenn die Brust von Sehnsucht überfließt,
>   Man sieht sich um und fragt—
> HELENA: —wer mitgenießt.

FAUST: After the heart by longing has been captured,
  one looks round to discover—
HELENA: —who's enraptured.

Kraus's theory of rhyme is simultaneously an allegory of love. We are invited to assent to a series of analogies between the tensions of poetic language and the relations between emotional partners. Not surprisingly, this whole mode of argument has been dismissed as unscientific.[11] But the erotic parallels in Kraus's poetics, like archaeological analogies in Freud's psychology, offer imaginative insights into processes which elude rational categories. The reliance on such controlling metaphors does not prevent either author from using other analogies when the fancy takes them. For Kraus, writing is not only analogous to love-making, but also to construction work and the sifting of crude materials, law-giving, and even religious contemplation. What matters is not the 'truth' of the analogy but its power of illumination.

There appears to be an unbridgeable gulf between Kraus's insistence on harmony regained through rhyme and Heine's 'clattering strophes'. But when we consider the arguments of 'Der Reim' more carefully, we may detect a shift of attitude. Although the tone is still predominantly hostile, Kraus now concedes that Heine's verses are occasionally 'verbally tight' ('wortdicht'). In a further allusion to *Deutschland*, he commends the effect in Caput 14 of the refrain 'Sonne, du klagende Flamme' ('Sun, you accusing flame'). And he adds that in the context of this celebrated satire it may even be possible to justify a forced rhyme like 'Wohlfahrtsausschuß'/'Moschus' (from Caput 26). Such a disjunctive combination can be legitimized in so far as it is 'acoustically plausible' ('akustisch plausibel', F 757–8, 20 and 25).

Political poetry and acoustic plausibility

This 'acoustic' conception illuminates a dimension of Kraus's work which has received little attention. He may claim almost to be able to judge the quality of a poem 'from its graphic lay-out' on the printed page ('aus dem graphischen Bild heraus', F 757–8, 22). But the ultimate sanction lies with the ear, not the eye. What matters is not that a rhyme should look aesthetically pure, but that it should sound acoustically plausible. Words which look very different on the printed page are actually well adapted to his theory, since graphemic divergence accentuates the semantic tension, which has to be resolved through an unexpected harmony of sound. Repudiating puristic arguments, Kraus specifically defends combinations which sound similar but are spelt differently, like 'crying and sighing' ('Tränen und sehnen', F 757–8, 11). The decisive factor is not the shape of words but their sound—all the more important after Kraus began, during the First World War, to read his satirical poems from the public platform.

Kraus goes on to argue that even the most forced rhymes may be legitimate if they achieve 'the effect of caricature' ('karikaturistische Wirkung', F 757–8, 9). This type of rhyme, although only mentioned in passing in the essay 'Der Reim', is actually as fundamental to his practice as a satirical poet as it is for Heine. The theory of harmonious rapport only tells one side of the story. If we look more closely at Kraus's practice, we find that it implies a kind of theory of anti-rhyme, through which any kind of cacophony can be justified within a satirical context. A particularly blatant example from November 1916 is the mock-heroic poem 'Elysisches', which ridicules the exalted pretensions of Franz Werfel and the poets of the Café Arco in Prague:

> [...] in das Café Arco,
> dorten, Freunde liegt der Nachruhm, stark o

> [...] writers who gather in the Arco,
> thataway, friends, lies glory, hark o

The rhyme with which that poem concluded was even more provocative:

> [...] wer nur am Worte reibt sich,
> wird gedruckt bei Drugulin in Leipzich.

> [...] any poet who hypes it
> gets printed by Drugulin in Leipzig. (F 443–4, 26–7)

When reproached by Werfel for publishing such trash, Kraus responded by developing a theory of satirical rhyme—not as a harmonious rapport, but as 'a "forbidden consensus" between two ideas' ('ein "unerlaubtes Verständnis" zweier Gedanken'). The aim (he explains) is to confront the crude colloquialisms of the Prague poets, which are permeated by Jewish jargon, with their 'Elysian' literary pretensions. Add in the distorting effect of Saxon dialect, and 'Leipzich' can even be made to rhyme with 'reibt sich' (F 445–53, 137–40). In his satirical verse, with its undertones of parody and caricature, Kraus is thus prepared to deploy the most contrived rhymes and blatant disjunctions. On the printed page they look just as forced as any rhyme in the work of Heine, with whom there are obvious parallels. Kraus's rhyme on 'Leipzich' is just as forced as Heine's rhyme on 'Preußäsch', and in the 'Arco' / 'stark, o' rhyme we may detect an echo of Heine's 'Lobgesang auf König Ludwig', in which 'Apollo' is made to rhyme with 'toll, o!'[12] The aim for both poets is to construct extravagant rhymes which are acoustically plausible.

The impact of such disjunctive rhymes is evident from a poem which Kraus read in public on 16 December 1917, as part of his campaign against fanatical German nationalism. This 'Song of the Pan-German' ('Lied des Alldeutschen'), which could only be published in *Die Fackel* in November 1918 after the lifting of censorship, exemplifies his move towards a radical style of political poetry. The aim, as with Heine, is to use satirical rhyme to show up the contradictions underlying German ideology. The unholy alliance of patriotism, religiosity, and commerce is ridiculed through disjunctive rhymes and registers:

> Ich geb' mein deutsches Ehrenwort:
> wir Deutsche brauchen mehr Export.
> Um an der Sonne 'nen Platz zu haben,
> gehn wir auch in den Schützengraben.
> Zu bessrer Zukunft Expansionen
> hilft uns so unbequemes Wohnen.
> Einst fragt' ich nicht nach Gut und Geld,
> der neue Deutsche ist ein Held.
> Der neue Deutsche ist ein Deutscher!

> This is the German's sacred oath:
> we live for economic growth.
> To gain our own place in the sun,
> into the trenches we must run.
> Accepting the ensuing pains
> will guarantee us future gains.
> Once cared I naught for goods and chattles,
> what modern Germans love are battles.
> The modern German is a German!

The elevated concept of a 'sacred oath' ('Ehrenwort') is yoked to the mercenary ambitions of 'economic growth' ('Export'), just as Heine, in 'Diesseits und jenseits des Rheins', once mocked the Teutonic 'delight in quarrel' by associating it with the enormous 'Heidelberg wine barrel' ('Germanen [...] Haß' / 'Heidelberger Faß').[13]

Kraus's radicalism is evident from the fact that in another strophe of the 'Song of the Pan-German' he is even willing to harness the name of Goethe to a painfully impure rhyme. He forces 'Goethen' to rhyme with 'beten' (*F* 499–500, 10). This sounds as sacrilegious in German as if an English poet were to rhyme 'Shakespeare' with 'fakes prayer'. Since the poetic voice in Kraus's poem (as in Heine's) is that of a pompous German patriot, the function of this kind of rhyme is clearly 'caricatural'. But Kraus himself was to become a master of this facetious rhyming of proper names, creating dozens of examples. To identify his prototype, we need only turn back to that poem which he purported to disdain, *Deutschland. Ein Wintermärchen*, where Heine notoriously rhymed 'Romantik' with 'Uhland, Tieck'.[14] Kraus's fondness for such rhymes shows that resistance to Heine does not preclude an underlying rapport.

Many of Kraus's satirical poems are inspired by the public life of Austria. Where the Pan-Germans are seen as brash and aggressive, the Austrians are devious and obsequious, as can be seen from another poem published and recited at the end of the First World War, 'Mir san ja eh die reinen Lamperln' ('We're innocent as fleecy lambs'). In this dramatization of Austrian irresponsibility, Kraus makes use of the four-line, four-stress strophe with alternating rhyme which Heine had deployed so effectively:

> Im Ernstfall wär'n wir ja geschnapst,
> die Welt soll Österreich nicht verlieren!
> Drum wird, so hoffen wir, der Papst
> uns doch beim Wülson protegieren.
>
> And if we're really in the soup,
> why, Austria must still survive!
> After all, why can't the Pope
> make Wilson give us an easy ride? (*F* 499–500, 13)

The unexpected rhyming of 'Papst' with 'geschnapst' underlines the disjunction between the Austrians' frivolity and their religiosity.

Kraus's satirical poems about Austrian public life in the 1920s have such strong undertones of Heine that they might even deserve the title 'Austria. A Winter's Tale'. In many cases his own rhymes are just as contrived as Heine's 'Klapperstrophen'. Attacking the failure of an Austrian judge, Rudolf Wessely, to enforce legislation which prevented newspapers from disguising advertising copy as editorial comment, he even perpetrated the following:

> Daß die Presse sich vom Pressegesetz losmacht,
> kein Wunder: vis major und sechste Großmacht.
> So ungefähr reimte sichs Wessely,
> der sein Interesse jenem der Presse lieh.

> The massive power of the press
> places the courts under duress.
> Without rhyme or reason, Wessely
> prostrates himself like press jelly. (F 622–31, 21)

Kraus's play on the double meaning of 'reimte sich' accentuates the crudity of the rhymes, which reflect the lack of 'rhyme or reason' in the judge's decision. This too is a poem written for performance—Kraus read it in public on 12 May 1923 in the course of his successful campaign to get Wessely's decision reversed. Kraus seems here to be sacrificing poetic quality to political effect—surely this is just the kind of 'versified journalism' which he had condemned in Heine fifteen years earlier? But in an essay we find him defending the 'Wessely / Presse lieh' rhyme as 'pure lyric poetry' ('reine Lyrik'). The play on words endows what at first sight seems like doggerel with an unexpected resonance. For Kraus, poetry does not depend on elevated diction, for it is possible to create 'the shape and image of contemporary life out of the most trivial language' ('aus der Trivialsprache Bild und Gestalt des heutigen Lebens', F 622–31, 71–2).

In March 1921 Kraus went a stage further, claiming that 'any pile of shit' can stimulate him to write poetry: 'Natürlich kann mich jeder Kuhmist zu einem Vers anregen' (F 561–7, 57). This is no idle boast, as one can see from a characteristic strophe from 'Luxusdrucke', a satirical poem which mocks the 'Luxury Editions' published by the Expressionists:

> Auf den Inhalt kommt es weniger an,
> wo die Aufmachung der Ruhm ist.
> Man wickelt in Kaiserliches Japan
> den ungeformtesten Kuhmist.

> As to the contents, you can tell 'em
> it's packaging that makes the hit
> Just wrap up in imperial vellum
> a totally formless pile of shit. (F 472–3, 22)

In the face of such examples, it is absurd to claim that Kraus was a purist. The aim of his satirical poetry, manifest in almost every number of Die Fackel during the 1920s, is to engage the ideological conflicts of the age through the most ingenious rhymes and puns, exploiting differences of register to accentuate the satirical vision of an age that is out of joint. Challenging the oft-quoted axiom from Goethe's *Faust* that 'political songs are nasty songs' ('Pfui!, ein garstig Lied! ein politisch Lied!'), Kraus defiantly builds this motif into one of his own poems (*F* 551, 16). His poetic style defies both the aesthetes, who feel that the language of poetry should be refined, and the bourgeois, who think its subject-matter should be elevated. This position is neatly encapsulated in the opening couplet of the poem 'Der Bürger, die Künstler und der Narr' ('The Bourgeois, the Artists, and the Fool'):

> Unter einem Künstler verstehen sie einen,
> der sich nicht abgibt mit solchen Schweinen
>
> Their view of the artist is different from mine.
> They think he should hold aloof from such swine.
>
> (*F* 588–94, 107)

Kraus, like Heine, refuses to hold aloof. In a select group of lyrical and elegiac poems he may indeed offer intuitions of a timeless harmony, but the bulk of his verse takes the form of a sustained assault on contemporary values and institutions. Like Heine, he deploys a wide range of satirical techniques, in addition to the emphatic use of rhyme. They include satirical word play, an ironic focus on meta-phorical and proverbial expressions, colloquial speech, dialect phrases and regional colouring, grotesque dialogues and satirical impersonations, a focus on food and drink as a means of discrediting idealistic pretensions, and the use of animal imagery to accentuate asinine human behaviour. Thematically, too, the two poets have many targets in common: clericalism, monarchism, and militarism, anti-Semitism and the problematics of Jewish assimilation, reactionary politics and romantic nationalism, economic profiteering and social oppression. The most obvious parallels can be found in their poems on the monarchy. Heine has fun at the expense of Friedrich Wilhelm IV of Prussia and Ludwig of Bavaria, while Kraus's targets are the Austrian Emperors Franz Josef and Karl, and Kaiser Wilhelm II. Where Heine transforms Friedrich Wilhelm into the king of the donkeys, Kraus mocks Franz Josef through the voice of a parrot (*F* 508–13, 49–52). The names and dates may change, but the satirical impulse is remarkably similar.

Given these affinities, it is hardly surprising to find occasional passages where Kraus expresses admiration for his predecessor. In an essay of June 1923, he explicitly acknowledges the validity of Heine's 'political outlook' ('politische Ansicht'), which he sees as being 'more vital than his lyric poetry' ('lebendiger als seine Lyrik', F 622–31, 156). It would certainly be rewarding to pursue the parallels between Heine's attacks on the 'Teutomanen' of the early nineteenth century and Kraus's satire on the 'Troglodyten' of the 1930s. They both mobilize the subversive resources of the German language to counteract the dominant forms of German ideology. It is in this context that Kraus finally pays tribute to Heine as a 'fighter for freedom' ('Freiheitskämpfer'). Warning the German and Austrian socialists against the dangers of German nationalism, Kraus turns to Heine for his punchline—an epigram which, both in form and content, epitomizes the affinity between the two poets which has formed the subject of this paper. Thus Heine, quoted by Kraus in October 1932:

> Denn man baut aus deutschen Eichen
> keine Galgen für die Reichen.
>
> One cannot build from German oaks
> gallows trees for wealthy folks. (F 876–84, 15)

Notes

1. F 329–30, 22. References to Kraus's journal *Die Fackel* are identified in the text by the letter *F* followed by the issue- and page-number.
2. Sander L. Gilman, *Jewish Self-Hatred* (Baltimore and London, 1986), p. 240.
3. Gustav Karpeles, 'Heinrich Heine', *Ost und West*, 6/1 (1906), 28; quoted in Mark H. Gelber (ed.), *The Jewish Reception of Heinrich Heine* (Tübingen, 1992), pp. 143–4.
4. F. R. Leavis, *Revaluation: Tradition and Development in English Poetry* (London, 1936, repr. 1957), pp. 203–32.
5. Andreas Disch, *Das gestaltete Wort: Die Idee der Dichtung im Werk von Karl Kraus* (Zurich, 1969), p. 118.
6. Mechtild Borries, *Ein Angriff auf Heinrich Heine: Kritische Betrachtungen zu Karl Kraus* (Stuttgart, 1971), p. 56.
7. Edward Timms, *Karl Kraus—Apocalyptic Satirist* (New Haven and London, 1986), pp. 320–1.
8. See Jens Malte Fischer, *Studien zum "Theater der Dichtung" und Kulturkonservativismus* (Kronberg, 1973), pp. 153–70.
9. Borries, *Ein Angriff*, pp. 62–3.
10. In an attempt to reproduce the specific rhymes which Kraus discusses, new translations have been made of the excerpts from Heine's poems cited in this article, as well as of Kraus's own texts.
11. Borries, *Ein Angriff*, pp. 80–7.

12. *Heinrich Heines Sämtliche Werke*, ed. Oskar Walzel, 10 vols. (Leipzig, 1911), iii. 362.
13. Ibid. iii. 357.
14. Ibid. ii. 285.

PART IV

❖

Heine's Modernity

11

❖

Heines Körperteile:
Zur Anatomie des Dichters

T. J. Reed

in memoriam Phillip Brady

disjecti membra poetae
Horaz, Saturae I iv

"Ich vermute, daß jeder, der sich in ihn eingelesen hat, die gleiche Erfahrung macht, wie ich: nachdem ich ihn einige Zeit gelesen und einige Vertrautheit mit seiner Art erworben hatte, meinte ich ihn sprechen zu hören und seine Gesten zu sehen." So Erich Auerbach zu Montaigne.[1] Das gleiche scheint mir für Heine zu gelten, für ihn freilich nicht allein. Denn die Sprache, weit davon entfernt, immer nur diskursabhängig und vieldeutig zu sein, vermag bei den großen Dichtern und Schriftstellern einen starken Eindruck von eigener, fast schon körperlicher Präsenz zu vermitteln. Gestik und Stimme, Sehweise und Gangart setzen sich zur unverwechselbaren Persönlichkeit zusammen. Mit "Gangart" ist die charakteristische rhythmische Bewegung gemeint, die Heine selbst meinte, als er 1830 an Immermann über die "innere Metrik" schrieb, "deren Norm der Schlag des Herzens", das heißt des jeweils individuellen, sei (20, 397):[2] eine Einsicht, die Nietzsches Definition der Ästhetik als einer angewandten Physiologie vorwegnimmt. Bei Heine kommt dann auch noch das fast überall heraushörbare Lächeln hinzu, dem seine eigenen schönen Formulierungen aus den *Memoiren des Herrn von Schnabelewopski* gerecht werden. Es handelt sich dort allerdings um das Lächeln einer Frau, der Erzähler fühlt sich jedoch zu ihr in entschiedener Verwandtschaft hingezogen:

Nur um die linke Oberlippe zog sich etwas, oder vielmehr ringelte sich etwas wie das Schwänzchen einer fortschlüpfenden Eidechse. Es war ein geheimnisvoller Zug, wie man ihn just nicht bei den reinen Engeln, aber auch nicht bei häßlichen Teufeln zu finden pflegt. Dieser Zug bedeutete weder das Gute noch das Böse, sondern bloß ein schlimmes Wissen; es ist ein Lächeln, das vergiftet worden ist von jenem Apfel der Erkenntnis, den der Mund genossen. (6, 351)

Der Übergang ins Präsens am Schluß wirkt verallgemeinernd, der Schreibende wird dadurch mit einbezogen.

Auf bestimmte Aspekte dieser ausgeprägt körperlichen Persönlichkeit — auf Heines Appetit und die daraus stammende Metaphorik des Essens, oder auf sein graphisch-karikaturistisch wahrnehmendes Auge — habe ich an anderer Stelle hingewiesen.[3] Auch beim Übersetzen von Heines Gedichten ging es, wie mir scheint, letztlich immer um den Versuch, den körperlich-gestischen Habitus dieser mit jeder Faser modernen Persönlichkeit konkret wiederzugeben.[4] Traf man dafür den halbwegs richtigen Ton, so ergab sich eine förmliche Schockwirkung: ins vertraute Englisch übersetzt, hörte sich Heine plötzlich in unvertrauter Weise charakteristischer, moderner denn je an. Man hatte sich an seine deutsche Sprachform eben allzusehr gewöhnt, nun wurde der Effekt sprachlich-körperlicher Präsenz erneuert und vertieft.

Ungefähr dieser Komplex war mit dem Arbeitstitel "eine Anatomie Heines" gemeint. Dann ist mir aber beim Wiederlesen der Lyrik aufgefallen, wie sehr neben der ständigen sprachlich-körperlichen Präsenz Heines auch sonst körperliche Momente in den Gedichten bewußt herausgestellt und gezielt eingesetzt werden, insbesondere wie oft bei ihm die einzelnen Körperteile im Vordergrund der poetischen Handlung stehen, und zwar in einer Weise — vielleicht gar in einer Entwicklung — die von den Konventionen einer übernommenen und übertriebenen romantischen Poetik bis hin zum Realismus eines beschädigten Lebens reicht, der das Skabröse und Groteske mit umfaßt. Das alles ging ebenfalls in den Begriff einer Anatomie Heines ein in jenem weiteren Sinn, von dem die Rede war.

Vorherrschend in der frühen Lyrik Heines ist selbstverständlich der Körperteil Herz. Dem romantischen Dichter im Fahrwasser Byrons oblag es, seine Gefühle zumindest dem Anschein nach unverstellt zur Schau zu stellen. Byron hatte, wie Matthew Arnold später schreiben sollte, "das Schauspiel seines blutenden Herzens durch ganz Europa getragen".[5] So wird auch bei Heine förmlich ausposaunt, wie

Schicksalsschläge und die Tücken der Gesellschaft ihm mitgespielt
hätten: ihm sei das Herz "im Leibe [...] zerrissen, / Zerrissen und
zerschnitten und zerstochen" worden (Fresko-Sonette 3; 1, 63).
Dasselbe Herz wurde freilich auch "zerkratzt" und "zerfleischt", und
zwar — was weniger heroisch-pathetisch klingt — von seinem
"Schätzchen", das ein "Kätzchen" und also mit "Pfötchen"
ausgestattet sei (1, 65). Das ist ein für Heine typisches Alternieren des
öffentlich-existenziellen Dichterbereichs mit Einzelheiten aus der
Intimsphäre. Beides zusammen macht die "jungen Leiden" aus, die
"Geschick" genannt werden. Mit diesem fertig zu werden muß das
Herz in konventioneller dichterischer Apostrophierung ermuntert
werden:

> Herz, mein Herz, sei nicht beklommen,
> Und ertrage dein Geschick.
> Neuer Frühling gibt zurück,
> Was der Winter dir genommen. (1, 133)

In anderen Gedichten werden die Funktionen durchgespielt, die man
seit jeher in der Liebeslyrik erwartet. Glück wird gefeiert, Unglück
geklagt: "da ist in meinem Herzen / Die Liebe aufgegangen"; aber
auch, in bezug auf die "alte Geschichte" von unerwiderter Liebe:
"Und wem sie just passieret, / Dem bricht das Herz entzwei". Dabei
wird das eigene Herz mitleidig aber fast wie von höherer Warte in
verfremdeter Introspektion beobachtet: "Mein Herz, mein Herz ist
traurig, / Doch lustig leuchtet der Mai" (1, 107).

Für die typischen Lebens- und Liebeslagen des *Buchs der Lieder*
stehen auch die anderen vertrauten körperlichen Requisiten des
"hochromantischen Stils" zur Verfügung: Lippen, die lächeln oder
küssen; Arme, die umschlingen und jemanden an jemandes Brust
drücken; Wang' wird an Wang', ein Köpfchen an jemandes Herz
gelegt; auf die Knie wird vor jemandem gesunken. Eine Seltenheit ist
die "schneeweiße Schulter" (Heimkehr, LXXII; 1, 146), die wir nur
einmal erblicken, sie fällt aber sonst nicht aus dem romantischen
Rahmen. Indem aber die konventionellen Vorgänge wiederholt und
die dazugehörigen Funktionen von den jeweils zuständigen Gliedern
und Organen wahrgenommen werden, entsteht allmählich der Eindruck einer Automatik, die die körperlichen Motive immer mehr von
den sie tragenden Personen zu trennen scheint. Diese werden mit
Pronomina immer flüchtiger erwähnt, oft nur stillschweigend voraus-
gesetzt. Daß hier Menschen Rollen spielen und die betreffenden

Körperteile einsetzen, wird ein in die gesellschaftlichen und poetischen Konventionen eingeweihtes Publikum ohne weiteres verstehen. Versetzt man sich aber in die Lage eines Marsbewohners, der die poetischen Formeln wortwörtlich nehmen würde, so könnte es ihm vorkommen, als agierten die betreffenden Glieder und Organe surrealistisch fast wie von selbst. Zum Beispiel dort, wo der Anfang eines Gedichts lautet: "Von schönen Lippen fortgedrängt, getrieben / Aus schönen Armen, die uns fest umschlossen!" Punkt, oder vielmehr Ausrufezeichen, auf jeden Fall liegt kein vollständiger Satz vor (1, 144). Und weiter im selben Gedicht: "Konnt' denn dein Herz das mein'ge nicht umklammern? / Hat selbst dein Auge mich nicht halten können?" Auch wenn Adjektiv oder Pronomen die jeweilige Personenzugehörigkeit der Organe verdeutlichen, scheint es sich darum zu handeln, daß diese auf eigene Faust (wenn Organe eine eigene Faust haben) die Initiative ergreifen bzw. zu ergreifen versäumen. Soeben wurde ein Abschied zitiert. Beim Wiedersehen verhält es sich ähnlich:

> Auch die Augen sind es wieder,
> Die mich einst so lieblich grüßten.
> Und es sind die Lippen wieder,
> Die das Leben mir versüßten.
>
> Auch die Stimme ist es wieder,
> Die ich einst so gern gehöret!
> Nur ich selber bin's nicht wieder,
> Bin verändert heimgekehret.

Und zum Schluß:

> Von den weißen schönen Armen
> Fest und liebevoll umschlossen,
> Lieg ich jetzt an ihrem Herzen
> [nun endlich: an eines bestimmten Menschen,
> an "ihrem" Herzen! — aber leider nur]
> Dumpfen Sinnes und verdrossen. (1, 148)

Nun könnte man sagen, das alles seien Beispiele für die landläufigen rhetorischen Figuren Synekdoche oder Metonymie, die Körperteile stünden jeweils für die ganze Person des Besitzers oder der Besitzerin. Auch ist es durchaus üblich, daß Dichter ihre jeweils in Frage stehenden Organe anreden, als wären sie unabhängige Wesen: "Aug, mein Aug, was sinkst du nieder?" (Goethe, "Auf dem See"). Die

Einordnung unter dieser Rubrik erklärt aber nicht, warum dieser Zug bei Heine so überaus häufig vorkommt. Die rhetorische Figur ist sicherlich nicht bloß um ihrer selbst willen als Zierat da. Sie dürfte im Ernst auf eine für Heine charakteristische Vorstellung vom Menschen und von den zwischenmenschlichen Beziehungen weisen. In den angeführten Beispielen betätigen sich die Körperteile so, als ob wenig oder nichts mehr da wäre, was sie zusammenhalten könnte. Insoweit wird — wie so oft bei Heine — die dichterische Konvention gesteigert, bis sie sich dadurch auflöst und etwas Neues, in neuer Weise Expressives daraus hervorgeht. Das fehlende Moment könnte "Seele" heißen, oder "Liebe", oder "Beständigkeit". Gerade über das Fehlen solcher Gefühlskohärenz wird aber bei Heine letztlich Klage geführt — vor allen Dingen indem das Phänomen "Weib" angeklagt und schlechtgemacht wird, das trotz einzelner Schönheitsattribute als Ganzes doch ein undurchdringliches Rätsel bleibt. Es läßt nämlich Wärme und Kälte, antwortendes Gefühl und schroffe Abweisung in verwirrender und oft grausamer Weise alternieren. Wenn schon nicht nachweislich in jedem Zug autobiographisch, bleibt Heines Darstellung der gesellschaftlich geprägten Liebesbeziehungen seiner Zeit und Gesellschaftsebene hochplausibel und in ihrer Spezifität überzeugend.

Wieder anders gesehen, ließe sich die Verselbständigung der Motive auf eine Obsession des Dichters mit diesen im weitesten Sinn erogenen Attributen des menschlichen Körpers zurückführen, an denen sich die poetische Einbildungskraft festklammert. Sie bildeten mithin eine Kategorie jener fragmentarischen Erfahrungswelt, der sich Heine generell gegenübersieht, und über die auch bestallte geistige Autorität wohl nur illusorische Klarheit schaffen könnte : "Zu fragmentarisch ist Welt und Leben — / Ich will mich zum deutschen Professor begeben" (1, 138). Ob das folgende — "Er weiß das Leben zusammenzusetzen" — ernst gemeint ist, mag bezweifelt werden, erst recht in Sachen Liebe, denn die "Nachtmützen und Schlafrockfetzen", die am Schluß des Gedichts als existentielle Lückenbüßer genannt werden, muten nicht eben erotisch an.

Wie auch immer man es deutet, die körperlichen Einzelmomente werden bei Heine in einer an den Barock erinnernden emblematischen Weise herausgehoben, nur daß die Embleme beim modernen Dichter keine transzendente Bedeutung mehr haben. Das Durchspielen der poetischen Konvention in dieser extremen Form wäre dann eine Art glaubensloser moderner Ritus. Sowohl die

Konvention als auch deren Leere werden deutlich, wenn man religiöse Lyrik zum Vergleich heranzieht, etwa Paul Gerhardts Meditation über Christi Leiden, "An das Angesicht des Herrn Jesu". Hier reihen sich drei Strophen lang die niemandem ausdrücklich zugewiesenen körperlichen Motive, das "Haupt voll Blut und Wunden", "das edle Angesichte", "die Farbe deiner Wangen, / Der roten Lippen Pracht" (diese sind freilich nur durch ihr Fehlen wichtig, indem "des blassen Todes Macht" sie schon "hingenommen" hat). Sieht man vom Titel des Gedichts ab, so wird erst in der vierten Strophe durch die Anrede "Herr" der Christusbezug immerhin angedeutet. Die Parallele mit der Heineschen Praxis ist so willkürlich nicht, denn auch der Dichter und Liebhaber des *Buchs der Lieder* will seine Leiden durchaus als ein Martyrium aufgefaßt wissen. Aufschlußreich ist ein aus dem Fresko-Zyklus ausgeschiedenes und daher wenig beachtetes Sonett mit dem Titel "Die Welt war mir nur eine Marterkammer". Hier werden förmlich nach Art des Barock die dem Dichter zugefügten Greuel geschildert, an denen ausgerechnet "ein Mägdlein" vorbeigeht, die ihm den Gnadenstoß gibt — allerdings etwas ungeschickt, so daß er dann doch nur langsam stirbt, wobei die Dame eher gnadenlos zusehen kann,

> [...] wie mir im Krampfe
> Die Glieder zucken, wie im Todeskampfe
> Die Zung' aus blut'gem Munde hängt und lechzet. (1, 242)

Der letzte Vers lautet: "Und spottend steht sie da mit kaltem Lächeln": keine barmherzige Jungfrau also, die Dame erweist sich vielmehr als eine "belle dame sans merci".

Daß dieses Gedicht aus dem *Buch der Lieder* weggelassen wurde, spricht keineswegs gegen seine Bedeutung. Das Motiv weiblicher Kälte und Grausamkeit hängt allzu eng mit anderen Gedichten der Sammlung zusammen und mit Heines ernüchternden Beobachtungen des weiblichen Herzens. Hier ist der Befund des poetischen Facharztes eindeutig:

> Es liegt der heiße Sommer
> Auf deinen Wängelein;
> Es liegt der Winter, der kalte,
> In deinem Herzchen klein. (1, 92).

Dieser Widerspruch wird zu einem Leitmotiv fast unheimlichen Inhalts. Denn anscheinend kann alles an der Geliebten schönstens gedeihen, ohne daß ihr Herz lebt:

> Die blauen Veilchen der Äugelein,
> Die roten Rosen der Wängelein,
> Die weißen Lilien der Händchen klein,
> Die blühen und blühen noch immerfort,
> Und nur das Herzchen ist verdorrt. (1, 83)

Vielleicht deuten die Diminutiva an, daß den schönen Körperformen höchstens ein künstliches Leben innewohnt: in ihrer kalten Zierlichkeit erinnern sie an E. T. A. Hoffmanns Olimpia.

Oder der kardiologische Befund mag lauten, bei der Geliebten gebe es ein Herz überhaupt nicht, über das der Liebhaber dichten könnte. Auch hier bilden lauter Diminutiva — "Äugelein", "Mündlein", "Wängelein" — die Gegenstände von Versuchen in allen möglichen poetischen Formen, Kanzonen, Terzinen, Stanzen. Übrig bleibt am Ende eine lyrische Hauptform, der aber das geeignete Sujet fehlt: "Und wenn meine Liebste ein Herzchen hätt', / Ich machte darauf ein hübsches Sonett" (1, 76). (Daß übrigens der Liebhaber selber eines hat, steht vom Anfangsvers an fest: "Auf meiner Herzliebsten Äugelein".) Noch in Heines spätem Rückblick aus der Matratzengruft auf die Urheberin dieser jungen Leiden heißt es, sie sei damals "im weißen Atlaskleid voll Zucht und Zier" ruhig neben dem Dichter gegangen,

> Als wie ein Mädchenbild, gemalt von Netscher;
> Ein Herzchen im Korsett wie 'n kleiner Gletscher. (2, 228)

Nach so vielen Jahren wieder — was denn doch eine biographische Konstante sein dürfte — das alte Diminutivum, das zugleich das Ausbleiben reziproken weiblichen Gefühls einklagt und die Verachtung des Dichters für großbürgerliche Kleinlichkeit und Kleinkariertheit ausdrückt. Der in Korsett und Konvention verhüllte "Gletscher" steht im Kontrast zu der durch bürgerliche Kleidung nicht zu verhüllenden "Glut" des Jünglings, die der Freund "schon durch deine Weste brennen" sehen konnte (Heimkehr, LIV; 1, 136). Der junge Liebhaber war allzusehr Naturmensch, als daß er seine Leidenschaft hätte verheimlichen können. Daß es ihm dabei gleichzeitig "dunkler wird [...] im Kopf" (ebd.), ist die natürliche Folge der Leidenschaft. Schlimmer noch ist, daß dieser sonst so stolze Kopf, den er "gewohnt" ist "recht hoch zu tragen" ('An meine Mutter'; 1, 60), in einem anderen Gedicht sich wünscht, er wäre "nur der Schemel / Worauf der Liebsten Füße ruhn!" (Lyrisches Intermezzo, XXXIV; 1, 85). So hätte der Dichter die Waffen des Geistes scheinbar gestreckt. Daß dies nicht endgültig der Fall ist, beweist auf zweiter Ebene die ironische Durchleuchtung der Liebe, die kritische Kopfarbeit, die das ganze *Buch der Lieder* durchzieht.

Ist also in Heines früher Lyrik der Kopf mit dieser un-, ja antiromantischen kritischen Funktion stets implizit zugegen, so gilt das teilweise auch für den Magen, ein Organ, das eine realistische Körperpoetik nicht außer acht lassen darf und das im neuzeitlichen Gesellschaftsmenschen eng verbunden, wo nicht identisch ist mit dem Körperorgan Tasche. Die Geldschwierigkeiten des dichterischen Hungerleiders spuken in Heines Sammlung so hin und wieder. Seinen Magen hören wir einmal direkt knurren in der Klage über die Helfer und Ratgeber, deren Unterstützung nichts Konkretes gebracht habe; denn "bei all ihrem Protegieren / Hätte ich können vor Hunger krepieren" (Heimkehr, LXIV; 1, 140). Hier entspricht die Brutalität der Formulierung — "vor Hunger krepieren" — den Wirklichkeiten des Lebens- und Überlebenskampfs. Kein Stilwandel war nötig, um zur Sprache einer politischen Dichtung zu gelangen, die die Existenzfrage des Einzelnen zur "großen Suppenfrage" (*Ratcliff*; 1, 428) der europäischen Menschheit verallgemeinert und die Dinge unverblümt beim Namen nennt. Doch bei aller irdischen Konkretheit der Doktrin werden auch hier die Körperteile in einer Weise eingesetzt, die an die Emblematik des Barock anknüpft. Im politischen Gedicht werden sie weiterhin von ihren jeweiligen menschlichen Trägern getrennt und emblematisch verselbständigt. Die Grundtendenz von *Deutschland. Ein Wintermärchen* wird dadurch deutlich gemacht, daß die wichtigsten Embleme gleich eingangs und dicht vor dem Schluß stehen und die Koordinaten der politischen Gedankenwelt des Gedichts verkörpern. Im ersten Caput heißt der Magen "der faule Bauch", es ist diesmal also der Magen der anderen, der Wohlhabenden und Hochgestellten, die — frei nach der in Shakespeares *Coriolan* erzählten Fabel — nicht "verschlemmen" sollen, "was fleißige Hände erwarben" (2, 280). Im zweiten Caput nennt der Heimkehrer bei der Zolldurchsuchung seinen eigenen Kopf "ein zwitscherndes Vogelnest / Von konfiszierlichen Büchern" (2, 282). Und im letzten Caput ist schließlich das Herz des Dichters zum leuchtenden Mittelpunkt der Szene geworden:

> Schon knospet die Jugend, welche versteht
> Des Dichters Stolz und Güte
> Und sich an seinem Herzen wärmt,
> An seinem Sonnengemüte.

> Mein Herz ist liebend wie das Licht
> Und rein und keusch wie das Feuer. (2, 360)

Zwar hatte es schon früher in den *Bädern von Lucca* geheißen, das Herz des Dichters sei der "Mittelpunkt der Welt", aber gerade darum heillos zerrissen, weil die zeitgenössische Welt zerrissen sei (4, 333). Das "liebende Herz" hat jetzt eine ganz anders positive Bedeutung, denn es ist ein "Sonnengemüt", Mittelpunkt eines ganzen Universums, von dem eine zukunftsweisende Wärme ausgeht. Es ist also ein neues, ein erneuertes Herz, das von Liebesleiden und existentieller Zerrissenheit nichts mehr weiß. Die alten Übel hat mindestens zeitweilig das politische Engagement ausgeheilt. Übrigens steht dieses Herz innerhalb eines zweiten metaphorischen Körpersystems: für den Heine der *Französischen Zustände* bildet sein politischer Stützpunkt Frankreich "Europas Herz", während England — den Kontrast hat er ausdrücklich von den St. Simonisten — als Ort der rücksichtlos gesteigerten, alles Organische zerschlagenden kapitalistischen Industrie allenfalls "Europas Hand" ist (6, 137).

Nun birgt das politische Engagement für einen Dichter, der sich in seinem Werk voll einsetzt, sich nicht hinter den Gemeinplätzen der "Tendenz" versteckt, akute Gefahr. Auch das stellt Heine körperlich anschaulich dar, indem die Entmachtung, auf die es alle Zensur letztlich absieht, schaurig humoristisch ernstgenommen wird. Bei der imaginierten Hochzeit Hammonias mit ihrem Lieblingsdichter greift der Zensor wortwörtlich durch, während die Braut nur entsetzt zusehen kann:

> "Es kommt die geistliche Deputation,
> Rabbiner und Pastöre —
> Doch ach! da kommt der Hofmann auch
> Mit seiner Zensorschere.
>
> Die Schere klirrt in seiner Hand,
> Es rückt der wilde Geselle
> Dir auf den Leib — er schneidet ins Fleisch —
> Es war die beste Stelle." (2, 359)

So weit, so schlimm. In *Deutschland. Ein Wintermärchen* tritt der Dichter sonst in üppigster Gesundheit auf, der poetische und intellektuelle Stoffwechsel funktioniert reibungslos, seine Moral ist vorzüglich. Das kommt zum Teil vom Antäus-Kontakt mit der Heimat — "Der Riese hat die Mutter berührt, / Und es wuchsen ihm neu die Kräfte" (2,281) —, zu der ihn eine trotz Ironie und

Skepsis noch fortbestehende Vaterlandsliebe hinzieht. Körper- wie Geisteskräfte scheinen ausgeglichen, sie sind auch voll und befriedigend eingespannt in ein Projekt, auf das in mehr als einem Sinn das ganze bisherige Leben Heines eine Vorbereitung gewesen war.

Dabei hatten sich bereits im August 1832 die ersten Symptome von Heines Krankheit gezeigt, wie er Friedrich Merckel berichtet (21, 38). Dem Bruder Max schreibt er im August 1837 von der "Avantgarde der Decrepitude" (21, 226), und im April 1843 von seinem "schlimmsten Feind", der "in [s]einem eigenen Leib" stecke (22, 55). Die Lähmungserscheinungen erstrecken sich allmählich auf Oberleib, Bauch, Beine und Füße, auf Kopf, Gesicht, Augen, Lippen, Zunge. Er kann bald nur mit großer Anstrengung sprechen; schon 1848 heißt es in einem Brief an den Bruder Max, "ich kann weder kauen noch kacken, werde wie ein Vogel gefüttert" (22, 294). Die "wilde Lendenkraft", wie in einem späten Gedicht an die Mouche die Geschlechtlichkeit genannt wird (3, 428), ist längst dahin, die Bewegungsfreiheit ebenfalls; als einzige Bewegung in der Bewegungslosigkeit, heißt es im April 1852 an Campe, "liege" er "[s]einem Grab entgegen" (23, 197). Selbst das Schreiben ist, so im August 1855 an den Bruder Gustav, zur Qual einer Zwickmühle geworden: "Ich tödte meine Augen durch Selbstschreiben, und diktire ich, so bekomm ich Halskrämpfe" (23, 448). Schon 1849 teilt er Campe mit, seine Gedichte seien längst "im wahren Sinn des Wortes mein versifizirtes Lebensblut" (22, 322).

Indem so der Körper fast buchstäblich in seine Bestandteile zerfällt, oder, wie es in *Bimini* heißt, "hinwelkt bis zum Zerrbild" (3, 283), so "daß schier nichts übriggeblieben als die Stimme" (3, 199), heftet sich der Blick zwangsläufig und in einer eigentümlichen Mischung von Faszination und Abscheu immer unverwandter auf die einzelnen Teile des eigenen Körpers — die Rippen, von denen das Fleisch schmilzt (3, 400), das "spiritualistische Skelett", das allmählich sichtbar wird (3, 199), den "Schädel eines toten Dichters", den sich die nächtlichen Phantasien zum "Tummelplatz" gewählt haben, die "Leichenhand", mit der er sie am Morgen aufzuschreiben sucht (3, 226). Indes richtet sich das innere Auge beständig auf das Nicht-Sichtbare, die Knochenoder Rückenmarkdarre, die Heine im August 1852 Gustav Kolb gegenüber das einzige nennt, was er in dreißig Jahren im Dienst der Freiheitsgöttin gewonnen hat (23, 219).

Mittlerweile verkörpern ganz andere Frauenfiguren seine

Krankheit und hoffnungslose Lage. Die schwarze Frau etwa, in deren Gestalt doch wohl der geschlechtliche Ursprung von Heines Krankheit diskret angedeutet wird, wobei sich gerade Liebesgesten und -gelüste in ein tödliches Gegenteil verkehren:

> Es hatte mein Haupt die schwarze Frau
> Zärtlich ans Herz geschlossen;
> Ach! meine Haare wurden grau,
> Wo ihre Tränen geflossen.
>
> Sie küßte mich lahm, sie küßte mich krank,
> Sie küßte mir blind die Augen;
> Das Mark aus meinem Rückgrat trank
> Ihr Mund mit wildem Saugen. (3, 225)

Ebenso schauerlich grotesk sind die leitmotivisch wiederholten alten Weiber, Frau Sorge etwa, die die Glücksträume des Kranken stört: "Es platzt die Seifenblase — / Die Alte schneuzt die Nase" (3, 124), oder Frau Unglück, die "keine Eile" hat, sondern "setzt sich zu dir ans Bett und strickt" (3, 82), eine Tricoteuse also, wie sie im Buch stehen, nur daß diese der langsameren Revolution des Krankheitsverlaufs zuschaut und auf dessen Ende wartet; oder schließlich die klassischen Parzen, die bei Heine als Scheusale mit Hängelippe, roten Augen und scharfen Zügen moderne Wirklichkeit werden, indem die Reimworte den hehren Mythenbereich mit dem banal Körperlichen paart:

> Es hält die dritte Parze
> In Händen die Schere,
> Sie summt Miserere;
> Die Nase ist spitz, drauf sitzt eine Warze. (3, 231)

Die dichterische Technik Heines weist hier in zwei Richtungen. Sie dient der Bereitschaft, letzten Wirklichkeiten bis ins kleinste Detail ins Auge zu schauen, andererseits aber dem Willen zu mythischer Sinngebung auch und gerade im letztmöglichen Lebensaugenblick. Damit das gelingt, ist einerseits ein gänzliches Aufgehen in der Situation erfordert — da hat der Dichter keine Wahl —, aber gleichzeitig auch eine ähnliche verfremdende Distanz zu den eigenen körperlichen Wirklichkeiten, wie sie in trivialer Ausprägung schon in frühen Versen wie "Mein Herz, mein Herz ist traurig" erzielt wurde. So gesehen bedeutete das frühe Leiden an der Liebe eine Vorübung in kühl distanzierter Selbstbeobachtung.

Es gibt freilich späte Gedichte, die mit ihren Mitteln und Effekten nicht so weit über das Frühwerk hinaus sind. In "Affrontenburg" etwa, das ja auch inhaltlich die alte Zeit heraufbeschwört, spielen Herz und Aug' nur die vertraute Liebesrolle:

> Vermaledeiter Garten! Ach,
> Da gab es nirgends eine Stätte.
> Wo nicht mein Herz gekränket ward,
> Wo nicht mein Aug' geweinet hätte. (3, 222)

Der Impuls nachzuerzählen und der Drang zum poetischen Racheakt haben hier Effekte zur Folge, die an bloßes Pathos grenzen. Ähnlich in der zweiten Hälfte des Sonetts "Mein Tag war heiter, glücklich meine Nacht", wo die Vereinzelung der Körperteile pathetisch wirkt und wohl auch wirken soll:

> Der Hand entsinkt das Saitenspiel. In Scherben
> Zerbricht das Glas, das ich so fröhlich eben
> An meine übermüt'gen Lippen preßte. (3, 404)

Dies gilt wiederum für "Enfant perdu", wo sich der Dichter gleich mit Überschrift und Eingangsvers — "Verlorner Posten in dem Freiheitskrieg" — in Positur stellt und die Komplexität seiner politischen Rolle mit vereinfachendem Pathos überlagert:

> Ein Posten ist vakant! — Die Wunden klaffen —
> Der eine fällt, die andern rücken nach.
> Doch fall' ich unbesiegt, und meine Waffen
> Sind nicht gebrochen — nur mein Herze brach. (3, 131)

Vorgeblich alles Teamwork also, wie der politische Heine es denn doch weder gekannt noch selber vorgelebt hatte.

Schon von der Situation her können diese drei Gedichte freilich trotz solcher punktueller Vereinfachung ihre Wirkung nicht verfehlen; der Leser mag Heine in solch verzweifelter Lage den Schuß Pathos nachsehen. Das Rhetorische ist eben auch eine von seinen vielen Charakterfacetten bzw. Rollen, das Sich-in-Positur-Werfen schließlich eine weitere Variation seiner starken körperlichen Präsenz. Übrigens dürfte das Pathetische an diesen beiden Fällen vom Gebrauch oder Weglassen des Possessivums herrühren: weder mit "Der Hand entsinkt" noch mit "Die Wunden klaffen" setzt das höchste Pathos ein, sondern erst mit "meine übermüt'gen Lippen" und "mein Herze". Die unauffällige Differenz zwischen persönlichem Besitz und bloßer Konstatierung des Körperteils markiert die

stilistische Grenze zwischen romantischem Pathos und postromant-
ischer Nüchternheit.

Letztere stellt den neuen Ton dar, den Heine im Spätwerk
angeschlagen zu haben glaubte. Weitere Beispiele für das unpathetisch
und gedrängt Vielsagende, das lange nicht nur dem eigenen Schicksal
gilt, finden sich auf Schritt und Tritt. In "Erinnerung an Hammonia"
etwa werden die "vorbeiwallenden" Hamburger Waisenkinder
geschildert und im Vorbeigehen — buchstäblich, indem diese Un-
schuldslämmer vorbeigehen — wird ein ethisches Bild der Gesellschaft skizziert. Da heißt es unter anderem:

> Jeder sieht sie an gerührt,
> Und die Büchse klingeliert;
> Von geheimen Vaterhänden
> Fließen ihnen reiche Spenden —
> O die hübschen Waisenkinder! (3, 248)

Nicht alle sind also im eigentlichen Sinn verwaist. Um "geheime
Vaterhände" betätigen zu können, müssen die Spender früher mal
einen anderen Körperteil betätigt haben, jetzt handelt aber nur mehr
das diskrete Gebilde, verselbständigt und jeder persönlichen
Beziehung enthoben, reinlich getrennt vom Erzeuger sowie von dem,
was er in die Welt gesetzt hat: ein Stück elegant konzise
Gesellschaftskritik.

Das Handmotiv klingt an das Gedicht "Himmelsbräute" an, das
von Nonnengespenstern handelt, die ihre Fleischessünden mit
nächtlichem Miserere-Singen büßen:

> Also singt die Nonnenschar,
> Und ein längst verstorbner Küster
> Spielt die Orgel. Schattenhände
> Stürmen toll durch die Register. (3, 42)

Hatte der Besitzer der spielenden Hände auch früher die Hand im
Spiel? Auf jeden Fall hat die Vereinzelung dieses Körperteils zusätzlich
eine stark graphische, fast filmische Wirkung, sie wird zur frappanten
Nahaufnahme, wie man sie etwa bei Sergej Eisenstein findet, in
dessen Szenen Gesten, Gesichter oder Glieder dramatisch
intensivierend herangeholt werden. Auf derselben Linie liegt die
anschauliche Wirkung so mancher Stelle aus den *Historien*, bei denen
es Heine im Grunde immer darum geht, das Detail eines einzelnen
Lebens auf die Leinwand der Geschichte und ihrer ewigen
unerbittlichen Wiederkünfte zu werfen. Nachdem der König Harold

bei Hastings gefallen ist, wird seine Leiche von Edith Schwanenhals abgeküßt — Stirne, Mund, Brust, und schließlich das unverwechselbar Spezifische:

> Auf seiner Schulter erblickte sie auch —
> Und sie bedeckt sie mit Küssen —
> Drei kleine Narben, Denkmäler der Lust,
> Die sie einst hineingebissen. (3, 18)

Durch diese Technik der das Körperliche betonenden Nahaufnahme vermag Heine, von der niedrigen Warte der Matratzengruft die weite geschichtliche Welt so konkret heranzuholen, daß sie sich mit den Erfahrungen seiner engen Leidenswelt berührt und sogar im Wesentlichen deckt.

Indem sich Heine in seine kranken Körperteile auflösen sieht, betrachtet er sich immer mehr als eine Ansammlung von Gebresten. Damit spielt er im komischen Ernst, so in "Vermächtnis", wo er den Wunsch äußert, seine

> würd'gen, tugendfesten
> Widersacher sollen erben
> All mein Siechtum und Verderben,
> Meine sämtlichen Gebresten.
>
> Ich vermach' euch die Koliken,
> Die den Bauch wie Zangen zwicken,
> Harnbeschwerden, die perfiden
> Preußischen Hämorrhoiden.
>
> Meine Krämpfe sollt ihr haben,
> Speichelfluß und Gliederzucken,
> Knochendarre in dem Rücken,
> Lauter schöne Gottesgaben. (3, 130)

Sollte es nicht eher heißen: lauter unschöne Grobheiten, die man einem Sterbenden nachsehen muß? Aber es geht weiter zur Pointe:

> Kodizill zu dem Vermächtnis:
> In Vergessenheit versenken
> Soll der Herr eu'r Angedenken,
> Er vertilge eu'r Gedächtnis.

Das ist nicht bloß ein Fluch, sondern implizit auch ein Anspruch. Denn trotz der aufgelisteten körperlichen Folgen seines gar nicht so "tugendfesten" Lebens, ist aus Heine schließlich doch etwas geworden, was der Herr eben *nicht* in Vergessenheit versenken wird,

nämlich ein Dichter. "Nichts als ein Dichter", heißt es in den
Geständnissen mit recht uncharakteristischer und unglaubwürdiger,
freilich auch sofort zurückgenommener Demutsgeste (10, 204f.). Un-
umwundener hatte es bereits im *Buch der Lieder* geheißen: "Nennt
man die besten Namen, / So wird auch der meine genannt" (Heimkehr, XIII; 1, 114).

Es gibt jedoch bei der nüchternen bis tragischen Anschauung der
Körperteile eine große Ausnahme. Vom weiblichen Körper hat der
späte Heine, sieht man einmal von den bereits angeführten Grotesken
ab, einen positiven Begriff. "Das Hohelied" (3, 321) ist fast ein
Rückzieher gegenüber jenen frühen Gedichten, in denen die
weiblichen Formen zum Diminutiv — Äuglein, Wänglein usw. —
ironisch herabgesetzt wurden. Hier im Gegenteil werden diese
Formen und andere, die früher nicht einmal zur Sprache kommen
durften, *con amore* gewürdigt. Es ist alles andere als ein politisch
korrektes Gedicht, einmal wegen der schmunzelnd gewissenhaften
Vollständigkeit des darin gebotenenen Überblicks, zum anderen, weil
es durchweg einen spielerischen Vergleich zieht: das Weib wird nicht
nur *im* Gedicht, sondern *als* ein Gedicht beschrieben:

> Das ist kein abstraktes Begriffspoem!
> Das Lied hat Fleisch und Rippen,
> Hat Hand und Fuß; es lacht und küßt
> Mit schöngereimten Lippen.

Auf dem Hals sitzt "der lockige Hauptgedanke", und was in der Folge
mit den Strophen verglichen wird, und wo Heine die Zäsur ansetzt,
kann leicht nachgeschlagen werden. Das genüßliche Auflisten war für
seine Zeit sicher skabrös — allerdings lange nicht so skabrös, wie die
Erörterung der Körperteile und ihrer angeblichen Zwecke im
Gedicht "Zur Teleologie" (3, 415). Dennoch wird "Das Hohelied"
bei allem Humor von einer echten Begeisterung für seinen Gegenstand getragen, wie sie Heine auch dem ursprünglichen Schöpfer bei
der Erschaffung des weiblichen Poems zuschreibt.

Zwar werden auch im "Hohenlied" die Körperteile nur einzeln
gefeiert, sie bilden noch kein Ganzes. Im "Pomare"-Zyklus hingegen
wird die Schönheit in der Bewegung einer Volkstänzerin als
betörende Einheit geschildert (3, 26). Im zweiten Gedicht des Zyklus
heißt es

> Sie tanzt. Wenn sie sich wirbelnd dreht
> Auf einen Fuß, und stillesteht

Am End' mit ausgestreckten Armen,
Mag Gott sich meiner Vernunft erbarmen.

Bereits die beiden Enjambements machen die Tanzbewegung anschaulich, auch folgt Heine instinktiv den Grundsätzen Lessings, denen zufolge sich Körper und Gegenstände nicht statisch, nur prozessual schildern lassen; die Schönheit sehe man am besten in ihrer Wirkung auf die Zuschauer, wie in derjenigen Helenas auf die Greise von Troja bei Homer. Ein französischer Volksgarten ist freilich eine andere Welt als die von Lessings *Laokoön* oder Schillers noblem Gedicht "Der Tanz". Pomares Zuschauer fühlt sich in seiner Hingerissenheit in ein ganz anders düsteres geschichtliches Szenario versetzt:

Sie tanzt mich rasend — ich werde toll —
Sprich, Weib, was ich dir schenken soll?
Du lächelst! Heda! Trabanten! Läufer!
Man schlage ab das Haupt dem Täufer!

Eindringlicher, schauriger, kann man die geschlechtliche Faszination nicht ausdrücken. Sie kann aber kein festes Ideal aufstellen, auch hierin ist alles Bewegung, Frauenliebe und -leben in der Pariser Halbwelt verlaufen unerbittlich nur in einer Richtung. Der Dichter stellt sich vor, die Stolze, Erfolgreiche, die heute im Wagen fährt, könnte im Hospitale enden, wo der Medizinstudent

mit schmierig
Plumper Hand und lernbegierig
Deinen schönen Leib zerfetzt,
Anatomisch ihn zersetzt.

Auch von dieser betörenden Schönheit blieben dann nur die Bestandteile übrig, wie von allem Kreatürlichen: "Deine Rosse trifft nicht minder / Einst zu Montfaucon der Schinder".

An Körperteilen bleibt der vorliegenden Skizze eigentlich nur noch die Ferse hinzuzufügen, die naturgemäß an den Schluß gehört. Sie ist bei Heine gleichwohl ein erhabener, ein mythischer Körperteil. "Am Fuß verwundbar war der Sohn der Thetis", heißt es im Gedicht "Unvollkommenheit" (3, 118). Es handelte sich also um Heines Achillesverse und -fersen: denn die Achillesferse im anatomischen Sinn ist bei Heine gleich doppelt vorhanden. Das geht aus einem kurz vor seinem Tod geschriebenen Brief hervor, in dem von einem unangenehmen, mit erheblichen Geldverlusten verbundenen Zwischenfall die Rede ist: Er sei, schreibt er im Februar 1855, in seiner Eigenliebe sowie in seinen finanziellen Interessen verwundet worden, diesen beiden Fersen des modernen Achills: "j'étais blessé à la fois aux deux talons qui sont vulnérables chez les Achilles modernes" (23, 416). Man könnte sagen, diese "verwundbaren Fersen" seien für Heines Lebens- und Leidensgeschichte konstitutiv gewesen. Einerseits Eigenliebe, Stolz, Selbstbehauptung ("Ich bin's gewohnt, den Kopf recht hoch zu tragen") — so war gleichsam die eine Ferse der Kopf; andererseits die fortwährende Geldnot und das Gefühl, zu Lebenszeiten des Onkel Salomon finanziell immer zu kurz gekommen und nach dessen Tod im Erbschaftsstreit übervorteilt und verraten worden zu sein. Verrat wird also zum Hauptmotiv der späten Lyrik, er wird im Prolog-Gedicht zum zweiten Teil des *Romanzero* geradezu zur Motivierung, die Historien überhaupt zu schreiben (3, 4). Es gibt auch andere verwundbare Helden, mit denen er sich identifizieren kann, ja sie vereinen im Überblick des späten Heine die drei großen Mythologien: Antike, Christentum, Germanentum. Denn neben dem Achillmotiv wird mit dem Verrat des Judas an Christus und dem Verrat Hagens an Siegfried gearbeitet (3, 400, 402). Achill sticht aber besonders hervor, weil nicht nur seine Verwundbarkeit zu Heines Lebensgefühl und -lage paßt, sondern auch der bekannte unheroisch-diesseitige Spruch des toten Helden, ausgerechnet Heldentum habe keinen Wert neben der nackten Tatsache des Lebens:

> Leben wie der ärmste Knecht
> In der Oberwelt ist besser,
> Als am stygischen Gewässer
> Schattenführer sein, ein Heros,
> Den besungen selbst Homeros. (3, 266)

Der Ruhm nämlich erwärme das Grab nicht:

> Eine bessre Wärme gibt
> Eine Kuhmagd, die verliebt
> Uns mit dicken Lippen küßt
> Und beträchtlich riecht nach Mist.

So entzaubert die mythische Figur selber den Mythos. "Epilog" nennt sich dieses letzte der *Gedichte 1853 und 1854.* Auch in einem zweiten epilogartigen Gedicht, "Der Scheidende", steht wieder Achill im Mittelpunkt, beneidet diesmal eine moderne, in Heines Augen doppelt verächtliche Figur um ihr armseliges Glück:

Der kleinste lebendige Philister
Zu Stukkert am Neckar, viel glücklicher ist er
Als ich, der Pelide, der tote Held,
Der Schattenfürst in der Unterwelt. (3, 437)

Heine ist Achill.[6] Held wie Dichter trauern dem körperlichen Leben nach: Ein Schlußwort im vollen Wortsinn, wenn nicht unbedingt das entscheidende Wort in der lebenslangen Auseinandersetzung von Körper und Geist bei Heine. Es bildet immerhin meinen Schluß, denn mit dem doppelten Auftritt Homers sind wir beim eigentlichen Thema des Symposions, der Weltliteratur, gelandet.

Anmerkungen

1. Erich Auerbach, *Mimesis*, Bern und München 1947, S. 275.
2. Heines Werke werden zitiert nach der Insel-Ausgabe, hrsg. Oskar Walzel, Leipzig 1911ff.; die Briefe nach den Bänden 20 bis 23 der Heine-Säkularausgabe, Weimar 1970ff.
3. "Heines Appetit". In: *Heine-Jahrbuch*, 1983; 'History in Nutshells: Heine as a Cartoonist'. In: *Heinrich Heine and the Occident*, ed. Peter Uwe Hohendahl, Lincoln, Nebr. 1991.
4. Heinrich Heine, *Deutschland*. Translated and edited by T. J. Reed. London: Angel Books, 1986, Neuauflage mit gegenüberstehendem Original 1997; *Heinrich Heine*. Translated and edited by T. J. Reed and David Cram. Everyman's Poetry, London 1997.
5. Matthew Arnold, 'Stanzas from the Grande Chartreuse' (1856), ll. 135f.:
   What helps it now, that Byron bore,
   With haughty scorn, which mocked the smart,
   Through Europe to the Aetolian shore
   The pageant of his bleeding heart?
6. Das Motiv ist Heine von früh an vertraut und von grundlegender Bedeutung. Im 3. Kapitel des *Buch Le Grand* werden die Worte Achills als einer der Belege für das Prinzip "das Leben ist der Güter höchstes" zitiert, und zwar mit vollständigem Wortlaut:
   Nicht mir rede vom Tod ein Trostwort, edler Odysseus!
   Lieber ja wollt' ich das Feld als Tagelöhner bestellen
   Einem dürftigen Mann, ohn' Erbe und eigenen Wohlstand,
   Als die sämtliche Schar der geschwundenen Toten beherrschen.
       (*Odyssee*, Eilfter Gesang, V. 488ff., übers. J. H. Voss)
   Später im gleichen Sinn, ohne Achill zu nennen, dafür mit vorausweisendem anti-schwäbischen Seitenhieb (auf den Dichter Karl Mayer) in *Deutschland. Ein Wintermärchen*, Cap. III, Str. 2:
   Ich möchte nicht tot und begraben sein
   Als Kaiser zu Aachen im Dome;
   Weit lieber lebt' ich als kleiner Poet
   Zu Stukkert am Neckarstrome.

12

Heine's Lazarus Poems

David Constantine (Oxford)

I

Heine became conclusively ill in May 1848. He was confined to his room, then to his bed, his mattress-grave, with a disease of the spinal column, possibly venereal. He had a long agony.

In the 'Nachwort' to the *Romanzero* collection (1851) he describes his collapse as follows:

Es war im Mai 1848, an dem Tage, wo ich zum letzten Male ausging, als ich Abschied nahm von den holden Idolen, die ich angebetet in den Zeiten meines Glücks. Nur mit Mühe schleppte ich mich bis zum Louvre, und ich brach fast zusammen, als ich in den erhabenen Saal trat, wo die hochgebenedeite Göttin der Schönheit, Unsere liebe Frau von Milo, auf ihrem Postamente steht. Zu ihren Füßen lag ich lange, und ich weinte so heftig, daß sich dessen ein Stein erbarmen mußte. Auch schaute die Göttin mitleidig auf mich herab, doch zugleich so trostlos, als wollte sie sagen: siehst du denn nicht, daß ich keine Arme habe und also nicht helfen kann?[1]

Heine was inclined to view his own life figuratively. He was adept at finding emblems for his condition and at raising his own biography to a significance beyond the personal. Thus his collapse at the feet of the (helpless) Vénus de Milo is emblematic of his saying goodbye to a philosophy of life—Hellenism, sensualism—now becoming untenable because of illness; and it raises that personal conversion (or defeat) to a general level: the Judaeo-Christian gods enter as their pagan predecessors depart. Heine was proving on his own body the truth of what he had asserted in a blithely provocative fashion years before: Christ arrives and jolly Olympus becomes 'ein Lazarett' (iv. 492). Or the other way round: 'Wo die Gesundheit aufhört . . . dort fängt das Christentum an'.[2] He said that in 1849, when his *Passionsgeschichte*, as he called it (*B* ii. 71), had only just begun. Appropriately then he announced in the same *Romanzero* afterword that he had returned, for solace in his misery, to some sort of personal god.

Doing so, he associated himself, obviously enough, with the Prodigal Son (xi. 182). But he was also Job, wondering at the cruelty of God (*B* ii 121). And increasingly, so his many visitors said, in his physical appearance he came to resemble an icon of Christ himself (*B* ii. 197, 269, 327, 467); a Christ crossed with Mephistopheles, according to Elise Krinitz (*B* i. 384). For all that he never stopped being Tannhäuser, confined in the *Venusberg* in the service of a demonic mistress (xi. 434; *B* i. 212, 292); Prometheus, stealing fire from the gods for the benefit of mankind and hideously punished for it (xii. 222); the magician Merlin on his melodious bed in the forest of Brocéliande (xi. 180); and Achilles, famous fighter, dying young, Prince of Shades in the Underworld but longing to swap that status for the meanest life on earth (iii. 254; xi. 239, 349; *B* ii. 245). He told Caroline Jaubert—it was only November 1847, his agony had scarcely begun—'Pour être sincère, j'ajouterai qu'au travers de toute cette misère physique, dans la solitude, je suis moins à plaindre que bien d'autres. Je sens, je ne dirai pas ma valeur, mais mon essence, et je sors de moi-même' (*B* ii. 97). One exit from himself was into figures, emblems, icons. And the greatest of these in his last eight years was Lazarus.

II

In the *Romanzero* collection, in Book 2, *Lamentationen*, twenty poems are grouped together in a section entitled *Lazarus*. In Heine's next collection, *Gedichte 1853 und 1854*, a further eleven are headed *Zum Lazarus*. That whole collection, all but seven poems, came out, translated, in the *Revue des deux mondes* in November 1854 under the title *Le Livre de Lazare*. And among the poems left unpublished when Heine died fourteen have the note 'zum Lazarus' against them. They were then published in the third section (again *Lamentationen*) of the *Nachgelesene Gedichte*. Much of the late poetry stands under the sign or the patronage of Lazarus. Stephan Born, meeting Heine in 1847, wrote: 'Er war noch nicht an die "Matratzengruft" gefesselt, von der aus er uns mit seinen erschütternden Lazarusliedern beschenken sollte' (*B* ii. 83). When Moritz Gottlob Saphir visited him in July 1855 he saw his face in daylight—the nurse opened the curtains—as 'ein wahres leidendes Lazarus-Angesicht' (*B* ii. 401).

There are two Lazaruses in the New Testament. In Luke 16: 19–31
he is a beggar at the gate of a rich man. He goes to Abraham's bosom
when he dies, the rich man to hell. The other Lazarus is the brother
of Mary and Martha in Bethany whom Christ raised from the dead.
His story is told in John 11–12. Both haunt these poems. The image
is rendered more terrible by the association of Lazarus and leprosy.

The Lazarus in Luke is described as 'full of sores', the one in John
simply as sick; but perhaps because in Bethany before his crucifixion
Christ stays at the house of Simon the leper (Matthew 26: 6), and
because Christ is very often a healer of lepers, a tradition developed
that Christ's friend Lazarus, whom he wept for and raised from the
dead, was a leper. The word 'lazar' in English used to mean a leper, a
lazaret was a leper-house, Lazarus was the patron saint of leper-houses.

Heine makes the association of Lazarus and leprosy explicit at the
end of his autobiographical memoir, his *Geständnisse*, which he
completed and published in 1854. It is one of those moments (there
are many in his prose) when a sudden crystallization into poetic
imagery, here of a terrifying kind, takes place. He speaks, with direct
reference to his own situation, of a figure he had come across in his
reading, a monk in the fifteenth-century Limburg Chronicle, a monk
who composed love songs which were the most popular in Germany
in the year 1480, and this monk was a leper 'und saß traurig in der
Öde seines Elends, während jauchzend und jubelnd ganz Deutschland
seine Lieder sang und pfiff'. Heine writes of the lives of lepers in
fifteenth-century Germany: 'lebendig Tote wandelten sie einher,
vermummt vom Haupt bis zu den Füßen, die Kapuze über das
Gesicht gezogen, und in der Hand eine Klapper tragend, die
sogenannte Lazarusklapper, womit sie ihre Nähe ankündigten, damit
ihnen jeder zeitig aus dem Wege gehen konnte'. And he concludes his
memoir, in the winter of 1854, thus:

> Manchmal in meinen trüben Nachtgesichten glaube ich den armen Klerikus
> der Limburger Chronik, meinen Bruder in Apoll, vor mir zu sehen, und
> seine leidenden Augen lugen sonderbar stier hervor aus seiner Kapuze; aber
> im selben Augenblick huscht er von dannen, und verhallend, wie das Echo
> eines Traumes, hör ich die knarrenden Töne der Lazarusklapper. (xi. 500–1)

The monk of the Limburg Chronicle, excluded from the living
material of his own poems first by his vow of chastity then by his
leprosy, stands for Heine in a most drastic way.

Luke's Lazarus is laid at the rich man's gate, full of sores. Heine's

Lazarus poems range or wander very widely, but revert continually to
their author's real situation, which is sickness and immobility. Thus:

> Ach, ich liege jetzt am Boden,
> Kann mich nimmermehr erheben
> ('Verlorene Wünsche', *L* xi)

> Ich aber, ganz bewegungslos
> Blieb ich hier auf demselben Flecke
> ('Wie langsam kriechet sie dahin', *ZL* 3)

> Schon sieben Jahre mit herben,
> Qualvollen Gebresten wälz ich mich
> Am Boden und kann nicht sterben!
> ('Miserere', *NG* 15)

Luke's Lazarus lies at the gate of a rich man 'which was clothed in
purple and fine linen, and fared sumptuously every day'. Heine works
variations on that simple image, but keeps as a sort of continuo
throughout the poems the fact and vantage point of *threshold*. For
eight years he lay on the threshold of death. Certain things derive
naturally from that.

There is a great deal of looking back, over his own past happiness
and unhappiness. He wrote to J. G. Cotta in 1852: 'mein Leben ist nur
ein Zurückgrübeln in die Vergangenheit' (xii. 223). Many poems are
the product or vehicle of that. For example, in 'Den Strauß, den mir
Mathilde band' (*NG* 27):

> O Blumendüfte, ihr ruft empor
> Ein ganzes Ballett, ein ganzes Chor
> Von parfümierten Erinnerungen —
> Das kommt auf einmal herangesprungen . . .

Others in that vein are 'Rückschau' (*L* ii); 'Enfant perdu' (*L* xx); 'Ich
sah sie lachen' (*ZL* 5). Or he looks back on Life, draws up a balance.
Poems in which he does this are among his most savage: 'Weltlauf'
and 'Laß die heilgen Parabolen', for example, the first introducing the
Lazarus, the second the *Zum Lazarus* sequence. Here is 'Weltlauf', a
version of Luke 19: 26:

> Hat man viel, so wird man bald
> Noch viel mehr dazu bekommen.
> Wer nur wenig hat, dem wird
> Auch das wenige genommen.

> Wenn du aber gar nichts hast,
> Ach, so lasse dich begraben —
> Denn ein Recht zum Leben, Lump,
> Haben nur die etwas haben.

Or he looks forward, sardonically to the Day of Judgement ('Auferstehung', *L* iii), or full of concern for his widow-to-be Mathilde ('Gedächtnisfeier', *L* xii; 'An die Engel', *L* xv; 'Ich war, O Lamm', *NG* 25).

Luke's Lazarus lies outside 'desiring to be fed with the crumbs which fell from the rich man's table'. Heine in his room above the streets of Paris was, he said, 'abgesperrt von den Genüssen der Außenwelt' (xii. 223). The essence of the structure is the same: exclusion; but in Heine's case it has two aspects. The more obvious is that he is excluded from life and bitterly laments the fact. The bitterness, resentment, vengefulness of many of these poems, for example 'Vermächtnis' (*L* xix), is very remarkable and I shall come back to it later. And all the poems, whether they articulate it or not, have as their main inspiration the desperate sadness of being 'laid at the gate' of life and denied entry. The second aspect, another way of looking at the same unchanging or only worsening situation, is that he is laid at the gate of death, longs for release—to be let in—but is denied even that. Thus in 'Es sitzen am Kreuzweg drei Frauen' (*ZL* 10), 'Wenn sich die Blutegel vollgesogen' (*NG* 13), and 'Miserere' (*NG* 15). The first of those concludes (addressing the Fate with the shears):

> O spute dich und zerschneide
> Den Faden, den bösen,
> Und laß mich genesen
> Von diesem schrecklichen Lebensleide!

Heine had time, much slow time, in which to turn the story of Lazarus and Dives this way and that. Easy to imagine him revolving it. The simple structure is capable of some intriguing reversals. For in the gospel story Lazarus's material wretchedness in this world brings him eternal bliss in the next and Dives' material well-being brings him eternal torment and deprivation. Father Abraham tells it straight. 'Son,' he says to Dives, 'remember that thou in thy lifetime receivedst thy good things, and likewise Lazarus evil things: but now he is comforted, and thou art tormented.' Warned by that, taking Lazarus as his model, Heine ought to be looking forward to compensation and comfort in an afterlife. The gate he lies at, if he takes the image in a Christian sense, is neither that of death nor of desirable life on earth, but of the life everlasting, access to which is through death. Of that ideology I can find no trace. There are intimations, in ironic tone, of the immortality he might gain by his poetry ('Gedächtnisfeier', 'Der Scheidende'?), but really the pull of earth is far stronger than the pull of heaven throughout the Lazarus poems. 'Mich locken nicht die Himmelsauen' (ZL 11) says so, beautifully.

Several poems simply regret in bitter and heartfelt fashion the loss of a wellbeing much like Dives': 'Rückschau', for example (L ii), or 'Einst sah ich viele Blumen blühen' (ZL, 4); and 'Lumpentum' (L v) depicts a discrepancy which is entirely material and advises a strategy—'Besinge gar | Mäcenas' Hund, und friß dich satt!'—that suggests no other values. Indeed, it is quite often as though Heine were not Lazarus at all, but Dives—Dives in hell lamenting the loss of his previous happy state. Such poems beat against the implacable ordinance that between happiness and unhappiness there is, as Father Abraham says, 'a great gulf fixed'. Sickness, immobility, exclusion are the ground over which the Lazarus poems play.

I said there is a nostalgic harking back: a man now wretched looks back to a time when he wasn't. That is how Heine put it in the letter to Cotta already quoted from: 'Durch meinen körperlichen Zustand abgesperrt von den Genüssen der Außenwelt, suche ich jetzt Ersatz in der träumerischen Süße der Erinnerungen' (xii. 223). Certainly there is some of that; but there is also—more complicated, more typical of Heine—a looking back on a happiness that either proved illusory afterwards or was manifestly never really a happiness at all. In this structure there is a double deprivation or exclusion. A man now wretched looks back on himself wretched or at best deluded. Even in 'Rückschau', having evoked the happiness he says was once his, he undermines it thus: 'das waren Visionen, Seifenblasen —'. Likewise the hopes and desires in 'Verlorene Wünsche': 'Seifenblasen' (L xi). In ZL 4, 5, and 6 he looks back, now hopelessly debarred, on a happiness he did not seize. 'Wiedersehen' (L xiii) is the funniest and most poignant in that strain. It conjures up two lovers who even in life had become two ghosts; she tells him, too late, that he missed his chance; all it revives is loss:

> Die Geißblattlaube — Ein Sommerabend —
> Wir saßen wieder wie ehmals am Fenster —

Der Mond ging auf, belebend und labend —
Wir aber waren wie zwei Gespenster.

Zwölf Jahre schwanden, seitdem wir beisammen
Zum letzten Male hier gesessen;
Die zärtlichen Glüten, die großen Flammen,
Sie waren erloschen unterdessen.

Einsilbig saß ich. Die Plaudertasche,
Das Weib hingegen schürte beständig
Herum in der alten Liebesasche.
Jedoch kein Fünkchen ward wieder lebendig.

Und sie erzählte: wie sie die bösen
Gedanken bekämpft, eine lange Geschichte,
Wie wackelig schon ihre Tugend gewesen —
Ich machte dazu ein dummes Gesichte.

Als ich nach Hause ritt, da liefen
Die Bäume vorbei in der Mondenhelle,
Wie Geister. Wehmütige Stimmen riefen —
Doch ich und die Toten, wir ritten schnelle.

Dis-illusioning was, from the first, the stuff and structure of much of
Heine's poetry. It was his speciality, and as such risked becoming
merely repeatable and schematic. In the Lazarus poems it undergoes a
mortal intensification. The structure roots in a bodily reality. The
scheme is revivified with the blood of truth. 'Böses Geträume' (L xvii)
begins 'Im Traume war ich wieder jung und munter'; recounts a
dream-meeting with the sea-green-eyed Ottilie; and ends:

Was sie zur Antwort gab, das weiß ich nimmer,
Denn ich erwachte jählings — und ich war
Wieder ein Kranker, der im Krankenzimmer
Trostlos daniederliegt seit manchem Jahr. —

III

Heine himself characterized his poems of 1853 and 1854 as: 'ein ganz
neuer Ton, und zu dem Eigentümlichsten gehörend, das ich gegeben'
(xii. 65). The novelty in products quintessentially his was, I believe,
the intensification and revivification through bodily truth which I
referred to above. Alfred Meißner, visiting him in 1854, and taking up
the new poems, was profoundly shocked by them—and shocked also

by Heine's delight and pride in them. He read aloud 'Ein Wetterstrahl, beleuchtend plötzlich' (*ZL* 8). Heine asked him to, saying it was one he was especially fond of. Meißner records what followed:

Ich mußte inne halten. 'Welche Gedichte sind das?' rief ich, 'welche Klänge! Noch nie haben Sie dergleichen geschrieben und ich habe noch nie dergleichen Töne gehört.'

'Nicht wahr?' fragte Heine und richtete sich mit aller Mühe ein wenig auf seinem Kissen auf, indem er mit dem Zeigefinger seiner blassen, blutlosen Hand das geschlossene Auge ein wenig öffnete — 'nicht wahr? Ja, ich weiß es wohl, das ist schön, entsetzlich schön. Es ist eine Klage wie aus einem Grabe, da schreit ein Lebendigbegrabener durch die Nacht, oder gar eine Leiche, oder gar das Grab selbst. Ja ja, solche Töne hat die deutsche Lyrik noch nie vernommen und hat sie auch nicht vernehmen können, weil noch kein Dichter in solch einer Lage war. (*B* ii. 351–2)

In John 12: 9 we are told that crowds of people came to look at Lazarus in the house in Bethany when Jesus had raised him from the dead. Perhaps as many climbed the stairs in the rue d'Amsterdam to look at Heine on his mattress-grave. They viewed him as he viewed himself: lingering in a living death. (Altogether, Heine and his visitors collaborated in the invention and publication of figures expressing his condition.) Thus Meißner, in January 1849: 'Er schilderte, wie er sich selbst ein Gespenst geworden, wie er gewissermaßen wie ein schon verschiedener und in einem Zwischenreiche lebender Geist herabsehe auf seinen armen, gebrochenen, gefolterten Leib' (*B* ii. 121). In November of that year he told Elisa von Asztalos 'mir kommt es jetzt schon vor, als ob mein Ich, das lebendige Wesen, sich in einem Sarge befände, das mein Leben ist' (*B* ii. 140). In June 1854, when his rooms were threatened by fire, he was carried downstairs wrapped in his mattress and held for safety in the concierge's lodge. Joseph Lehmann reports: 'die Nachbarn aber, die so lange und so viel von dem kranken deutschen Dichter hatten sprechen hören, ohne ihn jemals gesehen zu haben, strömten von allen Seiten zu dem Portier des Hauses — "pour voir l'homme enseveli"' (*B* ii. 346). He had become the bodily presence of his own poetic images: 'Mein Leib ist jetzt ein Leichnam, worin / Der Geist ist eingekerkert —' (*ZL* 2); 'Vielleicht bin ich gestorben längst' (*ZL* 3); 'Ich arme unbegrabene Leiche' (*NG* 27). He got very close to literal metaphor.

Heine's Lazarus poems—and many others of the last eight years—are 'entsetzlich' in two senses. First, in their indecency. They offend against decorum. Just as the New Testament does: 'moreover the dogs came and licked his sores' or 'Jesus said, Take ye away the stone. Martha, the sister of him that was dead, saith unto him, Lord, by this time he stinketh: for he hath been dead four days' (Luke 16: 21; John 11: 39). It is up to poets to say what it feels like being human, and Heine does that. You cannot read him and not know.

> O wie klug sind doch die Sterne!
> Halten sich in sichrer Ferne
> Von dem bösen Erdenrund,
> Das so tödlich ungesund ...
>
> Wollen nicht mit uns versinken
> In den Twieten, welche stinken,
> In dem Mist, wo Würmer kriechen,
> Welche auch nicht lieblich riechen — (NG 14)

He offends also by uttering things that are ignoble, shameful, embarrassing; he acknowledges this.

> Ich vermach euch die Koliken,
> Die den Bauch wie Zangen zwicken,
> Harnbeschwerden, die perfiden
> Preußischen Hämorrhoiden.
>
> Meine Krämpfe sollt ihr haben,
> Speichelfluß und Gliederzucken,
> Knochendarre in dem Rucken,
> Lauter schöne Gottesgaben. (L xix)

This probably *is* a new tone in German lyric poetry. Baroque poetry is full of indecencies, but for a transcendental purpose. Heine's are human, and do not look to be excused in heaven. His service to poetry in this respect is enormous, and especially to German lyric poetry—always liable (see George and much of Rilke) to purify itself and overlook, as though it did not exist, the 'foul rag-and-bone shop of the heart'. After Heine, as after Rimbaud in French, no subject, no language, is in itself unsuitable for poetry. All things may be said, there is a language for them which the poet should find and use.

The second sense in which Heine's Lazarus poems are 'entsetzlich' is more fundamental. Heine, like other Romantics, notably Keats and Coleridge, revived and fulfilled poetry's traditional obligation (which Augustan and neo-classical poetry had largely reneged on) to look into the horror of life. Poetry must be truthful and strong enough to confront things at least akin to what Oedipus confronted as his enquiry ended. Then it excites terror and the equivalent pity. It is there in Coleridge's 'Ancient Mariner' and in 'Christabel'; in Keats's 'La Belle Dame sans Merci' and, as a subsong, in his odes. And in this strange fragment found among his papers:

> This living hand, now warm and capable
> Of earnest grasping, would, if it were cold
> And in the icy silence of the tomb,
> So haunt thy days and chill thy dreaming nights
> That thou wouldst wish thine own heart dry of blood
> So in my veins red life might stream again,
> And thou be conscience-calmed. See here it is—
> I hold it towards you.[3]

Perhaps, in his jealousy and despair at having to die, he was addressing Fanny Brawne. Heine's hand, almost as a disembodied living entity, excites a similar horror and fascination. Visitors commented on it: a hand of ivory, the hand of an emaciated Christ, the hand of a mummy, a hand like the host (*B* ii. 373, 400, 467). With it he held open the lid of his eye, to see; and with it, in pencil, making very large letters, he wrote:

> Vielleicht bin ich gestorben längst:
> Es sind vielleicht nur Spukgestalten
> Die Phantasien, die des Nachts
> Im Hirn den bunten Umzug halten.
>
> Es mögen wohl Gespenster sein,
> Altheidnisch göttlichen Gelichters;
> Sie wählen gern zum Tummelplatz
> Den Schädel eines toten Dichters. —
>
> Die schaurig süßen Orgia,
> Das nächtlich tolle Geistertreiben,
> Sucht des Poeten Leichenhand
> Manchmal am Morgen aufzuschreiben. (*ZL* 3)

I have taken a liberty. Heine did not say that his poems were 'entsetzlich'; he said they were 'entsetzlich schön'. I must put adverb and adjective back together again. The *frisson*, the chilly shiver, that certain lines of verse give, is very often, I believe, and perhaps even always, the thrill of horror. The hairs stand up on the neck, as the etymology of the word suggests. Housman, in *The Name and Nature of Poetry*, said he could not define poetry but would always know it by the symptoms it provokes. One, a shiver down the spine; two, a constriction of the throat and a rush of tears to the eyes; and a third he said he could only describe by borrowing a phrase from one of Keats's last letters. Keats wrote, speaking of Fanny Brawne, 'everything that reminds me of her goes through me like a spear.' 'The seat of this sensation', says Housman, 'is the pit of the stomach.'[4] When a line of verse goes home, no matter what its subject is, terror is a chief component in that effect. It must be that we see in a flash our own mortality; or that we see how the best-lived life would be, and the incitement terrifies us. The line comes with beauty, as a not at all negligible compensation; but beauty—poetic form—is, precisely, the means by which its shiver of horror comes. That is the only sense I can make of Rilke's 'das Schöne ist nichts als des Schrecklichen Anfang', and that is the chief sense I discern in Heine's 'entsetzlich schön'. Horror and beauty are, in the best of his Lazarus poems, of one flesh.

Lazarus in one incarnation or another ghosts these poems. But their total effect is by no means ghastly. They come from a ground of horror and suffering, but, without ever denying that truth, their total achievement is something we can be glad of and can live with. Terror and Beauty, chilly absolutes, are tempered, made more human, more homely, more liveable with, by humour and tenderness. Many of these poems are amusing, blackly so, but still they make you laugh. You would never laugh *at* a man in such distress, but when he provokes and permits it by depicting himself in his distress as actually amusing, then the relief is considerable. In 'Gedächtnisfeier' and 'Mich locken nicht die Himmelsauen', humour and tenderness work together in a wonderfully brave and heartening fashion. Let 'Gedächtnisfeier', with its shift into unselfish love, stand for several:

> Keine Messe wird man singen,
> Keinen Kadosch wird man sagen,
> Nichts gesagt und nichts gesungen
> Wird an meinen Sterbetagen.
>
> Doch vielleicht an solchem Tage,
> Wenn das Wetter schön und milde,
> Geht spazieren auf Montmartre
> Mit Paulinen Frau Mathilde.
>
> Mit dem Kranz von Immortellen
> Kommt sie mir das Grab zu schmücken,

Und sie seufzet: Pauvre homme!
Feuchte Wehmut in den Blicken.

Leider wohn ich viel zu hoch
Und ich habe meiner Süßen
Keinen Stuhl hier anzubieten;
Ach! sie schwankt mit müden Füßen.

Süßes, dickes Kind, du darfst
Nicht zu Fuß nach Hause gehen;
An dem Barrieregitter
Siehst du die Fiaker stehen. (*L* xii)

This *is* a world in which, as Keats wrote, seeing his brother's sickness and death and foreseeing his own, 'youth grows pale, and spectre-thin, and dies'.[5] All true poetry keeps that in mind, and some also helps us bear it better. Humour and tenderness as Heine practises them have great virtue in the endeavour.

Heine himself, in grisly vein, and many of his visitors in the last years, reiterated that all that was left alive in him was his mind, his intellect, spirit, imagination (*B* ii. 150, 319, 405). Again, like the hand, a disembodiment takes place and in the talk about it there is a thrill of horror: 'Seine Lebenskraft hatte sich so zu sagen in sein Gehirn geflüchtet. Sein arbeitender Kopf saß auf einem toten Rumpf...'. His head, the sheets drawn up to his chin, '[machte] den Eindruck eines auf einem Tisch liegenden Kopfes ohne Leib'. That is not the whole truth: he is a man who fell in love in his last year and refused to pretend that chastity (enforced) was a noble thing. He took pleasure in looking at people, at the girl. But he composed with his eyes closed. That life behind the closed eyelids was a triumph. He was *compos mentis* until fifteen minutes before the end, his dying words were 'Schreiben. Papier. Bleistift.' His head is like Orpheus': slung into the river Hebrus after the destruction of the rest of his body by the Maenads, and still singing. And the act of singing—of making verses—is an act of animation. It is the *living* in a living death. He fetched his own past into life again, he gave life—his own—to the myths and to metaphors, he bodied himself forth in numerous living figures, and among them, and most aptly, Lazarus, whose ending in both stories, through all the horror, is life.

Notes

1. Heinrich Heine, *Sämtliche Schriften*, ed. Klaus Briegleb, 12 vols. (Frankfurt: Ullstein, 1981), xi. 184. Heine's works are referred to throughout in this edition and all further references will be incorporated into the text. Poems of the *Lazarus* and *Zum Lazarus* cycles are referred to as *L* or *ZL*, 'Lazarus poems' in the *Nachgelesene Gedichte* as *NG*, followed by the poem's number in its sequence.

2. *Begegnungen mit Heine*, ed. Michael Werner, 2 vols. (Hamburg, 1973), ii. 122. Further references to this work will be incorporated, as *B* with volume- and page-number, into the text.

3. Keats, *The Complete Poems*, ed. Miriam Allott (London: Longman, 1970), p. 701.

4. A. E. Housman, *The Name and Nature of Poetry* (Cambridge: CUP, 1933), p. 47.

5. 'Ode to a Nightingale', l. 26.

13

The Tribe of Harry:
Heine and Contemporary Poetry

Anthony Phelan (Oxford)

Ben Jonson's 'An Epistle answering to One that asked to be Sealed of the Tribe of Ben' acknowledges that, for the poet's followers, membership of the tribe (who were also known as the Sons of Ben) came to signify a certain set of aesthetic commitments, to convivial wit and to the plain style—and, in the poem which commemorates their solidarity, to a certain degree of resistance to 'the animated porcelain of the court'.[1] For a number of reasons a *tribe* of Harry Heine provides an appropriate term with which to assess Heine's poetic posterity. The *Romanzero* poem 'Jehuda ben Halevy' shows the extent to which the fate of poetry, in its transmission to subsequent generations, is an important issue for Heine himself. Just as Heine's reverence, in that poem, for the Jewish poets of medieval Spain amounts to a self-definition as their modern avatar, so too among contemporary poets Heine will prove to be more than a formal model for modern appropriation. Secondly, the notion of a *tribe of Harry* raises the question of filiation in relation to Heine's reception in the twentieth century. Karl Kraus's polemic 'Heine und die Folgen' raised the question of his influence and of the consequences, for the status of literature and literary language, of sustained imitation by contemporaries. Because Heine's style was itself derivative, Kraus argued, it can be infinitely replicated by 'successors' who in fact anticipate their supposed model: 'Hier ist ein Original, dem verloren geht, was es an andere hergab. Und ist denn ein Original eines, dessen Nachahmer besser sind?'[2] In Kraus's understanding, Heine's work actually destroys the possibility of tradition by allowing the reified structures of the commodity to gain access to the aesthetic.

The response of the 'Schriftsachverständiger', as Kraus called himself, is so allergic that the rights and wrongs of his case are scarcely relevant; yet, as J. L. Sammons has recently pointed out, the effects of 'Heine und die Folgen' are still very much alive in the critical and scholarly community:

Weil Kraus nicht anders als Heine zu einem mehr oder weniger unantastbaren Bestandteil des kulturellen Erbes geworden ist, besteht die Aufgabe darin, die Auseinandersetzung zu entschärfen und Kraus zu rechtfertigen, ohne eine Kritik an Heine zuzulassen. Allerdings ist dieses Kunststück nicht immer gelungen.[3]

Kraus clearly is right, however, to see Heine as in some sense tangential to the main lines of development in the German lyric. The strongest and most serious poets writing in German after 1945 have claimed a different line of descent. Hölderlin, the Romantics, and then Rilke have been the dominant influences in a poetry which has characteristically aspired to the sublime. In his *Arbeitsjournal* Brecht identifies the fracture between this 'pontifical line' and its profane counterpart derived from Heine:

sofort nach goethe zerfällt die schöne widersprüchliche einheit, und heine nimmt die völlig profane, hölderlin die völlig pontifikale linie. in der ersten linie verlottert die sprache in der folge immer mehr, da die natürlichkeit durch kleine verstöße gegen die form erreicht werden soll. außerdem ist die witzigkeit immer ziemlich unverantwortlich, und überhaupt enthebt die wirkung, die der lyriker aus dem epigrammatischen zieht, ihn der verpflichtung, lyrische wirkung anzustreben, der ausdruck wird mehr oder weniger schematisch, die spannung zwischen den wörtern verschwindet, überhaupt wird die wortwahl, vom lyrischen standpunkt aus betrachtet, unachtsam, denn es gibt im lyrischen eine eigene entsprechung für das witzige. der dichter vertritt nur noch sich selber.[4]

Brecht's own anxieties about the representative nature of poetry are apparent here in his reflections from exile. The poets he next mentions in the *Arbeitsjournal* as members of the pontifical and profane lines are George and Kraus; and this may be sufficient indication that Brecht's analysis here is also guided by Kraus's essay in setting so much store by the creative tension in lyrical language and by the preservation of form.

For some, the force of the profane line has been exhausted. Heiner Müller in his Büchner-Preis-Rede *Ich bin ein Neger* of 1986 announced that 'Heine the wound' in German culture, originally identified by Adorno in 1956,[5] had healed over. It had left a scar, he conceded; but the continuing wound in literature was now uniquely Büchner. This sense of exhaustion is also apparent in a short text by Thomas Brasch simply called 'Heine':

> Aus seinen Mündern
> fallen Schatten
> in seinen Haaren
> nisten Ratten
> hinter den Augen
> stürzen Wände
> es wachsen Algen
> um seine Hände.
> Jetzt bricht der Fluß
> die letzten Dämme
> und trägt zum Meer
> die schweren Stämme.
> In seinen Liedern
> wird es still
> weil er für keinen
> nicht mehr singen will.[6]

Brasch's poem transparently conflates Heine with the figure of Ophelia from Georg Heym's poem of that name—itself modelled on Rimbaud's 'Ophélie'—:

> Im Haar ein Nest von jugen Wasserratten
> Und die beringten Hände auf der Flut
> Wie Flossen [...]

Where Heym's Ophelia dreams 'von eines Kusses Karmoisin' and sees the final sun setting in her brain, Brasch's Heine can only imagine the emancipation, provided by collapsing walls, which had once been a firm article of belief. However much the double negative of the close may seem to equivocate, and the 'mouths' (*Münder*) of Heine's various styles continue to cast shadows, Brasch's main insight seems to be that Heine's songs have fallen silent as he is finally overtaken by the river of time.

For all that, there have been *allusions* to Heine among other contemporary writers, sometimes in unlikely places. John Felstiner suggests that the line 'Dein goldenes Haar Margarethe' in Paul Celan's 'Todesfuge' reminds us of the Lorelei—'Sie kämmt ihr goldenes Haar' —in Heine's poem. The siren turns up again in the title poem of

Ursula Krechel's first collection *Nach Mainz!* In the poem 'Angela Davis, die Jungfrau Maria und ich' escape from maternity hospital on hearing that there is to be a new division of Germany between a capitalist north and socialist south. Swimming down the Rhine 'to Mainz' they gain the assistance of a passing boatman:

> [...] Am Loreleifelsen treffen wir
> tatsächlich einen Fischer in seinem Nachen.
> Er rudert gemächlich damit er sich unterhalten kann.
> Später bittet er uns in seinen Kahn.
> Besonders Maria weckt sein Interesse.
> Sie gleiche einer bestimmten Person aufs Haar.

The pun achieved at the blonde Virgin's expense is no more than a casual notion, the local colour of a conversational poem, or perhaps even the *de rigueur* allusion to Germany's socialist poet in a text which tried to reimagine the partition of Germany as its own act of ideological commitment.

It is probably this stereotypical political role that Alfred Andersch felt he had to invoke in relation to Hans Magnus Enzensberger's second collection, *Landessprache*: 'Es gibt für den Auftritt Hans Magnus Enzensbergers auf der Bühne des deutschen Geistes keinen anderen Vergleich als die Erinnerung an das Erscheinen von Heinrich Heine.'[7] Here Heine provides the only possible point of reference for an original volume of poetry with political edge. Enzensberger's own styles and methods are more characteristically derived from Brecht, however, and perhaps even from Schiller's extended philosophical poems. Andersch alludes to Heine, not because of any precise derivation of style, form, or diction, but because by the late 1950s, and in the context of the West German restoration and the Cold War, Heine had been reduced to a representative role as the poet of the left, irrespective of the particular linguistic effects or poetic 'themes' which might provide some concrete measure of his influence.

For a succession of post-war poets, however, Heine's political reputation is more than a convenient cliché, because their own verse is closer to the profane line. Quite apart from the cynicism and studied awkwardness to which Heine subjects the poetry of romantic love in *Buch der Lieder*, his practice of the Anti-Sublime can be traced from the parody of Klopstock and Ossian in the *Harzreise* episode of the emotional students trapped in the wardrobe, to 'Doktor, sind Sie des Teufels?' at the end of 'Seegespenst' from the *Buch der Lieder*

'Nordsee' cycle. Such profanity sets a tone which eventually settles in the threadbare secularism of 'Der Apollogott' in *Romanzero*. This is the Heine who nourishes the cynical and deflating effects in early Expressionist poets such as van Hoddis and Lichtenstein. Among contemporary writers, Wolf Biermann's memories of Heine in Paris provide a telling instance of this anti-poetic tone in 'Auf dem Friedhof am Montmartre':[8]

> Auf dem Friedhof am Montmartre
> Weint sich aus der Winterhimmel
> Und ich spring mit dünnen Schuhen
> Über Pfützen, darin schwimmen
> Kippen, die sich langsam öffnen
> Kötel von Pariser Hunden
> Und so hatt' ich nasse Füße
> Als ich Heines Grab gefunden.
>
> Unter weißem Marmor frieren
> Im Exil seine Gebeine
> Mit ihm liegt da Frau Mathilde
> Und so friert er nicht alleine.
> Doch sie heißt nicht mehr Mathilde
> Eingemeißelt in dem Steine
> Steht da groß sein großer Name
> Und darunter bloß: Frau Heine.
>
> Und im Kriege, als die Deutschen
> An das Hakenkreuz die Seine-
> Stadt genagelt hatten, störte
> Sie der Name Henri Heine!
> Und ich weiß nicht wie, ich weiß nur
> Das: er wurde weggemacht
> Und wurd wieder angeschrieben
> Von Franzosen manche Nacht.
>
> Auf dem Friedhof am Montmartre
> Weint sich aus der Winterhimmel
> Und ich spring mit dünnen Schuhen
> Über Pfützen, darin schwimmen
> Kippen, die sich langsam öffnen
> Kötel von Pariser Hunden
> Und ich hatte nasse Füße
> Als ich Heines Grab gefunden.

The poem does double duty in recalling both the refusal of memorial acts in Heine's own poem about a visit to his grave, 'Gedächtnisfeier', and Biermann's visit. The obliteration of Jewish memory, including the name of Heine, was the cultural equivalent of the Nazis' 'final solution'. In Heine's poem, his wife 'schwankt mit müden Füßen' up to Montmartre on a mild day. Biermann, on the other hand, pays his respects in the rain, and gets wet feet for his pains—the stress of 'Und so hatt' ich nasse Füße' is in explicit contrast to Mathilde's weary feet ('mit müden Füßen') in Heine's poem.

Biermann's text acknowledges its debt to Heine in a number of other ways. He retains Heine's characteristic trochaic metre; yet where Heine is carefully distant and neutral in his allusions to the everyday world of cabs and 'Barrieregitter', Biermann's account of modern Paris is more naturalistic, with its puddles, decaying cigarette-ends, and dog-turds. Where Heine makes a French word ('Pauvre homme') comically take its proper syllabic stress at the end of a German line, Biermann trumps his model by making the Seine rhyme *in French* with the name of the poet Henri Heine. This *French* pronunciation of his name is particularly appropriate since it speaks for the defence of the poet by French patriots against Nazi barbarism, and perhaps reminds us of Heine's amusement that in French 'Henri Heine' is all too readily elided as 'un rien'. The repetition of the opening stanza at the end of the poem provides the closure required by Biermann the chansonnier, but it cannot avoid the pathos to which Heine's original poem sets strict limits. In 'Kaminfeuer in Paris' (*Verdrehte Welt*, p. 108), which ostensibly deals with an evening spent with Parisian friends, Biermann recalls Heine's political isolation in exile via a paraphrase of 'Anno 1839' and 'Nachtgedanken', but then faces a similar difficulty:

> Ich trank mein' Wein und hörte zu
> Und dachte an Deutschland dabei.
>
> Ja, ich dachte an Deutschland in der Nacht
> und stocherte in der Asche.
> Doch wer behauptet, ich hätte geweint
> Der lügt sich was in der Tasche.

'Denk ich an Deutschland in der Nacht' ('Nachtgedanken') and 'O Deutschland meine ferne Liebe / Gedenk ich deiner, wein' ich fast' ('Anno 1839'), the poems Biermann alludes to, balance homesickness, acute political anxiety, and self-irony. What is striking is that Biermann's poems do more than quote or commemorate Heine: in each case the possibility of a continuing creative relation is sketched in the context of a changed and changing political history. The possibility of visiting Heine's grave in Montmartre is *already* marked by the active attempts of a barbaric regime to obliterate all traces of a Jewish and liberal poet. Biermann's writing in these poems quotes or impersonates Heine who, like Franz Villon in Biermann's 'Ballade', becomes a historical model and point of reference. It is equally striking that the erased name is restored in 'Auf dem Friedhof von Montmartre' by French patriots: at this point the significance of Biermann's relation to Paris as the city of Heine's exile becomes transparent. For Biermann, as for other writers on the left after 1968, countries beyond Germany's borders seemed to offer a haven of real socialist traditions alien to their homeland; and in the prefatory material to the volume of his collected poems and songs which Biermann published shortly after losing his DDR citizenship, the solidarity of the PCI and the songs of the Italian workers' movement are celebrated with a parallel sentimentality.[9]

Heine's exile and the solidarity of French socialists during the Occupation give expression to Biermann's own multiple sense of exile. In the autobiographical note which concludes *Nachlaß I* he bleakly describes his exclusion from the DDR: 'Mit sechzehn Jahren hatte Wolf Biermann freiwillig seine Vaterstadt verlassen, er ging in sein Vaterland, die DDR. 24 Jahre danach wurde er von Deutschland nach Deutschland gezwungen in das Exil.'[10] The loss of DDR citizenship leaves Biermann exiled within his own land, caught between the two existing German states, but Biermann also speaks to the predicament of a left intelligentsia which saw no prospects for the liberal version of socialism it had espoused. The comradeship of other European communist parties, and particularly the PCI, is no more than a measure of their experience of loss.[11] In this way Heine the practising poet readily disappears behind a further emblematic significance, figuring the exile of socialist aspirations. In such poetry Biermann avoids isolation by seeking out noble or heroic precursors, among whom Heine is the most important.[12]

Heine comes to represent a rather different predicament in the work of another distinguished poet from the DDR. The title of Günter Kunert's 1990 collection *Fremd daheim* suggests a mood similar to Biermann's. The collection includes a sequence of poems entitled 'In Heines Sinn'. They continue the catastrophist tone which has become Kunert's stock-in-trade, and Heine is required here to sound out the angry theology of his 'Zum Lazarus' poems from the *Gedichte 1853 und 1854*. Kunert's 'Ratschlag in Heines Sinn' offers this advice:

> Die Augen zu. Die Ohren taub.
> Kein Wort zuviel. Vor allem glaub
> der stillen Güte jener Macht,
> die über deinem Haupte wacht,
> das ständig es von Leere voll
> und weiterhin so bleiben soll: [...]

It may be that this is intended to echo

> Also fragen wir beständig,
> Bis man uns mit einer Handvoll
> Erde endlich stopft die Mäuler —
> Aber ist das eine Antwort?

from the end of 'Laß die heilgen Parabolen'; on the whole, the versification recalls Wilhelm Busch rather than Heine. Later in the sequence, the poem 'Titanic-Gedenkblatt' owes, one suspects, as much to Hans Magnus Enzensberger's epic of dysfunctional human progress, *Der Untergang der Titanic*, as it does to anything in Heine— at least, so it seems until a certain Melusine appears:

> [...] Melusine
> du treibst an mir vorbei
> die Augen offen ganz schwarz
> Nachtblick
> dunkler als diese Tiefe
> wenn der Scheinwerfer wieder
> erlischt. Und ich weiß nicht
> ob du überhaupt noch lebst
> bevor dein Körper fischleicht
> verschwimmt nahebei.

The searchlight recalls those who left the DDR by swimming. The water-nymph and the recollection of death by drowning are focused by the 'ich weiß nicht' tag of Heine's 'Lorelei', which becomes the forgotten foil for Kunert's meditation on greater catastrophes. For all his claims to a greater affinity with a Jewish predecessor, however, Kunert's relation to Heine remains conceptual. Little in his practice, diction, or poetic posture substantiates his work as being 'in Heines Sinn'.

For such emulation we must turn to the maverick virtuoso of German lyric poetry since the 1950s, Peter Rühmkorf. His poem

'Hochseil' (from his collected poems of 1975, *Wer Lyrik schreibt ist verrückt*) is one of two texts which declare an interest in Heine's continuing significance: the other is explicitly entitled 'Heinrich-Heine-Gedenklied'. Before considering these, however, there is a broader sense in which for Rühmkorf as for Biermann Heine is exemplary. First, Heine's *œuvre* as a whole is a model for the characteristic range of work which many leading writers of this generation have undertaken. In Rühmkorf's case it comprises poetry, polemical essays, political *Märchen*, autobiography, the pursuit of popular forms, and the revival of folk-legend. Nor would it be difficult to recognize in this pattern and variety of writing the publications of Hans Magnus Enzensberger.

In Rühmkorf's case, Heine also stands for the split personality which expresses itself through what he and his friend Werner Riegel defined as 'Schizographie': the simultaneous commitment to 'die Seele des Poeten' and 'die Seele des politischen Gemeinschaftswesens'; to sensuous individualism and to collective engagement. Asked in an interview whether this was an original position, Rühmkorf replied

Nein, das ist ein altes Widerspruchspaar — in unseren Breiten besonders durch Heinrich Heine bekannt geworden. Der Poet lechzt nach unbegrenzter individueller Entfaltungsfreiheit, und der politische Gemeinschaftsmensch predigt Gleichheit und Gerechtigkeit [...][13]

This productive tension has driven Rühmkorf's work from early in his career; but his recently published diaries develop another relation to Heine. Among the fragments of poems in progress or *in statu nascendi* which run through the diary entries and which Rühmkorf calls 'Leuchtquanten', the following lines appear on 23 December 1989:

Weil, du weißt in der Eile doch gar nicht,
was du der Menschheit noch mit auf dem Weg geben sollst —
Eine Handvoll Erde?

We are back, via Rilke's Ninth Duino Elegy, with the 'Zum Lazarus' poem 'Laß die heilgen Parabolen'; but it is not merely a moral position which is offered. The diary records a meeting with Professor Manfred Schneider from Essen, 'der so werbend über Heines Melancholien geschrieben hat' (*TABU I*, p. 174). Such melancholia has political origins, and Heine's remark in 1848 'Über die Zeitereignisse sage ich nichts', quoted in Rühmkorf's *TABU* at the end of December 1989, confirms the diarist's anguished response to the events of the previous two months. In such a context Heine has become once again an exemplary figure, and identification with him confirms the melancholic personal agenda of what is rapidly becoming Rühmkorf's 'Spätwerk'.

Heine's poetry and Heine's life provide a poetic resource and a way of defining a career. 'Suppentopf und Guillotine', Rühmkorf's lecture in response to the award of the Heine-Medaille by the city of Düsseldorf, concentrates on the possibilities of a psychological decoding of Heine's relationship to his mother as a model for subsequent 'Frauengestalten'; and it is striking that in the *Lesebuch* Rühmkorf edited for the series of Fischer anthologies, Heine is represented by a passage from the *Memoiren*.[14] Furthermore Heine's relationship to his mother clearly provides a mirror for Rühmkorf's own 'Mutterbindung'.[15] The 'Heinrich-Heine-Gedenklied' from the early collection *Irdisches Vergnügen in g* (for gravity) is therefore a multiple homage.

> Ting — Tang — Tellerlein,
> durch Schaden wird man schlau;
> ich bin der Sohn des Huckebein
> und Leda, seiner Frau.
>
> Ich bin der Kohl — ich bin der Kolk —,
> der Rabe schwarz wie Priem:
> ich liebe das gemeine Volk
> und halte mich fern von ihm.
>
> Hier hat der Himmel keine Freud,
> die Freude hat kein Licht,
> das Licht ist dreimal durchgeseiht,
> eh man's veröffentlicht.
>
> Was schafft ein einziges Vaterland
> nur soviel Dunkelheit?!
> Ich hüt mein' Kopf mit Denkproviant
> für noch viel schlimmere Zeit.
>
> Und geb mich wie ihr alle glaubt
> auf dem Papier' —:
> als trüg ein aufgeklärtes Haupt
> sich leichter hier.[16]

The poem encodes its author's own paternity 'als Sohn der Lehrerin

Elisabeth R. und des reisenden Puppenspielers H. W. (Name ist dem Verf. bekannt)'[17] both through the mythical and literary figures of Leda and Hans Huckebein, and through the act of memory implied by the title. The four-line rhymed stanza declares its derivation from Heine's manipulation of the Romantic folksong stanza; but in these 'Monomanen-Lieder' the traditional form has clearly had more than a brush with the diction of other later poets, including the Brecht of the *Hauspostille* and Gottfried Benn, from early Expressionism to *Statische Gedichte*. Rühmkorf has himself provided or, perhaps more precisely, *avoided* an authorial interpretation of his text. He identifies the poem broadly as a case of the 'schizographic' writing he described programmatically in the late 1950s:

Man verstehe: Da wird mit Vorbedacht zween Herren gedient und mit gespaltener Zunge gesungen, da machen Strophen sich die Zwielichtigkeit zum Programm, und besondere seelische Ambivalenzen versuchen, sich in ästhetischen Mischeffekten, Reibetönen und Interferenzen darzutun.[18]

To serve two masters by speaking 'with forked tongue' allows the poet's division between affect and intellect to give expression to political tensions of the real world by constantly questioning the status of lyrical writing. What might seem to be merely personal and associative is revealed as symptomatic of much larger contexts. In this way the very act of recollecting Heine in the poem provides a grand measure of the *contemporary* situation of poetry.

The opening presents a children's rhyme which Rühmkorf claims is authentic. In this way the poem allies itself with a popular folk tradition of the kind represented in Rühmkorf's anthology *Über das Volksvermögen*[19] and explored in Heine's essays on the significance of folk superstition in *Elementargeister* as well as in many of his more Gothic ballads and poems; the nursery rhyme is joined by a second popular genre—a proverb, distorted to repeat a self-description from the first of Rühmkorf's three 'self-portraits':[20] 'durch Schaden schlau geworden'. The proverbial principle is 'once bitten, twice *sly*'—not 'klug': both because 'schlau werden' is a low-register equivalent of 'klug werden', and because in a world of mediatized censorship cunning has become one of the great Heinesque virtues. In recalling Heine's complex game of hide-and-seek with the censor, the poem seeks in its own terms to give expression to what otherwise remains unspoken.

Hans Huckebein the unlucky crow brings a new poetic presence to the text; not only Heine but also Wilhelm Busch can provide a further model for the experience of damage, even for the poet whose other line of descent comes through the classicism of a Greek myth, Leda, via the blasphemy of substituting Hans Huckebein for Zeus's swan. This double ancestry in the classical and the popular subsequently makes itself felt in the second stanza's revision of Horace: 'Odi profanum volgus et arceo' reads here as 'Ich liebe das gemeine Volk und halte mich fern von ihm.' This in turn comes to summarize Heine's anxieties about the prospects for poetry under the aegis of the communist interest, 'the dark iconoclasts' of the French preface to *Lutezia*; but also to parody the implausibility of a common front being mounted by poetry and political egalitarianism. We are reminded that Heine was enough of an aristocrat of the spirit to admit in *Ludwig Börne. Eine Denkschrift*: 'es ist aber durchaus nicht bildlich, sondern ganz buchstäblich gemeint, daß ich, wenn mir das Volk die Hand gedrückt, sie nachher waschen werde'.[21] The alliance between the working class and West German writers and intellectuals which became a dominant theme of the student movement ten years later is identified here as one of the difficulties inherited by contemporaries from Heine's problematic artistry in the 1840s.

The allusions of Rühmkorf's poem are often out of the way, but in 1959 'Ein *einziges* Vaterland' might well produce its own obscurities— not least among them the political appropriation of Heinrich Heine. At the end of a list of negatives (no joy, no light) there is still the prospect of threefold censorship (perhaps by the three leading political parties of the Federal Republic) before publication can be permitted. Heine's modern successor can take the course of his 'Gedanken-schmuggel' (from *Deutschland. Ein Wintermärchen* or *Ludwig Börne*) so that the poets can overwinter into an even worse future.

The poem concludes by challenging assumptions about the apparent facility of a literary talent which formulates its moods and ideas in a complex play of artistry and intellect. (Rühmkorf has commented recently: 'Nichts für ungut, Artistik ist in unseren Landen ein Fremdwort, und mit Verachtung von Fremdwörtern beginnt bekanntlich die Xenophobie.')[22] The final stanza insists on our expect-ation, as readers, that the printed text 'auf dem Papier' gives secure access to the author's views as a liberal heir of the Enlightenment ('ein aufgeklärtes Haupt'). Yet the principles of artistry and intellectual smuggling make such a personal point of reference increasingly difficult. Rühmkorf's poetological essay 'Einfallskunde' returns to the question:

Wenn ein Lyriker *ICH* sagt, kann schon einmal die Meinung aufkommen, der Herr Soundso spräche von sich. Die kunstvoll oder mühsam ins Gewand der Poesie gehüllte Erstepersoneinzahl bietet genügende und oft genug berechtigte Gründe zur Verkennung, handelt es sich hier doch um einen Wechselbalg von Persönlichkeit, halb der Natur entsprungen, halb ins Kostüm verwickelt, und wo man dem Schatten auf die Schleppe tritt, zuckt manchmal ein richtiger Mensch zusammen. (*Haltbar*, p. 93)

This constant play with the ambiguity of public status and private emotion or commitment was a central feature of the cultivated privacy of Heine's literary persona. Rühmkorf's work has developed successive techniques to avoid mere 'self-expression'. In his earliest verse and journalism, multiple pseudonyms cover his tracks. Of these Leslie Meier survived longest and the long-dead Leo Doletzki is the most recent manifestation.[23] Early poems such as 'Wildernd im Ungewissen' (*Wer Lyrik schreibt ist verrückt*, p. 34) and, in particular, the uncollected poems in *Heiße Lyrik*[24] develop a kind of counter-persona through parodies of Gottfried Benn. This technique is further developed in wry and often satirical self-identificatory 'variations' on poems of Klopstock, Hölderlin, Eichendorff, and Claudius. Finally, in the solidarity of translation, especially of Walther von der Vogelweide but recently of the Swedish poet Carl Michael Bellmann,[25] Rühmkorf explores the possibilities of a multiple personality.

This contemporary practice of a schizographic poetry extends the modernist principle of pseudonymity in texts which are simultaneously confessional, conceptual, *and* political. Read against Rühmkorf's methods, the bare but inescapable parodies of *Buch der Lieder*, the affective and atmospheric uncertainties of the *Atta Troll* allegory, and the *Romanzero's* complex recognition of tradition in discontinuity can be understood as the risky attempt to find a place for poetry amid the disenchantments of modern times. It is appropriate therefore that Rühmkorf invokes Heine in a poem celebrating this vital risk: 'Hochseil' and its circus imagery takes up, in literal terms, the high view of public artistry which marks Rühmkorf's whole career:

Wir turnen in höchsten Höhen herum
selbstredend und selbstreimend,
von einem I n d i v i d u u m
aus nichts als Worten träumend

Was uns bewegt — warum? wozu? —
den Teppich zu verlassen?

Ein nie erforschtes Who-is-who
im Sturzflug zu erfassen.

Wer von so hoch zu Boden blickt,
Er sieht nur Verarmtes/Verirrtes.
Ich sage: wer Lyrik schreibt ist verrückt,
wer sie für wahr nimmt, wird es.

Ich spiel mit meinem Astralleib Klavier,
v i e r f ü ß i g — vierzigzehig —
Ganz unten am Boden gelten wir
für nicht mehr ganz zurechnungsfähig.

Die Loreley entblößt ihr Haar
am umgekippten Rheine...
Ich schwebe graziös in Lebensgefahr
Grad zwischen Freund Hein und Freund Heine.
(*Wer Lyrik schreibt ist verrückt*, p. 133)

The circus floor-cloth ('Teppich') sets Rühmkorf in relation to Rilke's *saltimbanques* in the fifth *Duino Elegy*:

auf dem verzehrten, von ihrem ewigen
Aufsprung dünneren Teppich, diesem verlorenen
Teppich im Weltall.

This paraphrase only serves to reinforce the anti-sublime tension between the flight of artistry and the inescapable ground of the ironic. The poem ends in a similar refusal of sublimity. The Lorelei's Rhine is polluted, and the high-wire artist can avoid his own post-Romantic fate through the balancing act of the poem.

Rühmkorf retraces the autobiographical expectations which Heine's poetry simultaneously stages and avoids—in the sense that the truth of *Buch der Lieder*, for instance, will always evade us. An individual can be dreamed into existence through words alone because the lyrical poem generates the internal harmonies of rhyme (as 'selbstreimend') but also because it may seem *self-evident* that the lyric speaks *of a self* (doubly 'selbstredend'). Its high-wire act is constantly under threat, its central performer tortured by the prospect of failure. It is largely in late poems ('Sie erlischt') that Heine provides a model here; but the poet who 'schwebt in Lebensgefahr / Grad zwischen Freund Hein und Freund Heine' combines huge self-regard with the endless risk of his *salto mortale*: vanity on the stage of *vanitas*. As another poem from the same group makes clear, 'was gewünscht wird, ist die Todesnummer':[26] it is the prospect of a nose-dive that makes it possible to establish who is who—to risk a definition of the lyrical self, on paper and in words.

Like Heine in *Buch der Lieder* or in the ambiguity of 'Karl I' in the 'Historien' of *Romanzero*, Rühmkorf's fertile enthusiasm for parody and the principle of variation sets a measure to the condition of *contemporary* language by seeing the present and tradition in a prismatic relationship with each other. Like Heine too he marks his and our modernity in the space opened up between the canonical texts and contemporary memory. This, one might say, had been the argument of 'Jehuda ben Halevy' also, as it observes the shifts in aesthetic value which accompany the transmission of great poetry through history.

Such issues are addressed by the poems more or less explicitly. However, Rühmkorf's poetic method reveals another kind of affinity with Heine's work. 'Einfallskunde' (*Haltbar*, pp. 91–121), 'Über die Arbeit',[27] and the massive textual complex from which 'Selbst III' emerged and which Rühmkorf published in 1989 as *Aus der Fassung*[28] all reveal his process of composition as accumulative:

Gedichte werden nämlich gar nicht — wie Gottfried Benn vielleicht noch meinen durfte — 'aus Worten gemacht', sondern aus *Einfällen*, mithin aus ziemlich komplizierten und bereits belebten Wortverbindungen, und statt mit anorganischen Fertigkeiten kriege ich es mit nervenreichen Organismen zu tun. (*Haltbar*, p. 108)

The constructive process passes into a stage when individual insights, phrases, fragments relate to each other in rhythmical, semantic, or ideological ways, until a third and final phase is reached in which the emerging poem attains to its own dialogical and dialectical coherence. Rühmkorf's very clear account of his own procedures in relation to the phrase, the 'Einfall', 'Leuchtquanten' is borne out by the pattern of his work. His use of rhymed stanzas with fairly strong end-stopping has the effect of emphasizing the moment of linguistic insight which then dazzles by its word-play and phrase-making.

Rühmkorf's poetological account of his own methods is remarkably close to the remarks of the old lizard in Heine's *Die Stadt Lucca*:

als Resultat aller meiner Beobachtungen, Experimente und anatomischen Vergleichungen, kann ich Ihnen versichern: kein Mensch denkt, es fällt nur dann und wann den Menschen etwas ein, solche ganz unverschuldete Einfälle nennen sie Gedanken, und das Aneinanderreihen derselben nennen sie Denken. (*B* ii. 480)

This attack on the standing of Hegel and Schelling as *thinkers* is, we now know, also an account of Heine's own working methods.[29] As he said himself, 'Da sprechen die Leute von Eingebung, von Begeisterung und dergleichen, — ich arbeite wie der Goldschmied, wenn er eine Kette anfertigt, ein Ringelchen nach dem anderen, — eines in das andere.'[30] As Weidl has demonstrated, Heine's working habits involved the accumulation of 'ein verwirrend-chaotisches Zettelkonvolut mit den heterogensten Aufzeichnungen zu den verschiedensten Themen'.[31] Such a combinatory process draws together subtle detail in a calculated overall composition. It depends on the verbal units from which larger effects can be built up. And it is just such writing, composed of 'Einfälle', which Karl Kraus takes for his target in 'Heine und die Folgen', when he suggests that a poem could be constructed by reading alternate lines from facing pages in *Buch der Lieder*.[32] Such individual moments, however brilliant, can never be a substitute for the organic integrity of art, in Kraus's view, or for the personal depth which it uniquely reveals. It is Heine who is supposedly guilty of introducing this method of montage borrowed from the stylistic habits of French: 'Jeder hat bei ihr das Glück des Feuilletons. Sie ist ein Faulenzer der Gedanken. Der ebenste Kopf ist nicht einfallsicher, wenn er es mit ihr zu tun hat' (*Heine und die Folgen*, p. 37).

The linguistic turn of events which Kraus identifies can now be acknowledged as a significant feature of Heine's work. His 'Einfälle' become the stuff of his patchwork prose-style and of his lyrical confrontation with exhausted cliché and dead metaphor.[33] Heine's 'Einfälle', Kraus's belief that German art needs to be 'einfallsicher', and Rühmkorf's 'Einfallskunde' give a common name to the changing status of poetic language in modernity. Peter Rühmkorf's practice and critical engagement with the poetic tradition presents more than an authentic parallel to Heine's enterprise, for his work re-enacts the troubled relation to modernity which, as Kraus realized with so much alarm, Heine was among the first to articulate. And in that respect Heine's critical lyric has lost none of its edge or relevance in the continuing struggle for poetry's engagement with modern experience.

Notes

1. Ben Jonson, *The Complete Poems*, ed. George Parfitt (Harmondsworth: Penguin, 1975), p. 191.

2. Karl Kraus, *Untergang der Welt durch schwarzer Magie*, in *Werke*, viii, ed. Heinrich Fischer (Munich: Kösel-Verlag, 1960), p. 196. 'Heine und die Folgen' is also conveniently available in Karl Kraus, *Heine und die Folgen. Schriften zur Literatur*, ed. Christian Wagenknecht (Stuttgart: Reclam, 1986), pp. 43–4. This edition is cited here.

3. Jeffrey L. Sammons, *Heinrich Heine* (Sammlung Metzler 261; Stuttgart: Metzler 1991), p. 154.

4. Bertolt Brecht, *Arbeitsjournal*, ed. W. Hecht (Frankfurt am Main: Suhrkamp, 1973), i. 155 (22.8.1940).

5. Theodor W. Adorno, 'Die Wunde Heine', in *Noten zur Literatur I, Gesammelte Schriften*, ed. Rolf Tiedemann (Frankfurt am Main: Suhrkamp), xi. 95–100.

6. Thomas Brasch, 'Heine', in *Hermannstraße 14*, 4/6 (1981), 19.

7. Alfred Andersch, 'Hans Magnus Enzensberger, "Landessprache"', in *Über Hans Magnus Enzensberger*, ed. Joachim Schickel (Frankfurt am Main: Suhrkamp, 1970), pp. 68–9.

8. Wolf Biermann, *Verdrehte Welt — das seh' ich gern* (Cologne: Kiepenheuer & Witsch, 1982; München: dtv, 1985), p. 109.

9. Id., 'Brief an Robert Havemann' in *Nachlaß I* (Cologne: Kiepenheuer & Witsch, 1977), pp. 7–20: 'Die Texte verstand ich nicht, aber am Ton lassen sich Haltungen ablesen. Irgendwie hatte mich der schreiende, agitatorische Charakter dieser Lieder verwirrt, neidisch gemacht und abgestossen. [...] Neidisch gemacht, weil ich dachte, was für ein Glück haben die! die singen in der Tonart, die eigentlich meine ist und zu der ich nicht komme, Tonart eines öffentlichen politischen Kampfes, den Rhythmus bewegter und sich bewegender Menschen auf der Straße' (p. 10).

10. *Nachlaß I*, p. 471. See also 'Deutsches Misere (Das Bloch-Lied)', in Wolf Biermann, *Preußischer Ikarus* (Cologne: Kiepenheuer & Witsch, 1978; Munich: dtv, 1981), pp. 201–8.

11. Uwe Timm's novel *Heißer Sommer* (Königstein: AutorenEdition, 1977) is an unlikely and extreme case of such a search for Italian solidarity after the collapse of the student movement.

12. See Luigi Forte, 'Wolf Biermann: struttura del dissento e forme d'utopia', *Annali, Studi tedeschi*, 17/3 (1974), 3, pp. 49–50.

13. Peter Rühmkorf, *TABU I. Tagebücher 1989–1991* (Reinbek: Rowohlt, 1995), p. 116.

14. Id., *Mein Lesebuch* (Frankfurt am Main: Fischer, 1986), pp. 45–51.

15. See *TABU I*, pp. 20, 24–8.

16. *Irdisches Vergnügen in g* (Reinbek: Rowohlt, 1959); repr. in *Gesammelte Gedichte* [subsequently retitled *Wer Lyrik schreibt ist verrückt*] (Reinbek: Rowohlt, 1976), p. 44.

17. Peter Rühmkorf, *Die Jahre die Ihr kennt* (Reinbek: Rowohlt, 1972), p. 7.

18. Rühmkorf's own account, 'Paradoxe Existenz', appeared in *Mein Gedicht ist mein Messer. Lyriker zu ihren Gedichten*, ed. Hans Bender (Munich: List, 1961). Part of it is reprinted in Peter Rühmkorf, *Selbstredend und selbstreimend*, ed. Peter Bekes (Stuttgart: Reclam, 1987), pp. 28–31. The 'Gedenklied' has also been admirably analysed by Rolf Schneider for M. Reich-Ranicki's *Frankfurter Anthologie*.

19. *Über das Volksvermögen. Exkurse in den literarischen Untergrund* (Reinbek: rororo, 1967).

20. 'Selbstporträt 1958', originally in *Irdisches Vergnügen in g*, reprinted in *Wer Lyrik schreibt ist verrückt*, p. 16; 'Selbstporträt' in *Haltbar bis 1999* (Reinbek: Rowohlt, 1979), p. 9; 'Mit den Jahren. Selbst III/88', in *Einmalig wie wir alle* (Reinbek: Rowohlt, 1989), p. 129.

21. Heinrich Heine, *Sämtliche Schriften*, ed. Klaus Briegleb, 6 vols. (Munich: Hanser, 1968–76), iv. 75; further references to this edition appear in the text as *B* with volume- and page-number.

22. A footnote appended to the poem 'Hochseil' in the anthology *Komm raus!* ed. Klaus Wagenbach (Berlin: Wagenbach, 1992), p. 73.

23. See Leslie Meier poems such as 'Was seine Freunde singen', 'Wir singen zum Eingang', and finally 'Waschzettel' (*Wer Lyrik schreibt ist verrückt*, pp. 19, 39, 106); Doletzki (who had been killed off in an imaginary car crash when Rühmkorf was still a multiple author for the journal *Zwischen den Kriegen* which he edited with Werner Riegel; see *Die Jahre, die Ihr kennt*, p. 44) finally, and after some deliberation, makes a return appearance in 'Mit den Jahren. Selbst III/88': see *Einmalig wie wir alle*, p. 136 and compare the earlier drafts of this extraordinary poem published as *Aus der Fassung*, *Selbst/III* (Zurich: Haffmanns, 1989).

24. *Heiße Lyrik*, with Werner Riegel (Wiesbaden: Limes, 1956).

25. See 'Fredmans Epistel Nr 27', *FAZ*, 29 Oct. 1997, p. 41.

26. 'Zirkus', *Wer Lyrik schreibt ist verrückt*, p. 134.

27. *Akzente*, 34/1 (1987), 22–38.

28. Zürich: Haffmans, 1989.

29. See Ernst Weidl, *Heinrich Heines Arbeitsmethode. Kreativität der Veränderung* (Hamburg: Hoffmann & Campe, 1974).

30. *Begegnungen mit Heine. Berichte der Zeitgenossen*, ed. M. Werner, 2 vols. (Hamburg: Hoffmann & Campe, 1973), i. 232.

31. Weidl, *Heinrich Heines Arbeitsmethode*, p. 70.

32. *Heine und die Folgen*, p. 48. A. Alvarez used the same technique on the poets of the Movement, with devastating effect.

33. See Helmut Heißenbüttel, *Zur Tradition der Moderne* (Neuwied and Berlin: Luchterhand, 1972), pp. 56–69.